基督教文化研究丛书

主编 何光沪 高师宁

九编 第 **1** 册

麦格拉思福音派神学思想研究

郑 松 著

花木兰文化事业有限公司

国家图书馆出版品预行编目资料

麦格拉思福音派神学思想研究／郑松 著 —— 初版 —— 新北市：
花木兰文化事业有限公司，2023〔民 112〕
目 4+200 面；19×26 公分
（基督教文化研究丛书 九编 第 1 册）
ISBN 978-626-344-216-0（精装）
1.CST：麦格拉思 2.CST：学术思想 3.CST：神学
240.8   111021858

ISBN-978-626-344-216-0

9 786263 442160

基督教文化研究丛书
九编 第一册

ISBN：978-626-344-216-0

麦格拉思福音派神学思想研究

作 者 郑 松
主 编 何光沪、高师宁
执行主编 张 欣
企 划 北京师范大学基督教文艺研究中心
总 编 辑 杜洁祥
副总编辑 杨嘉乐
编辑主任 许郁翎
编 辑 张雅淋、潘玟静 美术编辑 陈逸婷
出 版 花木兰文化事业有限公司
发 行 人 高小娟
联络地址 台湾 235 新北市中和区中安街七二号十三楼
电话：02-2923-1455／传真：02-2923-1452
网 址 http://www.huamulan.tw 信箱 service@huamulans.com
印 刷 普罗文化出版广告事业
初 版 2023 年 3 月
定 价 九编 20 册（精装）新台币 56,000 元

麦格拉思福音派神学思想研究

郑松 著

作者简介

郑松（1980.06-），男，湖南耒阳人，新疆大学外国语学院副院长，副教授，宗教学博士，硕士研究生导师，研究方向：宗教学研究、福音派研究、宗教理解研究。

代表性论文：

1.《麦格拉思对后自由主义的回应》，载《世界宗教文化》，2022 年第 4 期。

2.《英国福音派神学家麦格拉思简介》，载《金陵神学志》，2020 年第 1 期。

3.《麦格拉思关于圣经权威性的解读与反思》，载《世界宗教文化》，2019 年第 3 期。

4.《丁光训主教对基督教中国化的贡献》，载《中国宗教》，2017 年第 11 期。

提　　要

本文第一部分是绪论，介绍了选题的来源、意义和国内外对福音派以及麦格拉思研究的现状。第二章专门研究了麦格拉思论圣经的绝对权威，探究了圣经在基督教神学传统中的最基本、最核心的地位，同时还论述了圣经权威性所面临的挑战。第三章专门研究了麦格拉思论基督在福音派神学中的中心性地位，从耶稣基督的启示意义、救赎意义、示范意义和圣礼神学的意义这四个方面详细探究了麦格拉思的基督中心论。第四章专门研究了麦格拉思对圣灵的认知，以及圣灵在福音派神学中的统治性地位，认为圣灵是福音派信仰最显著的特征，同时还面临着灵性信仰的危机。第五章专门研究了麦格拉思论个人皈依的重要性，分别从个人皈依与基督论和救赎论之间的密切关联展开论述，为个人皈依寻找神学依据。第六章专门研究了麦格拉思论宣扬福音的优先性，以基督中心论为出发点是麦格拉思护教学的一个突出特征。第七章专门研究了麦格拉思论基督徒团契的重要性，对麦格拉思教会论做了历史的梳理，并概括了福音派教会论的四个特征。第八章简要研究了麦格拉思对当代思潮的回应，分别研究了福音派对后自由主义、后现代主义和宗教多元主义的批判。

"基督教文化研究丛书"总序

何光沪 高师宁

　　基督教产生两千年来，对西方文化以至世界文化产生了广泛深远的影响——包括政治、社会、家庭在内的人生所有方面，包括文学、史学、哲学在内的所有人文学科，包括人类学、社会学、经济学在内的所有社会科学，包括音乐、美术、建筑在内的所有艺术门类……最宽广意义上的"文化"的一切领域，概莫能外。

　　一般公认，从基督教成为国教或从加洛林文艺复兴开始，直到启蒙运动或工业革命为止，欧洲的文化是彻头彻尾、彻里彻外地基督教化的，所以它被称为"基督教文化"，正如中东、南亚和东亚的文化被分别称为"伊斯兰文化"、"印度教文化"和"儒教文化"一样——当然，这些说法细究之下也有问题，例如这些文化的兴衰期限、外来因素和内部多元性等等，或许需要重估。但是，现代学者更应注意到的是，欧洲之外所有人类的生活方式，即文化，都与基督教的传入和影响，发生了或多或少、或深或浅、或直接或间接，或片面或全面的关系或联系，甚至因它而或急或缓、或大或小、或表面或深刻地发生了转变或转型。

　　考虑到这些，现代学术的所谓"基督教文化"研究，就不会限于对"基督教化的"或"基督教性质的"文化的研究，而还要研究全世界各时期各种文化或文化形式与基督教的关系了。这当然是一个多姿多彩的、引人入胜的、万花筒似的研究领域。而且，它也必然需要多种多样的角度和多学科的方法。

　　在中国，远自唐初景教传入，便有了文辞古奥的"大秦景教流行中国碑颂并序"，以及值得研究的"敦煌景教文献"；元朝的"也里可温"问题，催生了民国初期陈垣等人的史学杰作；明末清初的耶稣会士与儒生的交往对话，带来了中西文化交流的丰硕成果；十九世纪初开始的新教传教和文化活动，更造成了中国社会、政治、文化、教育诸方面、全方位、至今不息的千古巨变……所有这些，为中国（和外国）学者进行上述意义的"基督教文化研究"提供了极其丰富、取之不竭的主题和材料。而这种研究，又必定会对中国在各方面的发展，提供重大的参考价值。

就中国大陆而言，这种研究自 1949 年基本中断，至 1980 年代开始复苏。也许因为积压愈久，爆发愈烈，封闭越久，兴致越高，所以到 1990 年代，以其学者在学术界所占比重之小，资源之匮乏、条件之艰难而言，这一研究的成长之快、成果之多、影响之大、领域之广，堪称奇迹。

然而，作为所谓条件艰难之一例，但却是关键的一例，即发表和出版不易的结果，大量的研究成果，经作者辛苦劳作完成之后，却被束之高阁，与读者不得相见。这是令作者抱恨终天、令读者扼腕叹息的事情，当然也是汉语学界以及中国和华语世界的巨大损失！再举一个意义不小的例子来说，由于出版限制而成果难见天日，一些博士研究生由于在答辩前无法满足学校要求出版的规定而毕业受阻，一些年轻教师由于同样原因而晋升无路，最后的结果是有关学术界因为这些新生力量的改行转业，后继乏人而蒙受损失！

因此，借着花木兰出版社甘为学术奉献的牺牲精神，我们现在推出这套采用多学科方法研究此一主题的"基督教文化研究丛书"，不但是要尽力把这个世界最大宗教对人类文化的巨大影响以及二者关联的方方面面呈现给读者，把中国学者在这些方面研究成果的参考价值贡献给读者，更是要尽力把世纪之交几十年中淹没无闻的学者著作，尤其是年轻世代的学者著作对汉语学术此一领域的贡献展现出来，让世人从这些被发掘出来的矿石之中，得以欣赏它们放射的多彩光辉！

2015 年 2 月 25 日

于香港道风山

目

次

绪　论 ……………………………………………………… 1
　第一节　选题的来源及理论和实践意义 …………… 1
　　一、选题来源 ……………………………………… 1
　　二、选题的理论和实践意义 ……………………… 3
　第二节　国内外研究现状 …………………………… 4
　　一、国内研究现状 ………………………………… 4
　　二、国外研究现状 ………………………………… 15
第一章　麦格拉思简介 …………………………………23
　第一节　麦格拉思学术历程 ………………………… 23
　第二节　麦格拉思信仰历程 ………………………… 25
　第三节　麦格拉思著述简介 ………………………… 27
　第四节　麦格拉思的影响力 ………………………… 32
　第五节　本文术语界定 ……………………………… 34
　　一、福音派与 Evangelical、Evangelicalism 和
　　　　Evangelical …………………………………… 34
　　二、如何界定福音派信徒 ………………………… 35
第二章　圣经的绝对权威 ………………………………37
　第一节　圣经与传统 ………………………………… 38
　第二节　阐释圣经的方法 …………………………… 41
　第三节　麦格拉思论圣经的权威性 ………………… 44

一、圣经的权威性与基督的中心性…………44
二、圣经权威面临的挑战……………46

第三章　基督中心论……………63
第一节　耶稣基督的权威性……………64
第二节　现代主义对耶稣基督权威性的冲击………65
第三节　麦格拉思论耶稣基督的重要性…………68
一、耶稣基督的启示意义……………68
二、耶稣基督的救赎意义……………71
三、耶稣基督的示范意义……………77
四、耶稣基督在圣礼神学中的意义…………79

第四章　圣灵的统治性……………91
第一节　麦格拉思对圣灵的认知……………92
一、圣灵在圣经中的三种意象……………92
二、麦格拉思论圣灵的神性和作用……………99
第二节　麦格拉思论神灵的统治性……………104
一、灵恩运动的复兴……………104
二、灵恩运动的特点……………107
三、福音派的灵性危机……………107

第五章　个人皈依的必要性……………113
第一节　麦格拉思论个人皈依与基督论…………115
一、耶稣基督在神学中的重要地位………115
二、耶稣的身份……………119
三、麦格拉思论个人皈依与耶稣基督之间的
关系……………126
第二节　麦格拉思论个人皈依与救赎论…………127
一、拯救的模式……………128
二、罪、拯救、基督与皈依……………131
第三节　麦格拉思论基督论与救赎论之间的关系
……………133

第六章　宣扬福音的优先性……………135
第一节　麦格拉思对福音传道的研究…………136
一、耶稣基督对宣扬福音的重要性…………136
二、启蒙运动对宣扬福音影响……………137

　　第二节　麦格拉思的护教学 …………………………… 139
　第七章　基督徒团契的重要性 ………………………… 143
　　第一节　麦格拉思对教会论演变历程的研究 …… 144
　　　一、圣经中记载的教会论模式 ………… 144
　　　二、教会论的演变历程 ………………… 146
　　第二节　麦格拉思论福音派教会论的特征 ……… 149
　　　一、一个教会 ……………………………… 150
　　　二、圣洁的教会 …………………………… 151
　　　三、大公的教会 …………………………… 153
　　　四、使徒的教会 …………………………… 154
　第八章　麦格拉思对当代思潮的回应 ………………… 157
　　第一节　福音派与后自由主义 ………………… 157
　　　一、麦格拉思对自由主义的批判 ………… 158
　　　二、后自由主义与福音派的交集 ………… 161
　　　三、后自由主义与福音派的争锋 ………… 164
　　第二节　福音派与后现代主义 ………………… 170
　　　一、启蒙运动对福音派的影响 …………… 171
　　　二、福音派对后现代主义的批判 ………… 174
　　第三节　福音派与宗教多元主义 ……………… 175
　　　一、麦格拉思对多元宗教主义的理解 …… 176
　　　二、福音派救赎论在多元宗教中的独特性 … 178
结　论 …………………………………………………… 183
参考书目 ………………………………………………… 189
后　记 …………………………………………………… 199

绪　论

第一节　选题的来源及理论和实践意义

一、选题来源

（一）深入、细化研究当代西方基督教新教神学发展趋势

基督教新教在宗教改革之后逐步走向了世界舞台，在近五个世纪的发展历程中，经历了多种教派的衍生和起伏。当代西方基督教新教神学在自由主义神学和基要主义神学的摇摆间寻找到了第三条出路，这就是新福音派。新福音派在神学上具有与以往福音派不同的特征，新福音派特别强调圣经权威、基督中心、灵性生命、个人皈依、宣扬福音和基督徒团契的重要性。在强调回归"本源"的同时，摆脱了基要主义保守、僵化的形象，使新福音派在理智上更加的一致、在学术上更加的专业、在信仰上更加的坚定。同时也摆脱了自由派神学过于开放、放弃自我原则的无底线形象，使新福音派在坚守自我原则的同时不失合作与对话的姿态。

新福音派在美国崛起并日益影响着美国和世界政治格局的同时，这一思潮在英国也获得了回应。新福音派在美国的代表主要有奥肯加（Harold J. Ockenga）、卡内尔（Edward John Carnell）、亨利（Carl F. H. Henry）、拉姆（Bernard Ramm）和葛培理（William Franklin Grahan-"Billy"）；新福音派在英国的代表有托兰斯（Thomas Forsyth Torrance）、帕克（James Innell Packer）和斯托特（John Stott）。这些福音派神学家在其神学构建上虽有侧重，又有共同

之处。新福音派恪守圣经权威、强调因信得救、视传播福音为己任。他们重视社会伦理道德和政治参与，与现代哲学思潮积极对话、主动回应当今社会热点问题。在世俗化趋势日渐明显、宗教"祛魅"的呼声日益高涨的时刻，福音派教会却得到了明显的发展。无论是在神学的建构还是在社会的参与度上，新福音派呈现出日渐繁盛的景象。而以阿利斯特·麦格拉思（Alister Edgar McGrath）为代表的新一代新福音派神学家就是英国新福音派复苏的参与者、践行者。这一新的神学思潮在世界范围内引起了关注，学界和教界对这一思潮的观察和研究也日渐丰盛起来。

在当代新福音派的研究中，国内学者已经梳理了新福音派的发展历程、新特点和发展趋势。本文在前辈学者的启发下，拟深入细化当代西方新教神学的研究。把英国新福音派作为研究背景，以阿利斯特·麦格拉思的福音派神学思想作为研究对象，拟从宏观上勾勒出当代西方新教神学整体风貌的新发展、新趋势、新成果，同时从微观上把握麦格拉思福音派神学思想的主旨、以及在新福音派复兴的背景下，麦格拉思神学建构对于新福音派系统神学建构的贡献。

（二）当代英国新福音派的代表

第一、阿利斯特·麦格拉思是英国新福音派新生代神学家代表。麦格拉思入选沃特·艾维尔（Walter A. Elwell）主编的《福音派神学家手册》（*Handbook of Evangelical Theologians*[1]），一起入选的还有 B. B. Warfield，J. Gresham Machen，Francis Schaeffer，Carl F. H. Henry，John R. W. Stott，J. I. Packer，Millard J. Erickson 等福音派著名神学家。入选该手册的条件较为严格，入选者的神学思想必须是与福音运动密切相关，而且还得对这一运动产生了深远的影响。麦格拉思能够与福音派前辈一同入选，这一事实本身就能够说明其神学思想对福音派神学思想影响之深远，而他在福音派神学领域所取得的成就使他成为了英语世界新一代福音派神学家的领军人物。麦格拉思是入选的最年轻的神学家，时年三十八岁。

第二、阿利斯特·麦格拉思著述颇丰，且内容广博。依据麦格拉思在牛津大学个人官网所公布的出版物选编目录，麦格拉思共出版学术专著 25 部、学术教材 8 部、普及性读物 6 部、编著 3 部，这些作品被翻译成 27 种语言。

1　Walter A. Elwell, ed. *Handbook of Evangelical Theologians*, Grand Rapids: Baker, 1993, Preface p.8.

除此之外，麦格拉思还撰写了 100 多篇论文，分别发表在学术期刊、或者他人学术编著作品中。值得一提的是，以上统计仅仅是麦格拉思作品选编目录，而非所有作品目录集。麦格拉思不仅著述颇丰，而且著述内容涉猎广泛。他的著述不仅涉及系统神学、历史神学、教会史、护教学、神学教育等，而且还突出了自己的神学特色，尤其是他对福音派神学的创新性探索，论证了新福音派神学在理智上的一致性。同时他还关注现当代神学研究的焦点问题，如科学与宗教、自然与生态、基督教文学、异端与无神论、福音派对当代思潮的回应等。麦格拉思对人物的研究包括 Martin Luther，John Calvin 等传统神学家；Emil Brunner，C. S. Lewis，J. I. Packer，T. F. Torrance 等现代福音派神学家。

第三、阿利斯特·麦格拉思对当代西方新教神学影响深远。麦格拉思是一个研究兴趣广泛、神学体系严谨且具有神学创新精神的新福音派神学家。他的神学既立足于福音派传统，又丰富了当代福音派神学研究的内容与方向，同时还积极回应现代哲学思潮和社会问题，不失理论的构建与现实的问题意识。麦格拉思的重要性不仅体现在其追随福音派领袖 John R. W. Stott 和 J. I. Packer 的研究路径，还在于麦格拉思正在影响着福音派的领袖、信徒和学者。

二、选题的理论和实践意义

（一）理论意义

第一、通过当代英国新福音派研究可以把握当代西方英语世界新教神学的发展趋。20 世纪的思想史风起云涌、百家争鸣，宗教思想在变革的时代亦经历着思想的涤荡。对 20 世纪以降的西方神学思想发展史的梳理有利于明晰时代发展脉络，以便把握时代的发展方向，开展宗教学理论前沿探究。当代西方新教神学在 20 世纪经历了各种哲学思潮的洗涤，期间也发生了自我的演变。神学思想总是和哲学思潮亦步亦趋，并列前行，二者相互影响共同构筑了 20 世纪的精神风貌。新福音派在美国兴起之后回归英国，再次促使了当代英国福音派的复苏。

第二、通过麦格拉思福音派神学研究可以把握当代英国新福音派神学的发展趋势。作为英国新福音派复苏运动的参与者，麦格拉思的神学思想可谓是承上启下、具有划时代的标识意义。麦格拉思深受福音派前辈的影响，在神学思想体系的构建上既继承了英国福音派的传统，又开创了自己的神学体系，是当代英国新福音派的新生代代表。因此，研究麦格拉思福音派神学思想既有利于从微观上丰富当代西方新教神学研究内容，又有利于从宏观上把握 20 世纪以降的当代基督教神学发展的新动向。

（二）实践意义

第一、引导新福音派在全球事务中发挥积极作用。由于福音派是一个非宗派性的组织，其超宗派的特性有利于解决宗教性、政治性、社会性和文化性等国际社会热点问题。福音派在自由主义和基要主义之间可以作为当代新教神学的第三条出路；在基督宗教内部也可以成为多方对话的聆听者和参与者；在不同宗教之间可以成为宗教对话的助推者；在宗教界和非宗教界、在不同意识形态之间都可以成为可能的、潜在的对话者。

第二、麦格拉思福音派神学思想改善了人们对福音派的认知，提升了福音派积极、正面的影响力、证明了福音派神学在理智上的合法性。麦格拉思的福音派神学思想是对旧福音派神学思想的辩证发展，既否定了旧福音派反理智、呆板落后的因素，又发展了福音派神学思想，论证了福音派神学在理智上也是一致的，树立了福音派正面积极的形象。麦格拉思总结概括了福音派神学的特点，从神学建构的角度为如何鉴定福音派提供了神学的依据。他对福音派神学六个特点的归纳，既有对老一辈神学家福音派神学思想的继承，又有自己的独特见解，尤其是他对基督论的强调成为麦格拉思福音派神学最为显著的特征，也是他的神学思想的理论根基。麦格拉思立足于福音派的立场，为基督宗教的信仰进行了辩护，尤其是他从福音派神学的角度出发，对后现代主义、后自由主义和宗教多元化做出了学术化的回应，彰显了福音派回应现当代西方思潮时的强大理论实力。

第二节　国内外研究现状

一、国内研究现状

（一）福音派研究

1. 国内学界对福音派的前沿性、综合性研究

卓新平研究员是国内最早从学术的角度介绍福音派及新福音派神学的学者。卓新平在 1995 年出版的《基督教文化百问》中概述基督教新教在北美的

发展，认为美国汇集了多个民族、宗教和文化，是一个世界意义上的文化万花筒，而基督教则是美国最为核心的文化形态。自哥伦布发现新大陆之后的三百多年，欧洲基督宗教各派别分别向美洲扩张，到 20 世纪末期，福音派各教派信徒多达四千多万。[2]同年，卓新平在《中国宗教》发表文章，介绍了当代西方宗教发展的现状，对福音派在全球，尤其是北美的发展捉了概述。[3]卓新平于 1997 年在《世界宗教研究》第 4 期发表了题为《新福音派神学刍议》的论文，该文论述了 20 世纪基督教新教的时代特色，即以新教主流教派神学家的理论建构为代表，并以此为基础而形成了新教各派别的多元分化和发展；然后从历史发展的角度梳理了新福音派神学的发展历程，并从神学教义的角度辨析了新福音派神学的特点，以及与基要派和自由派在神学义理方面的关联；最后选取了新福音派具有代表性的神学家卡尔·亨利（Carl F. H. Henry）、拉姆（Bernard Ramm）、托兰斯（Thomas F. Torrance）和帕克（James I. Packer），全面论述了他们的神学思想特点及其影响。[4]在 1998 年出版的《当代西方新教神学》中，卓新平从宏观的视角论述了新福音派发端的历史渊源、从发生学的角度辨析了新福音派与基要主义之间的相互关联、从个案研究的角度以详实的史料和严谨的逻辑论述了以上四位神学家的新福音派神学特点，并增述了约翰·斯托特（John Stott）和葛培理（Billy Graham）这两位新福音派神学家的神学思想特点。[5]

董江阳研究员是国内最为系统研究福音派的学者。董江阳在其博士论文的基础上进行了修改和补充，于 2004 年出版了《"好消息"里的"更新"——现代基督教福音派思想研究》。这是"中国内地学术界出版的第一部较为系统研究现代基督教福音派思想的专著"。[6]该研究从历史的角度把福音派分为三个时期：第一个时期源于 16 世纪宗教改革时期，称之为古典福音派时期；第二个时期源于 18 世纪的大觉醒时期，称之为虔敬主义福音派时期；第三个时期源于上个世纪四十年代，称之为现代福音派时期。该研究还归纳了现代福音派的特征，认为现代福音派是一个超宗派性的神学趋势，代表着一种普世运

2　卓新平：《基督教文化百问》，今日中国出版社 1995 年版，第 147-150 页。

3　卓新平：《当代西方宗教》，《中国宗教》1995 年第 2 期，第 49-50 页。

4　卓新平：《新福音派神学刍议》，《世界宗教研究》1997 年第 4 期，第 19-27 页。

5　卓新平：《当代西方新教神学》，上海三联书店 1998 年版，第 353-381 页。

6　董江阳：《"好消息"里的"更新"——现代基督教福音派思想研究》，中国社会科学出版社 2004 年版，序一第 3 页。

动的倾向。这本专著系统地论述了福音派的历史演变、福音派的性质与特点、福音派最具区别性的特征，即，强调圣经权威、基督中心论和灵性皈依。认为现代福音派既是对基要派和自由派的回应，以及因此而选择的另一条出路；又是应对现代性的挑战，尤其是多元主义、理性主义、个人主义和世俗主义，所作出的回应。[7]

2. 国内学界对福音派国别性、专门性研究

国内对福音派的研究重点主要集中在美国福音派上。涂怡超以全球化处境作为论文的时代背景探讨了美国福音派的政治参与，在文中对"福音派"和"政治参与"做了学术界定。这篇博士学位论文把"社会资本"理论作为其理论框架，从经济学、社会性和政治学三个领域概括总结社会资本理论的演变历程，进而把社会资本理论引入宗教学，从政治社会学的角度对宗教社会资本进行了分析。这篇论文主要是人物研究，以美国福音派里程碑式的人物葛培理作为个案研究，从葛培理的政治参与透视美国福音派与美国政治的相互交融。[8]这篇博士学位论文于 2010 年由上海人民出版社出版，纳入徐以骅主编的《宗教与当代国际关系论丛》中。

董江阳和涂怡超的这两项研究是国内少有的以"福音派"作为研究对象的学术探讨。董江阳系统研究了福音派的演变历程、神学特征，从宏观的角度对福音派做了整体研究；涂怡超则以葛培理作为个案研究以探究美国福音派对国内国际政治关系的交融。除了以上两项研究外，国内博士学位论文和学术专著很少把"福音派"作为核心研究对象，对该问题的探讨仅散见于与福音派相关的研究之中，仅作为其研究核心思想的一个辅证素材加以引介。徐以骅主编的《宗教与美国社会》系列文集收录了一些论文，涉及福音派及其与美国政治的关联。董小川讨论了美国基要派与福音派之间的区别和关联，认为新基督教右翼与福音派在发展历程上有所关联。因而，这两个概念很容易混淆，认为这两个概念是不能简单的等同的。[9]百丰绩从历史学的角度论及了福音派与基要主义的关联，并对"福音派"这个术语做了概念界定。[10]

---

7 董江阳：《"好消息"里的"更新"——现代基督教福音派思想研究》，中国社会科学出版社 2004 年版。

8 涂怡超：《美国基督教福音派及其对国际关系的影响——以葛培理为中心的考察》，复旦大学博士学位论文，2007 年；同名专著，上海人民出版社 2010 年版。

9 董小川：《20 世纪美国宗教与政治》，人民出版社 2002 年版。

10 百丰绩：《20 世纪美国基要主义研究》，东北师范大学博士学位论文，2009 年。

3. 国内学界从政治学角度研究美国福音派

国内学界大多从政治的角度考察福音派与美国政治的关联。董江阳的《迁就与限制——美国政教关系研究》分析了美国福音化对美国政教关系的影响。该文认为在面对新生的美利坚合众国、法国大革命的失败、自然神论在美国本土的流行以及多次移民潮的涌起时，美国福音派抓住了历史的机遇在北美获得了长足的发展，并在事实上确立了基督教新教传统在美国的统治地位。而这种跨宗派和跨地域福音运动之所以在美国迅速崛起还是得益于美国宪法的"宗教条款"，使得各种宗教在自由、平等、自愿的原则上，在一个信仰自由的氛围中获得均等的发展机遇。福音派更是发挥了其主观能动性，在宗教自愿主义和自由竞争主义的原则下逐渐变成了美国主流宗教形态。福音派现如今已成长为美国信众最多，发展速度最快的宗教运动，对美国政教关系产生了深远的影响。[11]

徐已骅研究了保守福音派如何与美国的政治相关联，从而影响了美国政治与外交的保守主义倾向。《试析 2004 年美国总统选举中的宗教因素》以详实的数据证明了福音派如何影响了乔治·W·布什的总统竞选，认为尽管福音派内部对于小布什观点并不一致、美国北部和中西部福音派并不像南部福音派那样"热衷和保守"、宗教右翼与宗教左翼在投票人数上旗鼓相当，但是小布什 2004 年的选举证明了以福音派和保守天主教徒为代表的宗教保守派是此次竞选的最大赢家之一。[12]

徐以骅的《宗教与 2012 年美国大选及当前中美关系》一文引用了 Robert D. Putnan 和 David E. Campbell 的观点，认为美国福音派的繁荣到上个世纪 90 年代就已经结束，到本世纪初期福音派的扩张已然成为过去时，而 2004 年的小布什竞选的成功只能被视为宗教保守派与共和党最后的辉煌；而如今美国社会生活正在悄然的受到世俗主义的影响。该文指出唱衰福音派的不止以上两位，David D. Kirkpatrick 认为福音派很难再现之前政治参与的辉煌经历，因为福音派缺少合适的总统候选人、缺乏团结一致的核心领导层、更没有统一的政治信念。该文进一步指出青年一代的福音派信徒不再关注传统的福音派议题，例如同性恋及其婚姻、堕胎和创世论等，而是转向了非传统的

---

11 董江阳：《迁就与限制——美国政教关系研究》，三联书店 2017 年版，第 225-256 页。

12 徐以骅：《试析 2004 年美国总统选举中的宗教因素》，《美国问题研究》2005 年第四辑，第 401-426 页。

福音派议题，比如环境保护和气候变化等问题。徐以骅认为，尽管福音派展现了以上变化，但是这并不意味着以福音派为代表的宗教保守派与美国共和党的"联姻"就走向了尽头。徐以骅认为，福音派面对如此困境，有两个选择：要么宗教与政治宽松以赢取选民及信众的支持；要么坚守保守路线冷视支持率的走低。[13]

从以上分析可以得知当代美国福音派所面临的困局既源于福音派神学的保守主义倾向，又源于宗教保守派与共和党政治诉求的不一致性。要想摆脱美国福音派当代困境，在既不失去其最基本的神学特色又不决断其政治诉求的前提下，美国福音派可以做两个向度的思考与改变，温和福音派也许可以作为一条出路，即，既有基于当代社会问题的神学思考又有超越宗派和种族的包容视野。所以福音派要想改变其顽固保守的道德卫道士形象，还得扩大福音派的社会关注；此外，福音派的政治议程还需和党派结合共同推进。事实是，这样的美好愿景总是那么不尽如人意，福音派对共和党较为失望，从而导致某些福音派人士淡忘或者远离政治，或者脱离共和党另立新党。[14]

国际宗教自由法于1998年被美国议会批准通过，这成为美国通过宗教和人权干涉别国内政的所谓"法律依据"，这一法案的背后推动者就是宗教保守派。曾经是宗教自由派所关注的外交领域逐渐受到了宗教保守派的关注，随着福音派政治参与度的提升，福音派在国内大肆渲染国际宗教迫害，把基督徒宣传为宗教迫害的最大受害者，再经9·11事件之后的震动，福音派的外交战略逐步变成了超党派、超宗派、超国界的外交思维。[15]福音派是小布什政府的选民基础，也是共和党内外邦交政策的主要影响者。福音派上达执政党、下通基层选民，上下通达之势让福音派保守主义思维得以执行和认可，这也是美国能够充当国际宗教判官的理论与现实的基础。

关于福音派与美国政治与外交的相互交揉，还可参见徐以骅的《宗教在当前美国政治与外交中的影响》一文。这篇论文探讨了自2004年小布什总统竞选之后，宗教不再是总统竞选的重大关切；并且福音派内部也出现了不和谐的声音，其与共和党的政治联盟出现了缝隙；宗教议题不再是共和党的专属，民

---

13 徐以骅：《宗教与2012年美国大选及当前中美关系》，《世界宗教研究》2013年第6期，第21-30页。

14 徐以骅：《宗教与当前美国外交政策》，《和平与发展》2008年第1期，第62-66页。

15 徐以骅：《宗教与冷战后美国外交政策——以美国宗教团体的"苏丹运动"为例》，《中国社会科学》2011年第5期，第199-218页。

主党也开始打宗教牌。这看似是福音派政治前途未卜之征兆，其实这也从另一个侧面印证了福音派宗教诉求的国内国际影响力不但没有消退，反而是渗入到了民主党和其他政治势力之中。民主党也开始关注宗教因素就是一个很好的证明。福音派与共和党政治联姻的松动，为福音派摆脱共和党的束缚，进而与其它政治势力协商创造了条件，最关键的是此举提升了福音派的政治独立性，为福音派独自发挥社会影响力创造了机会。

关于福音派与美国外交的研究，还有涂怡超[16]、纪文宇[17]、何宗强[18]、周余祥[19]等撰写的论文。关于福音派与美国政治的期刊论文还有王恩铭[20]、郭亚玲[21]、涂怡超[22]等撰写的文章。以上论文的共同点均是从美国福音派出发探讨福音派与美国政治、外交的相互交融；不同点在于这些论文把福音派作为切入点之后的着重点各有偏颇。

作为基督教右翼的福音派在政治领域的影响力这类研究常见于期刊论文之中，比如，王恩铭[23]、董小川与百丰绩合写的文章[24]、德国学者曼弗雷德·布洛克尔的汉译版论文《美国基督教右派》；[25]以上论文均对"基督教右翼"进行了概念的界定，从不同的角度叙述了它的发展历程及其与政治的相互影响。

美国福音派与中国宗教外交交往的研究较少，仅有两篇关于葛培理的新闻报道。一篇是关于江泽民主席于 1997 年 11 月 2 日出访美国时在洛杉矶世

---

16 涂怡超：《当代美国基督教福音派与美国人权外交》，《美国问题研究》2009 年第 1 期，第 113-135+223 页。

17 纪文宇：《福音派与小布什政府的外交政策》，《国际论坛》2007 年第 4 期，第 74-78+81 页。

18 何宗强：《基督教福音派与美国外交》，《国际论坛》2011 年第 2 期，第 15-21+79 页。

19 周余祥：《浅谈新教福音派和卡特政府外交政策》，《新西部（下半月）》2007 年第 9 期，第 102+145 页。

20 王恩铭：《当代美国新教福音派的政治大动员——兼论政教分离》；《国际观察》2011 年第 1 期，第 36-43 页。

21 郭亚玲：《美国福音派社会意识的复醒》，《国际论坛》2006 年第 2 期，第 73-78+81 页。

22 涂怡超的《契合与冲突：美国基督教福音派的全球扩展与全球公民社会》，《浙江学刊》2011 年第 3 期，第 146-150 页。

23 王恩铭：《试论美国新宗教右翼》，《世界历史》2007 年第 6 期，第 81-90 页。

24 董小川，百丰绩：《"美国新基督教右翼"的概念及相关问题研究》，《东北师大学报（哲学社会科学版）》2004 年第 4 期，第 64-72 页。

25 [德]曼弗雷德·布洛克尔：《美国基督教右派》，《国际政治研究》2007 年第 2 期，第 92-100 页。

界广场旅馆会见葛培理牧师；[26]另一篇简讯是关于我国"两会"负责人杨高坚、涂世华、傅铁山等领导人会见来访的葛培理牧师，全国政协副主席赵朴初做了主旨发言，葛培理牧师之后发表长篇演讲。[27]

4. 国内学界从神学角度研究福音派

对美国福音派的发展历程、福音派与自由主义神学和基要主义神学的渊源等方面的研究散见于个别译著。葛伦斯（Stanley J. Grenz）与奥尔森（Roger E. Olson）合著，刘良淑与任孝琦翻译的《二十世纪神学评介》以20世纪神学发展作为时代背景，概述了福音派与保守派尽管在神学思想上保持了基本一致，但是对社会热点问题的关切却渐行渐远。一些不满于老福音派的人士分离出来，并以福音派运动为旗帜组成了一个松散的联盟，即新福音派。[28]该文特别论述了卡尔·亨利（Carl F. H. Henry）和兰姆（Bernard Ramm）的学术历程、神学特色和神学贡献。卡尔·亨利评判现代神学，同时也评论福音派的各种观点，而他评判的出发点则是福音派神学。亨利认为只有回到圣经中神的启示才能解决现代神学危机，因而十分强调圣经的权威，这也是新福音派最为显著的神学主张。对于启示的理解，亨利认为启示是理性的、命题式的，即启示是客观的、是可以被理解的、是前后一致的、也是概念式的，因此基督教是一种理性的信仰。但是这并不意味着亨利赞同把基督教信仰完全建立在理性与经验的基础之上，也没有尝试着建构自然神学，而是强调神学的基础应当是圣经的真实性这一先决条件，因而圣经是无误的。卡尔·亨利的神学思考并没有完全停留在纯粹思辨的知识论当中，而是积极地参与社会伦理的建构，积极地参与社会服务。卡尔·亨利的社会伦理倾向及其实践有着坚实的神学基础，认为社会服务与公义乃是神超自然的启示，是耶稣基督复活之后生命的延续，这样，卡尔·亨利的社会伦理主张也就有了超越性的意义。总之，面对20世纪神学危机，卡尔·亨利认为只有回到神学分歧的岔路口，重新恢复教会传统和圣经权威才能克服这一危机。

葛伦斯与奥尔森的《二十世纪神学评介》一书认为兰姆与卡尔·亨利虽同

---

26 《江泽民会见美国葛培理牧师》，《中国宗教》1998年第1期，第5页。此文首发于《人民日报》1997年11月4日。

27 梅溪:《我全国"两会"负责人与美国基督教福音派领袖葛培里座谈》，《中国天主教》1988年第2期，第38页。

28 [美]葛伦斯（Stanley J. Grenz），奥尔森（Roger E. Olson）著:《二十世纪神学评介》，刘良淑与任孝琦译，上海三联书店2014年版，第401-436页。

为新福音派的代表人物，但是二者的区别在于对待现代神学的不同态度。卡尔·亨利对现代神学持谨慎甚至是决绝的态度和立场，而兰姆则对现代神学持开明立场，尤其是对卡尔·巴特（Karl Barth）的新正统神学持欢迎的态度，甚至认为福音派可以从中获取灵感以应对启蒙运动之后的困局。如果说卡尔·亨利对福音派最大的贡献在于其巨著《神、启示、权威》对于启示论与圣经论的系统阐释的话，那么兰姆对福音派最大的贡献则在于与现代思潮对话，尤其是以圣经为核心的神学与当代自然科学的相互理解与对话。兰姆把基督教信仰与当代社会热点问题结合起来思考，摆脱了福音派反对现代知识和缺乏历史观的呆板、落后、愚民形象，进而主张以开明的态度明对现代知识的进步，尤其是理性面对圣经批判学和自然科学。这一立场既是新福音派与基要派的主要区别，又是兰姆树立温和福音派形象的显著标志。

罗杰·奥尔森的《基督教神学思想史》一书的英文名字是 *The Story of Christian Theology*，从该书的英文名字就可以推知该书的论述言简意赅，用较为朴实易懂的语言概述了基督教神学思想发展史。这本书面向的读者是"未受过启蒙教育的学生，以及有意要在历史神学上'再充电'的教师"[29]。该书的最后一章概要叙述了20世纪下半叶现代神学进入多元发展的新纪元时期，福音派神学就是主要议题之一。该书从历史的角度简明扼要的梳理了"福音派"一词在不同的历史时期所代表的不同神学主张，把现代福音派的历史上溯至18世纪的新教徒，并把福音派的历史叙述到了20世纪80、90年代的卡尔·亨利（Carl F. H. Henry）和布罗伊奇（Donald G. Bloesch）。除此之外，该书还简要总结了各种类型福音派的共同点，无论是"清教徒—普林斯顿"的福音模式还是"敬虔—灵恩派"福音模式，均是历史性的基督教世界观、都反对自由派神学和某些基要主义神学思想。

5. 国内学界福音派研究的特点

总结以上国内研究综述可以发现如下特征：以国别研究分类，国内福音派的研究主要以美国福音派为主，很少涉及英国、加拿大和澳大利亚等其它英语国家的福音派研究。以学科类别分类，国内福音派研究主要以历史学和政治学的研究为主。这类研究从历史的角度梳理福音派的历史发展脉络、从政治学的角度研究福音派与政治、外交的相互关联。但是这类研究很少从宗教学的角度

---

29 [美]罗杰·奥尔森著：《基督教神学思想史》，吴瑞诚译，上海人民出版社2014年版，引言第2页。

以比较分析的研究方法横向比较福音派、基要派和自由派在神学思想层面的相互关联；也很少从纵向发展的角度梳理福音派神学原理的历史演变；也很少从文化学的研究视角，以基督教中国化为目的，从宗教与文化战略的高度省视福音派与中国文化战略的关联。

（二）麦格拉思研究

1. 国内学界对麦格拉思作品的引用

国内目前尚未见到对麦格拉思的专门研究，也未见关于麦格拉思的学术论文和学术专著。对于麦格拉思的研究仅现于个别博士论文对其观点的引用。如，董江阳的博士学位论文《现代基督教福音派思想研究》[30]引用了麦格拉思的 *Evangelicalism and the Future of Christianity*[31]，*Historical Theology: An Introduction to the History of Christian Thought*[32]，*A Passion for Truth*[33]。马利怀的博士学位论文《神人关系合宜之探——神学史上的称义之争及其内在矛盾》[34]引用了麦格拉思的 *Iusitia Dei: A History of the Christian Doctrine of Justification*[35]和《宗教改革运动思潮》[36]。肖超的博士学位论文《早期基督教史学探析（公元 1-4 世纪初期）》引用了麦格拉思的 *Historical Theology* 和《基督教文学经典选读》[37]。

国内对麦格拉思著作的引用散见于一些期刊论文之中，如，董江阳的《基督教基要派的形成与分裂》[38]引用了麦格拉思的 *Historical Theology*。董江阳的

---

30 董江阳：《现代基督教福音派思想研究》，中国社会科学院研究生院博士学位论文，2001 年。

31 Alister E. McGrath, *Evangelicalism and the Future of Christianity,* Downers Grove, IL: InterVarsity Press, 1995.

32 Alister E. McGrath, *Historical Theology: An Introduction to the History of Christian Thought,* Oxford: Blackwell, 1998.

33 Alister E. McGrath, *Christian Theology: An Introduction,* Oxford: Blackwell, 1997.

34 马利怀：《神人关系合宜之探——神学史上的称义之争及其内在矛盾》，中国社会科学院研究生院博士学位论文，2003 年。

35 Alister E. McGrath, *Iusitia Dei: A History of the Christian Doctrine of Justification, Cambridge: Cambridge University Press, 1998.*

36 [英]阿利斯特·麦格拉思：《宗教改革运动思潮》，陈佐人译，香港基道书楼有限公司 1991 年版。

37 [英]阿利斯特·麦格拉思编：《基督教文学经典选读》，苏欲晓等译，北京大学出版社 2004 年版。

38 董江阳：《基督教基要派的形成与分裂》，《世界宗教研究》2002 年第 2 期，第 59-69 页。

另一篇论文《哪种基督教？哪类基督徒——试析现代基督教内部的阵营分组与分野》[39]引用了《基督教的未来》[40]。董江阳的第三篇论文《试析灵性生活对个体基督徒的意义》[41]引用了 *Evangelicalism and the Future of Christianity*。王晓朝的《西方神正论思想与现代政治哲学》[42]引用了 *Iusitia Dei: A History of the Christian Doctrine of Justification*；《研究宗教，研究神学》[43]引用了 *Christian Theology: An Introduction*。黄保罗的《西方新无神论运动及其对汉语学界的意义》[44]引用了 *The Dawkins Delusion? Atheist Fundamentalism and the Denial of the Divine*[45]。

横向比较国内相关研究，可以发现国内在研究以下主题时引用了麦格拉思著作：在科学与宗教研究这一主题方面，王忠欣的《进化论在美国 150 年——兼论宗教与科学》[46]引用了 *The Twilight of Atheism*[47]，胡自信的《科学与宗教的冲突与互补》[48]引用了 *Science and Religion: An Introduction*[49]，张秀华的《科学与宗教关系探究的新进路——对近年中美科学与宗教学术会议的分析》[50]引用了 *Reformation Thought*[51]；在马丁·路德研究这一主题方面，张仕

39　董江阳：《哪种基督教？哪类基督徒——试析现代基督教内部的阵营分组与分野》，《世界宗教研究》2006 年第 3 期，第 74-85 页。

40　[英]阿利斯特·麦格拉思著：《基督教的未来》，董江阳译，香港道风书社 2005 年版。

41　董江阳：《试析灵性生活对个体基督徒的意义》，《宗教学研究》2003 年第 4 期，第 71-78 页。

42　王晓朝：《西方神正论思想与现代政治哲学》，《天津社会科学》2004 年第 2 期，第 16-20 页。

43　王晓朝：《研究宗教，研究神学》，《理论视野》2012 年第 9 期，第 45-48 页。

44　黄保罗：《西方新无神论运动及其对汉语学界的意义》，《学术月刊》2011 年第 12 期，第 29-38 页。

45　Alister E. McGrath, Joanna Collicutt McGrath, *The Dawkins Delusion? Atheist Fundamentalism and the Denial of the Divine,* London: SPCK, 2007.

46　王忠欣的《进化论在美国 150 年——兼论宗教与科学》，《南京理工大学学报（社会科学版）》2010 年第 1 期，第 1-12 页。

47　Alister E. McGrath, *The Twilight of Atheism: The Rise and Fall of Disbelief in the Modern World,* New York: Doubleday, 2004.

48　胡自信：《科学与宗教的冲突与互补》，《自然辩证法研究》2006 年第 11 期，第 20-24 页。

49　Alister E. McGrath, *Science and Religion: An Introduction.* Oxford: Blackwell Publishing, 2009.

50　张秀华：《科学与宗教关系探究的新进路——对近年中美科学与宗教学术会议的分析》，《清华大学学报（哲学社会科学版）》2013 年第 3 期，第 88-95+160 页。

51　Alister E. McGrath, *Reformation Thought: An Introduction*, Malden, MA: Blackwell, 1999.

颖的《宗教改革前的马丁·路德与经验哲学》[52]引用了 *Iusitia Dei: A History of the Christian Doctrine of Justification* 和 *The Intellectual Origins of the European Reformation*[53]，肖超的《不虔的希律，你为何畏惧——1517-1520 年马丁·路德的礼仪观念》[54]引用了 *Historical Theology*，刘平的《思想微澜与社会狂澜：论马丁·路德的救赎学范式转换》[55]一文虽然没有直接引用麦格拉思的著作，但是在文中建议有关马丁·路德宗教改革和十字架神学可以参见《宗教改革运动思潮》[56]和 *Luther's Theology of the Cross*[57]。

2. 汉语学界对麦格拉思作品的译介

从以上综述中可以发现，国内对于麦格拉思的研究比较有限，不够深入也不够全面。目前主要集中在对麦格拉思福音派思想、宗教改革研究、马丁·路德及其"因信称义"研究的引用上。国内对于麦格拉思的研究尚处在翻译和引介的阶段。下文将归纳汉语学界对于麦格拉思著作的翻译引介工作，列出已经在汉语学界出版的著作。

一、大陆。北京大学出版社出版了《基督教文学经典选读》、《基督教概论》、《天堂简史：天堂概念与西方文化之探究》。北京联合出版公司出版了《基督教神学导论》。华东师范大学出版了《微调的宇宙》。上海三联书店出版了《C.S. 路易斯：天赋奇才，勉为先知》、《意义的惊现》。上海人民出版社出版了《基督教概论》、《科学与宗教引论》。中国社会科学出版社出版了《加尔文传——现代西方文化的塑造者》、《宗教改革运动思潮》。中央编译出版社出版了《福音派与基督教的未来》。华东师范大学出版社出版了《微调的宇宙》。

二、香港。天道书楼出版社出版了《纯粹神学》、《道金斯的迷思》、《为何你让我这样痛苦地活下去》、《福音派与基督教的未来》、《历史神学》。汉语基

---

52 张仕颖：《宗教改革前的马丁·路德与经验哲学》，《历史研究》2013 年第 6 期，第 120-135+192 页。

53 Alister E. McGrath, *The Intellectual Origins of the European Reformation*, Oxford: Blackwell, 2004.

54 肖超：《不虔的希律，你为何畏惧——1517-1520 年马丁·路德的礼仪观念》，许志伟编：《基督教思想评论第十辑》，世纪出版集团 2009 年版，第 190-202 页。

55 刘平：《思想微澜与社会狂澜：论马丁·路德的救赎学范式转换》，《世界宗教文化》2013 年第 4 期，第 68-74 页。

56 [英]阿利斯特·麦格拉思著：《宗教改革运动思潮》，蔡锦图、陈佐人译，中国社会科学出版社 2009 年版。

57 Alister E. McGrath, *Luther's Theology of the Cross,* Oxford: Basil Blackwell, 1985.

督教文化研究所出版了《基督教的未来》。基道书楼出版社出版了《科学与宗教引论》、《今日基督教教义》、《基督教灵修学》、《宗教改革运动思潮》、《基督教神学浅析》、《追寻真理的激情——融贯一致的福音信仰》。海天书楼出版社出版了《未识之神》。

三、台湾。台湾的校园书房出版社组织出版了麦格拉思[58]以下著作：《天路之旅——信仰追寻的地图》、《解惑——分享福音的要诀》、《我思故我信——十大基督徒思想巨擘》、《再思十架真义》、《基督教原典精华》、《再思因信称义》、《认识三一神论》、《基督教神学手册》、《怀疑——信心成长的契机》。新闻出版社出版了《当上帝开始说英文》。

从香港、台湾和大陆翻译出版的麦格拉思著作中可以看出，港台翻译的多为基督教神学及相关书籍，大陆出版的多为介绍基督教的一般性读物，以及国内较为认可的宗教改革、科学与宗教、自然观等方面的书籍。从港台和大陆的译介可以得知，任何翻译都是有选择性、目的性的，同时较为乐观的是，这种学术性的探讨已然较为开明，为学者从外围研究基督教领域的相关知识提供了便利条件。

二、国外研究现状

（一）福音派研究

国外福音派研究十分成熟，不仅研究人员众多、研究成果丰硕，且形成了十分成熟的研究体系，学科也是十分完备。目前福音派已经历经几百年的发展，要在本研究中全面概述国外福音派研究现状难以操作，也不现实。因此，本研究把国外研究现状综述限定在英国新福音派的研究范围之内。原因有二：其一、本研究的研究背景是英国新福音派，研究对象是新福音派神学家麦格拉思。作为英国新生代福音派的代表，麦格拉思的神学思想不仅具有传统正统神学的特征，更为重要的是麦格拉思神学思想体现了英国当代神学思想发展的新脉络、新特征，因此把麦格拉思置身于英国福音派历史的洪流中，研究清楚麦格拉思对英国新福音派的贡献是十分必要的；其二、本研究的研究内容是麦格拉思神学思想体系和英国新福音派神学主张以及二者之间的关联。麦格拉

---

58 Alister E. McGrath 的汉译名字在港、台和大陆不同。在香港译为麦格夫、在台湾译为麦葛福、在大陆译为麦格拉思或者麦格拉斯。为了保持本文名称的一致性，在这里统一名字的汉译版本，即，统一使用麦格拉思这个名字。

思的神学建构既体现了英国神学思想的历史传承，又表明了福音派神学在面对后现代主义、后自由主义和宗教多元主义等现代思潮时的应对策略。因此，麦格拉思的神学思想不仅可以在欧美基督教世界广为传播，也可以在其它文化世界作为研究对象。这主要是源于麦格拉思所关注的神学思想面对的是人类共同关注的主题，关乎人类命运的共同话题。所以，把麦格拉思置身于不同文化范畴的时空之中，研究其福音派背景下的神学反思对于我们构建汉语神学、促进宗教理解、落实文化战略具有一定的启示意义。

（二）英国新福音派神学研究

董江阳认为现代福音派的发展可以划分为三个阶段。第一阶段从 1942 年到 1960 年，为现代福音派的创立与成型期；从 1960 年到 1980 年为第二阶段，为现代福音派的发展与分化时期；第三阶段是从 1980 年至今[59]，为现代福音派的创新与转型期。[60]本研究沿用董江阳对于现代福音派的历史分阶划分，以此为依据归纳了每一个阶段的代表性神学家。第一阶段英国现代福音派主要代表人物有托马斯·托兰斯（Thomas Forsyth Torrance）、詹姆斯·帕克（James Innell Packer，又译巴刻）、约翰·斯托特（John Stott）、马丁·劳埃德—琼斯（Martyn Lloyd-Jones）和布鲁斯（F. F. Bruce）等；在第二阶段，英国没有出现影响力较大的新的福音派代表，而第一阶段的代表在第二个时间段内依旧持续地发挥着世界范围内的影响力；第三阶段英国出现了几位重要的福音派神学家，阿利斯特·麦格拉思（Alister E. McGrath）和大卫·贝宾顿（David W. Bebbington）是其中最重要的两位。他们两人均是出生在英国，在英国接受了学术教育，其职业生涯也在英国度过，并且学术成就丰硕，影响较为深远。到目前为止，这两位神学家仍然积极地活跃在英国的学术界和宗教界。除此之外，影响力不及前两位的还有奥斯·吉尼斯（Os Guinness）和威廉·亚伯拉罕（William Abraham）。前者于 1941 年出生在中国，在中国度过了其童年时期，于 1951 年返回英格兰，1984 年之后生活在美国，其职业生涯的巅峰期在美国度过。后者是爱尔兰福音派神学家，牛津大学的哲学博士，但是他的大部分职业生涯在美国度过。因此，本文认为第三阶段英国新福音派神学家的主要代表是麦格拉思和贝宾顿。

---

59 该书出版于 2004 年，所以文中"至今"可以理解为"到 2004 年为止"。

60 董江阳：《"好消息"里的"更新"——现代基督教福音派思想研究》，中国社会科学出版社 2004 年版，第 68-76 页。

1. 英国福音派研究

研究英国福音派历史的学者有些是福音派神学家、历史学家或者宗教学家，只是他们研究的切入点不同。英国福音派神学家大卫·贝宾顿（David W. Bebbington）的 *Evangelicalism in Modern Britain: A History from the 1730s to the 1980s* 系统梳理了福音派在英国两个半世纪的发展历程。该书认为尽管约翰·卫斯理（John Wesley）、威廉·威伯福斯（William Wilberforce）和沙夫茨伯里伯爵（Lord Shaftesbury）等人在英国史上赫赫有名，但是关于英国福音派在世界史中的重要性还是常常被遗忘。这是不应该的，因为福音派在英国基督教传统中发挥着极为重要的作用。因此，为了弥补这一缺失，贝宾顿认为应当认真研究福音派对于英国社会的影响，同时也要研究英国社会是如何影响了福音派，并致使福音派自我变革。这是一个全新的视角，从英国史的角度梳理福音派两个半世纪的发展变化，进而反观英国母体文化是如何塑造了福音派。该书认为，福音派在英国发展两个半世纪之后，自身已发生了较大的改变，福音派的神学主张、政治诉求均发生了改变。正是在这种改变之中，英国福音派不断地被其母体文化反复塑造，从而被赋予了勃勃的生命力，在世界舞台上发挥着更为积极和建设性的作用。[61]这本书是研究英国福音派历史最为全面的一本书，既有编年体式的历史叙述，又有神学著作的严谨论证，既有跨越两个半世纪的宏观历史视野，又有精辟入微的个案分析，是展开英国福音派全貌的一把金钥匙。

英国历史学家威廉·沃德（William Reginald Ward）的 *The Protestant Evangelical Awakening* 一书不仅从英美语境出发，更是从欧洲视野省视 18 世纪基督教新教复兴运动，该书的第八章专门论述了英国基督教新教的复兴，着重探讨了卫斯理、怀特菲尔德的神学思想，并研究了敬虔派，循道宗以及福音派的崛起。[62]沃德的另一本书 *Early Evangelicalism: A Global Intellectual History, 1670-1789*，通过研究 17 至 18 世纪早期福音派的主要代表人物以及世界范围内的福音派运动，沃德展示了 18 世纪福音派神学家如何应对当时的社会思潮，发现福音派的精英应对社会问题的思路和方法竟然具有高度的相似性。经研究发现敬虔派和启蒙运动是这一思想变革的原动力。但是进入

61　David Bebbington, *Evangelicalism in Modern Britain: A History from the 1730s to the 1980s*, London: Unwin Hyman Ltd, 1989.

62　W. R. Ward, *The Protestant Evangelical Awakening*, Cambridge: Cambridge University Press, 1992.

19 世纪后，福音派再无能力应对世界新格局、新变化，福音派内部的一致性骤然崩塌。[63]

牛津大学威克利夫学院（Wycliffe Hall，Oxford）前任院长理查德·特恩布尔（Richard Turnbull）是英国圣公会的牧师，在威克利夫学院教授圣公会、福音派和宗教改革等方面的课程。他的 Anglican and Evangelical? 认为并非所有的圣公会教徒都是福音派，反之亦然。该文系统地探讨了圣公会与福音派各自的身份（identity）认同意识，并探讨了二者的一致性与分歧，圣公会和福音派两者的身份是可以合一的。最后该文认为圣公会福音派（Anglican Evangelicalism）应当在教会、文化和社会等方面传播福音，在现实社会中展现圣公会福音派积极参与社会事务的态度和立场。[64]通过研究构成圣公会与福音派的核心身份要素，该书再次明晰了现代圣公会福音派的根源。通过从圣公会内部和外部两个视角省视福音派的历史传统及其特征，二者的相互关联就更为清晰明了了。

兰德尔·曼纳林（Randle Manwaring）的 From Controversy to Co-Existence 探讨了福音派作为圣公会一个派支在第一次世界大战前后到 1980 年间的演变史，尤其是在面对两次世界大战、冷战以及 20 世纪新思潮时福音派神学对自我身份意识的觉醒和自我身份的探究。[65]肯尼斯·希尔森—斯密斯（Kenneth Hylson-Smith）认为曼纳林的这本专著具有开创性的意义，但是这本书以开放式的结尾收场，引发了许多有待探索的问题。所以肯尼斯·希尔森—斯密斯的 Evangelicals in the Church of England 1734-1984[66]这本书在内容上要么是曼纳林尚未探讨的，要么是部分涉及但未深入的。作为有着三十多年圣公会福音派事工的学者，肯尼斯·希尔森—斯密斯较为客观地评判了福音派两个半世纪的发展史，尤其是福音派与循道宗的区别。这本专著把福音派置身于圣公会之中，系统全面地梳理了福音派的发展史，是研究英国福音派最为全面的著作。

作为历史学家的马克·哈钦森（Mark Hutchinson）与宗教历史学教授约翰·沃尔夫（John Wolffe）合著了 A Short History of Global Evangelicalism 一书。该书把福音派的发展史视为全球范围的一场运动，18 世纪上半叶缘起于欧洲与

63　W. R. Ward, *Early Evangelicalism: A Global Intellectual History, 1670-1789,* Cambridge: Cambridge University Press, 2006.

64　Richard Turnbull, *Anglican and Evangelical?* London: Continuum, 2007.

65　Randle Manwaring: *From Controversy to Co-Existence,* Cambridge: Cambridge University Press, 1985.

66　Kenneth Hylson-Smith: *Evangelicals in the Church of England 1734-1984,* Edinburgh: T. & T. Clark, 1989.

北美，至今发展到了亚、非、拉美和大洋洲。在福音派本土化的过程中，尽管福音派在非西方世界（non-western world）呈现出多中心、多元化的趋势，但是福音派的发展依旧处于西方文明发展的脉络之中。该书描绘了福音派在当代世界范围内的发展轨迹，以及福音派运动在面对世界变革时所具有的适应性及其生存能力。[67]

福音派神学家马克·诺尔（Mark A. Noll）的 *The Rise of Evangelicalism: The Age of Edwards, Whitefield and the Wesleys* 把福音派的时间设置在 18 世纪的下半叶；把地域范围限制在英国和美国；把研究的人物圈定在爱德华、怀特菲尔德和卫斯理兄弟；把研究的重心放在了福音派产生初期的第一代和第二代福音派神学家上，从一个跨国度的视角研究福音派的缘起、发展及兴起；把研究的核心放在了早期福音派所最为关注的问题上，比如福音派神学与赞美诗研究、福音派对于性别、战争、政治和科学等问题的关注。[68]

唐纳德·布罗伊奇（Donald G. Bloesch）认为福音派运动正值蓬勃发展时期，无论是天主教还是基督教新教都应当严肃认真地研究福音派的兴起。尽管福音派与保守派和自由派在神学主张上存在张力，也难以摆脱分裂主义（schism）的嫌疑，但是福音派神学内部具有联合而非分裂的因素。作者在该书中还尝试着在不同福音派之间、福音派新教神学与天主教会之间搭建沟通的桥梁，认为如果发挥福音派联合功效而不是分裂的潜质，那么福音派的未来将会非常的光明，而这个联合的前提就是基督宗教内部对于核心教义及灵性团契的共同认知。该书详细研究了福音派的身份，尤其是福音派与正统神学和基要主义之间的神学关联、彼此间的异同。之后该书探讨了新福音派的兴起，并否定了福音派是教会内部的分裂力量，认为福音派应当超越基督宗教内部的分歧，缓解冲突从而促进福音派信仰的复苏。当然，作为基督教未来的福音派，其内部核心神学的阐释与建构是十分必要的，该书详尽地研究了福音派的核心信仰，认为基督教的未来必将属于福音派。[69]

2. 国外英国福音派研究特点

从以上文献综述中可以发现，研究英国福音派可以分成三类。第一类是英

67　Mark Hutchinson, John Wolffe, *A Short History of Global Evangelicalism,* Cambridge: Cambridge University Press, 2012.

68　Mark A. Noll, *The Rise of Evangelicalism: The Age of Edwards, Whitefield and the Wesleys,* Downers Grove, IL: InterVarsity Pres, 2003.

69　Donald G. Bloesch: *Future of Evangelical Christianity,* Garden City, NY: Doubleday & Company, Inc., 1983.

国福音派通史研究。如英国福音派神学家大卫·贝宾顿（David W. Bebbington）的 *Evangelicalism in Modern Britain: A History from the 1730s to the 1980s* 和肯尼斯·希尔森—斯密斯的 *Evangelicals in the Church of England 1734-1984*。从时间断代上来说，这两本书是基本契合的，但是这两本书在内容安排上是有所差别的。贝宾顿以时间为线索，以每个世纪的标志性事件、现象、思潮作为研究对象，时间跨越了两个半世纪；而肯尼斯·希尔森—斯密斯则以福音派发展史上的标志性事件作为分期标志，侧重从社会演进的角度研究福音派在不同历史时期，面对不同社会思潮时的应对方式，从而探究福音派在神学主张上的历史演进历程。

第二类是对对英国福音派的断代史研究。如 Alec Ryrie 的 *The Gospel and Henry VIII: Evangelicals in the Early English Reformation* 以亨利八世最后十年（1539-1547）的早期福音派为研究对象，认为这一时期经常会被编年体历史学所忽视，但是这一段时期的英国政治变化较快，且发展趋势不甚明朗。福音派希望国王能够站在他们一方，保持政治与宗教的温和立场，但是福音派运动却让改革者们变得越来越激进，这也深刻地影响了后续几个世纪英国的国际定位问题。[70]

第三类是福音派历史与神学综合性研究。这一类研究把整个福音派作为研究对象，是概括性、综合性、跨学科性的研究，通常以全球化作为时代背景，不仅仅探究英语世界国家福音派的发展，更有福音派在全球范围内的扩张。这类研究既有从历史的角度梳理全球福音派历史演变，又有从神学的角度辨析福音派神学思想史。所以这类研究既包含了英国和美国的福音派历史研究，又包含了英美福音派作为一个超越宗派性的运动、潮流、趋势的研究。这类作品包括马克·哈钦森与约翰·沃尔夫合著的 *A Short History of Global Evangelicalism*；唐纳德·布罗伊奇（Donald G. Bloesch）的 *Future of Evangelical Christianity* 和 *Essentials of Evangelical Theology, Volume 1 & 2*[71]；迪茨菲尔德（G. M. Ditchfield）的 *Evangelical Revival*[72]；英国历史学家威廉·沃德（William Reginald Ward）的

---

70 Alec Ryrie: *The Gospel and Henry VIII: Evangelicals in the Early English Reformation*, Cambridge: Cambridge University Press, 2003.

71 Donald G. Bloesch: *Essentials of Evangelical Theology, Volume 1, God, Authority, and Slavation*, San Francisco: Harper & Row, 1978. Donald G. Bloesch, *Essentials of Evangelical Theology, Volume 2, Life, Ministry, and Hope*, San Francisco: Harper & Row, 1979.

72 G. M. Ditchfield: *The Evangelical Revival*, London: UCL Press Limited, 1998.

The Protestant Evangelical Awakening 和 *Early Evangelicalism: A Global Intellectual History, 1670-1789*；罗吉尔·奥尔森（Roger E. Olson）的 *How to Be Evangelical without Being Conservative*[73]。

3. 麦格拉思研究

国外关于麦格拉思的研究较少，部分资料在国内仅能搜索到但是无法下载，或者出现在他人的著作中，在国内无法收集到。一篇名为 *Beyond Analogy: Rethinking Alister McGrath's Scientific Theology through Deleuzean Expressionism*[74] 的博士论文可以在 ProQuest 上面查找到，但是无法下载。另一本文集名为 *Alister E. McGrath and Evangelical Theology: A Vital Engagement*[75]只是出现在赖瑞·麦当劳（Larry S. McDonald）的博士学位论文的注脚中，在国内无法收集到。

在国内能找到的就只有一篇博士学位论文和一本专著，下文将简要概述国内能找到的两份资料。第一份资料是赖瑞·麦当劳于 2003 年完成的博士学位论文：*The Relationship between Theology and Spirituality in the Writings of Alister E. McGrath*[76]。本研究探究了麦格拉思福音派神学的核心信条，及其对麦格拉思福音派灵修学认知的影响。该论文认为麦格拉思的著作是关于福音派神学的典型代表，这些著作都关涉了福音派神学标志性的主题，包括基督论、圣经的至上权威、个人的皈依（personal conversion）和福音派的重要性（priority）等。当然，麦格拉思作品中关于福音派与灵性（spirituality）的观点也是十分典型的，这些观点包括：上帝在圣经中的自我显示、圣经是灵性的核心、灵性知识的重要性、神学与灵性之间的关系等。麦格拉思认为灵性与神学的关系是福音派灵修学的核心信条，认为灵性必须建立在上帝自我显示（self-revelation）这一坚固而可靠的基础之上，这样就可以防止灵性降格为以人类为中心的、仅仅是对宗教性的需求，同时也可以防止神学变成对上帝的抽象认知。

在明晰了麦格拉思关于神学和灵性之间的关系后，作者横向比较了麦格拉思与其他福音派神学家，如亨利·布莱克比（Henry T. Blackaby）、理查德·

73　Roger E. Olson: *How to Be Evangelical without Being Conservative,* Grand Rapids: Zondervan, 2008.

74　Hee Tae Park: *Beyond Analogy: Rethinking Alister McGrath's Scientific Theology through Deleuzean Expressionism,* Dissertation: Vancouver School of Theology (Canada), 2009.

75　Sung Wook Chung, ed, *Alister E. McGrath and Evangelical Theology: A Vital Engagement,* Grand Rapids: Baker, 2003.

76　Larry S. McDonald: *The Relationship between Theology and Spirituality in the Writings of Alister E. McGrath,* Dissertation: Southeastern Baptist Theological Seminary, 2003.

福斯特（Richard J. Foster）、盖瑞·托马斯（Gary L. Thomas）、戴勒斯·威迩徕德（Dallas Willard）和布鲁斯·戴玛莱斯特（Bruce A. Demarest）关于神学和灵性之间的不同认知。通过比较，作者发现福音派神学家对灵性的认知各有差异。有些是基于主观性的经验认知、有些是基于神学范围内的理论探索，而麦格拉思的贡献就在于把二者结合，他自己的信仰历程就是对这一结合的有效诠释。

关于麦格拉思研究的另一份资料是詹姆斯·迪尤（James K. Dew Jr.）的 *Science and Theology: An Assessment of Alister McGrath's Critical Realist Perspective*[77]。该书认为科学与神学曾经都是诠释世界和追求真理的方式，二者并行不悖且互为补充。自笛卡尔、培根和康德之后，科学与神学之间的沟壑被拉扯的越来越宽，让二者水火不容。随着现代思潮的兴起，如浪漫主义、存在主义和实用主义等，加上两次世界大战的生灵涂炭，现代性、人类理性和现代科学都受到了广泛的质疑，这就导致了后现代主义的兴起。但是后现代性破有余而力不足，后现代性的颠覆性特质也受到了批判和拒绝。科学与神学在"后—后现代主义时代"呈现了复兴且有走向合作的趋势。

麦格拉思花了三十多年的时间研究科学与神学之间的关系，他的《科学神学》三部曲"自然、现实和理论"（*Nature, Reality, and Theory*），以及这三步曲的简写综合版本 *The Science of God*[78]，就是对科学与宗教二者关系最为全面而深入的探讨。詹姆斯·迪尤批判性地评价了麦格拉思科学与宗教关系的论断，认为麦格拉思的批判现实主义视角（critical realist perspective）为探讨二者关系提供了哲学基础，并且提出了替代现代主义和后现代主义的可行性选择（viable alternative）。

迪尤概述了麦格拉思的科学神学，认为麦格拉思的科学神学对于福音派神学贡献巨大。其一、麦格拉思从批判现实主义的视角提出了一种类似于科学方法的"神学方法"（theological method）；其二、麦格拉思证明了基督教创世论有利于缓解科学与神学之间的隔阂；其三、麦格拉思再次重申自然神学是基督教神学的有效组成部分。最后，迪尤认为麦格拉思的科学神学吸取了现代性和后现代主义的经验教训，并用创世论衔接了科学与神学两个领域，证明了改良后的自然神学是基督教护教学的有力方式。

---

77 James K. Dew Jr.: Science and Theology: An Assessment of Alister McGrath's Critical Realist Perspective, Eugene, OR: Wipf & Stock, 2010.

78 Alister E. McGrath: *The Science of God*, Grand Rapids: Eerdmans, 2004.

第一章　麦格拉思简介

第一节　麦格拉思学术历程

阿利斯特·埃德加·麦格拉思（Alister Edgar McGrath）在 1953 年 1 月 23 日生于北爱尔兰贝尔法斯特。麦格拉思的父亲埃德加·帕金森·麦格拉思（Edgar Parkinson McGrath）是一名内科医生，母亲安妮·简·麦格拉思（Annie Jane McGrath）是一名护士。麦格拉思的妻子乔安娜·路得·克里卡特（Joanna Ruth Collicutt）是牛津大学瑞福米德康复中心（the Rivermead Rehabilitation Unit in Oxford）首席临床心理学家。他们俩共有两个孩子，保罗·阿利斯特和伊丽莎白·乔安娜。

麦格拉思拥有多个头衔，是神学家、圣公会牧师、思想史学家、科学家以及基督教护教家。他现任牛津大学神学与宗教学系"科学与宗教"Andreas Idreos 讲席教授，同时兼任格雷沙姆学院神学教授。麦格拉思著述颇丰，涉及内容较为广泛，以其对历史神学、系统神学、护教学、科学与宗教的关系的研究而著名。

麦格拉思的高中生活在贝尔法斯特循道宗学院的附属中学度过，这是所寄宿制学校。从 1971 年到 1978 年，麦格拉思先后从牛津大学的温德姆学院、林纳克学院、默顿学院获得了学士、硕士和博士学位。之后的三年麦格拉思又在剑桥大学圣约翰学院获得了神学硕士学位，主攻中世纪神学。麦格拉思的多学科教育背景，尤其是横跨了自然科学和神学两大领域，对于他将来的学术研究走向具有决定性的影响。

　　麦格拉思从小就对自然科学充满了好奇，在他十岁时自制了一架望远镜，开始观测星空；同时他还用他伯祖父（great-uncle）的显微镜开始观察微生物，从此开始认真的学习和研究生物学。儿童时期的兴趣影响了麦格拉思中学时期学习的兴趣和重点，他在十三岁时把自己的研究兴趣放在了数学和自然科学上。到了十五岁时他的兴趣就集中在了数学、化学和物理学三门学科上。在1970年，当麦格拉思十七岁时，他获得了牛津大学一个奖学金，去专攻化学。此时的麦格拉思对于宗教学研究毫无兴趣，认为基督教和自然科学是无法相容的两个领域。但是，当麦格拉思在牛津大学学习一个学期之后，也就是在1971年年底，他对于基督教的认识很快就发生了一百八十度的转变，他逐渐意识到基督教比他之前所信仰的东西更加有吸引力、更具有知识的完整性。也就是从这时候开始，麦格拉思开始把基督教神学与自然科学之间的关系作为其研究的主要关注点，在进行科学实证研究的同时，研读基督教神学。麦格拉思在硕士阶段的前三年研究的主要是有机化学、无机化学和物理化学，第四年研究的是量子理论、生物化学和生物物理学。硕士毕业后继续在牛津大学生物化学系攻读博士学位，主要研究分子生物化学。1975麦格拉思开始了博士研究，在从事实证研究的同时，系统地研究了自然科学史和科技哲学（the history and philosophy of natural sciences）。从1976年开始，麦格拉思在牛津大学一边研究分子生物学，一边开始正式研究神学，各占用半天时间。麦格拉思回忆说，他的这种研究模式和内容得益于牛津大学的培养体系，可以跟随本领域内最顶尖的学者从事研究，他从中获益匪浅。[1]在攻读博士学位期间，麦格拉思抽空研究中世纪经院神学，尤其是邓·司各脱（Duns Scotus）和威廉·奥卡姆（William Ockham）。在获得博士学位的第二年，即1978年，麦格拉思获得了神学学士学位。麦格拉思此时的信仰已发生了转变，他认为基督教在理智上比他之前所想象的要更有活力，再三思考之后麦格拉思在1971年的十一月份决定放弃自己之前的无神论信仰，转向了基督教信仰。[2]

　　在结束学生求学生涯后，麦格拉思离开了牛津大学前往剑桥大学工作，并且在剑桥大学继续学习，为了在英国国教祝圣做准备。1980年的9月，他被任命为执事，在诺丁汉沃莱顿的圣莱昂纳德牧区教堂做助理牧师。1981年，他在南威尔大教堂被任命为牧师。从1980年到1983年麦格拉思在诺丁汉沃

1　Alister E. McGrath: *The Foundation of Dialogue in Science and Religion*. Malden, MA: Blackwell, 1998, p.5.
2　Alister E. McGrath: *Mere Theology*. London: SPCK, 2010, p.81.

莱顿的圣莱昂纳德牧区教堂做了三年助理牧师。在 1983 年，麦格拉思被剑桥大学授予神学硕士学位，开始了历史神学的研究。

从 1983 年开始一直到 1995 年，麦格拉思一直在牛津大学威克里夫学院的历史神学与系统神学系做讲席讲师（Lecturer），之后被任命为英国这一最具盛名的福音派神学院威克里夫学院的院长。从 1993 年到 1999 年，麦格拉思成为了牛津大学神学系的研席讲师（Research Lecturer），在 1995 年被任命为牛津大学历史神学教授。鉴于麦格拉思在历史神学和系统神学中所取得的成就，他在 2001 年被牛津大学授予了神学博士学位，并且成为"国际科学与宗教学学会"的创始人之一。在 2008 年 9 月 1 日，麦格拉思成为伦敦国王学院教育与专业研究系神学、教牧与教育部主席。在 2001 年麦格拉思被选为"二十位最杰出的基督教教授"。在 2013 年时，鉴于麦格拉思在科学与宗教、自然神学方面的杰出贡献，他被牛津大学授予了他第三个博士学位，文学博士。在 2014 年，麦格拉思被任命为格雷沙姆学院第三十二任神学教授，这一职位历史悠久，最早可以追溯至 1597 年。在任职期间，麦格拉思就"科学、信仰和上帝：大问题"这一主旨发表了多次公开演讲，希望能够探究基督教神学与现代文化之间的关系，尤其是自然科学与之的纠葛等问题。

第二节　麦格拉思信仰历程

麦格拉思从儿童时期起就对自然科学充满了兴趣，自制望远镜观测星空，借用伯祖父的显微镜观察微生物，他对自然科学的兴趣一直持续到博士毕业。尽管麦格拉思的高中生活是在一个教会学校度过的，但是直到在进入牛津大学学习以前，他始终坚信自己是一个唯物主义者，对马克思主义深信不疑。麦格拉思善于思考和反思，他改变信仰既是受到了迈克尔·格林（Michael Green）的影响，同时也是他自己思考后做出的谨慎决定。麦格拉思信仰历程使得他的神学思想具有了独到的特色，即，把自然科学与神学关联起来，探索二者的共通性和相容性。

麦格拉思在青少年时期把学习的焦点放在了生物、物理、生物和数学等自然学科上，之后对理论数学、应用数学、化学和物理学情有独钟。受到了唯物主义的影响，麦格拉思对基督教产生了反感的情绪，认为上帝在宇宙中毫无用处，也没有目的性。高中时期的麦格拉思逐渐对马克思主义产生了兴趣，开始接受马克思对宗教的评判，认为上帝是宗教的麻醉剂，让那些对生活失望的人感觉变得迟钝。此外，麦格拉思还认为宗教是虚弱的人的拐杖，他自己并需要这副拐杖。麦格拉思青少年时期对宗教和上帝的认识明显受到了马克思的"宗教是人民的鸦片"这一论断的影响，无神论思想特征显著。

高中毕业之后，麦格拉思获得一个奖学金前去牛津大学瓦德汉学院（Wadham College at Oxford University）学习化学。在牛津大学的第一个学期，他开始认真思考自己的一些观点，重新考虑一些事情，其中就包括了对于基督教的看法。入学之后，麦格拉思参加了校园团契（Inter-Varsity Fellowship）下属的牛津大学校园基督徒联合会（the Oxford Inter-Collegiate Christian Union），在那里他开始接触迈克尔·格林的布道。在格林的影响下，麦格拉思开始逐渐改变对基督教的认识，认为基督教内涵丰富且博大精深。他曾说他已经义无反顾地变成了一个基督徒，从不为此而后悔，认为这是他做的最正确的决定。从此，他开始了一个基督徒的灵性生活。

麦格拉思认为既然要做一名有思想的基督徒，那么就应当立足实际，做好从一名无神论者向基督徒的转换。他在获得分子生物学的博士学位后，继续在牛津大学学习神学。然而，麦格拉思在学习神学期间却对福音派思想日渐失去信心，因为他的老师们认为福音派在理智上受到了极大地挑战。这些教授的目的就是要让麦格拉思放弃福音派的立场。[3]詹姆斯·巴尔（James Barr）的《基要主义》和约翰·希克（John Hick）的《上帝道成肉身的神话》对麦格拉思产生了深刻的影响，这使得他认为同时作为一个有学识的基督徒和福音派信徒是不可能的。在进入剑桥大学之后，身为助理牧师的他依旧在为与他的信仰问题做着斗争。他对自由主义（liberalism）的怀疑使他十分痛苦，他认为自由主义的神学和灵性基础并不稳固，除了附和时代趋势和潮流之外，并没有什么独特之处。经过认真比对和深思熟虑之后，麦格拉思认为福音派比其他观点都更有魅力和吸引力。他曾写道福音派不仅仅是基于圣经的，在教牧和灵性上都是那么的令人愉悦和激动人心。他逐渐意识到福音派理智上的一致性和强大的力量，同时也从中获取了强大的自信。[4]

这一时期的思考对麦格拉思影响较为深远，他决定致力于论证福音派在学术上也是可信的，他要为福音的理智性而辩护。麦格拉思的学术研究给他自

---

3 [英]阿利斯特·麦格拉思：《福音派与基督教的未来》，北京：中央编译出版社，2005年，第100页。

4 Michael Bauman, "Alister E. McGrath", in *Handbook of Evangelical Theologians,* ed. Walter A. Elwell, Grand Rapids: Baker, 1993, p.446.

己也带来了无限乐趣，因为通过他的研究发现福音派无限的魅力并不是非理性的，相反这一魅力是建立在理智的合理性这一基础之上的。也就是在这一时期，麦格拉思开始了他的护教历程，终生致力于论证福音派在理智上是一致的、在灵性上是充满了魅力的。时至今日，麦格拉思通过自己艰苦卓绝的业绩已经表明了他是一名享有盛名的学者、神学家、宣教者和护教者。

第三节　麦格拉思著述简介

　　麦格拉思的著作可以分为四类，每一类著作面向不同的读者。第一类是面向专家学者的学术类著作；第二类是面向学生的教材类著作；第三类是面向福音派教会领袖的著作；第四类是面向非专业人士的有关教会的著作。

　　麦格拉思学术类著作主要集中在基督论和赎罪论两个方面。他不仅研究了"称义"的历史，而且还深入研究了马丁·路德的十字架神学以及现代德国基督论。他在上个世纪七十年代末期写道，他在当时系统研究了基督教神学的一个特定时期（宗教改革）、一个主要的神学家（马丁·路德）和一种教义的历史演变（因信称义）。[5]麦格拉思有关这三个方面的论述详见于以下四部著作中：*Luther's Theology of the Cross: Martin Luther's Theological Breakthrough*，*The Intellectual Origins of the European Reformation, Iustitia Dei: A History of the Christian Doctrine of Justification* 和 *The Genesis of Doctrine: A Study in the Foundation of Doctrinal Criticism*。麦格拉思认为耶稣基督，尤其是基督被钉死在十字架上是福音派神学的核心信条，他的这个判断可以从他对基督论和因信称义的关注和重视中得知。此外，麦格拉思在他的这些学术类著作的结论部分都会强调福音宣教的重要性，这也几乎成了麦格拉思神学著作的典型范式。除了以上四部学术著作之外，麦格拉思还出版了《科学神学》（*Scientific Theology*）三卷本著作。他从历史和哲学的角度，以对话的姿态，探究了基督教神学与科学之间的关系。

　　麦格拉思的教材类著作主要面向的是大学和神学院，学生无需具有神学基础知识就可以阅读，且这些著作条理清晰，内容通俗易懂。这些教材类的著作主要围绕三个主题展开：宗教改革、基督教历史和神学、科学与宗教的关系。麦格拉思在简要概述了宗教改革的时代背景之后，开始深入研究欧洲宗教改

5　Alister E. McGrath, *A Scientific Theology*, vol. 1, *Nature*, Grand Rapids: Eerdmans, 2001, p.xvi.

革的思想源泉，通过研究加尔文的生平和神学描绘了西方文化的形成历程。麦格拉思认为宗教改革对福音派的形成起到了奠基性的作用，这一时期为福音派奠定了思想的、社会的和政治的大背景、大环境、大氛围。[6]比如，宗教改革时期的印刷术得到了广泛发展和推广，圣经和神学家们的著作得以大量印刷，从而使得普通信众都能自己阅读这些著作。这对于福音派所主张的回到圣经，依据圣经，唯独圣经起到了极大地促进作用。

麦格拉思从四个方面研究宗教改革运动：路德宗（Lutheranism）、改革宗（the Reformed Church）、极端改革运动（the radical Reformation）和反改革运动（the Counter-Reformation）。然后麦格拉思把欧洲宗教改革的思想源泉作为研究重点，着重研究了宗教改革、经院主义和人文主义三者之间的关系。通过研究宗教改革之前两个世纪的欧洲思想史，麦格拉思发现中世纪后期的经院主义和人文主义是欧洲宗教改革的两大思想源泉，认为欧洲中世纪后期的宗教思想、神学和释经学对改革宗和路德宗产生了深远的影响。

麦格拉思对宗教改革的重视还体现在他对约翰·加尔文（John Calvin）的研究。[7]麦格拉思认为加尔文对欧洲历史影响深远，他不仅改变了个人的精神风貌，而且还改变了整个欧洲文明的风貌。麦格拉思认为若要理解西欧和北美的宗教史、政治史、经济史和社会史，必须要深入研究加尔文的思想。即使是在当今，加尔文对西方文化的影响依旧存在，尤其是在经济学、自然科学、美国的公民宗教（civil religion）和自然人权（natural human rights）等方面。

麦格拉思教材类著作的第二个主题是基督教史和神学史。麦格拉思对基督教的介绍始于耶稣基督的位格，他认为正确理解上帝是正确认识基督教的基础，并以圣经为依据展开他对耶稣基督身份和重要性的认识。[8]麦格拉思接下来就是研究基督教的历史，系统梳理了基督教从巴勒斯坦一个区域的民族宗教如何蜕变为一个世界性的宗教。其中囊括了早期教会、中世纪、宗教改革、西方现代教会，麦格拉思尤其重视在这些不同时期天主教、东正教和基督教新教之间的关联。

在对基督教和基督教的历史做了界定和梳理之后，麦格拉思开始阐述基

6　Alister E. McGrath, *Reformation Thought: An Introduction*, Malden, MA: Blackwell, 1990.

7　Alister E. McGrath, *A Life of John Calvin: A Study in the Shaping of Western Culture*, Malden, MA: Blackwell, 1990.

8　Alister E. McGrath, *An Introduction to Christianity*, Malden, MA: Blackwell, 1999.

督教神学的发展史。[9]麦格拉思从神学这一概念的界定开始，探究了研究历史神学的目的，及其在系统神学中的地位。以历史发展的时间线索为序，着重研究了从使徒时期、中世纪、文艺复兴时期、宗教改革及后宗教改革时期到现代，神学的发展历程，其中既有关于教义的争论，还有一千的历史资料。

在基督教神学中，如何理解灵性（spirituality）也是麦格拉思重点研究的内容，其目的就是要给信徒提供一个历史悠久且内涵丰富的基督教灵性传统。他认为灵性就是信仰者对耶稣基督存在的不懈追求和探索，在基督教信仰的基础之上把基督教的基本信仰和整个生命体验结合在一起。[10]他从神学的、历史的、基督教不同教派的角度考察了基督教对于灵性的认识，以及在基督教传统内灵性的多样性存在。之后麦格拉思探究了灵性的神学基础，这主要是通过研究灵性与神学之间的关系来展开的，并采取了案例分析的方法研究了创世、人性、命运、三位一体、道成肉身、救赎、复活等主题。此外，麦格拉思认为圣经是灵性的主要源泉，并且考察了圣经中宴席、旅行、流放、抗争、净化、荒原、登高、寂静、黑暗与光明等意象主题所包含的灵性意蕴。

麦格拉思教材类著作的第三个主题是科学与宗教。他从二者的异同和交集之处展开研究，同时还从历史的、神学的、哲学的和科学的角度探究了科学与宗教之间的交融和互动。

总之，麦格拉思教材类著作的核心主题是宗教改革、神学及其历史、灵性、科学与宗教，这是麦格拉思整个神学体系的基础。在此之上，麦格拉思展示了他作为福音派神学家的理论特色，从宗教改革和神学变革的角度继承和发扬了英国神学传统，认为福音派神学和灵性将会成为基督教神学的核心思想和未来神学体系建构的基石。

麦格拉思的第三类著作面向的是福音派教会领袖。麦格拉思把自己定义为福音派神学家，其写作的目的和出发点是为了阐述福音派思想，同时通过这些著作去影响福音派领袖。麦格拉思把福音派定义为一场运动，尤其是英语神学内部的一场运动，极其强调圣经的至高无上的权威性以及耶稣基督救赎性死亡的重要意义。同时，麦格拉思认为福音派最为显著的特征就是对以下六点的认信：圣经的至高权威性、耶稣基督的中心性、圣灵的至上性、个人对信仰

---

9 Alister E. McGrath, *Historical Theology: An Introduction to the History of Christian Thought*, Malden, MA: Blackwell, 1998.

10 Alister E. McGrath, *Christian Spirituality: An Introduction*, Malden, MA: Blackwell, 1999, p.2.

的皈依、福音传教的优先性和基督教社团的重要性，这六点就成为其之所以为福音派而非其他派别的区别性特征。

他认为福音派将在全球范围内发挥着越来越大的影响力，而基督教的未来也将属于福音派。在给福音派做出定义之后，麦格拉思认为福音派神学在理智上是一致的，同时也为福音派在面对当代社会思潮时进行了有力的辩护。[11] 麦格拉思认为，福音派之所以身陷困境之中是因为福音派与基要主义（Fundamentalism）之间的瓜葛、实用主义的价值取向、学术的世俗化、神学的精英化这四个因素密切相关，正是因为如此，福音派才会被误解，才会被学术神学所排斥。为了论证福音派在理智上的一致性，麦格拉思聚焦于福音派神学内部的一致性，尤其是强调了耶稣基督和圣经对于福音派神学的重要性。

麦格拉思的第四类著作是面向基督教会以及普通信众的。这部分著作主要含括了十字架神学、基础神学知识、福音布道、灵修学（Spirituality）和护教学等主题。为了引起读者的兴趣，麦格拉思在论述以上神学思想时还结合了一些与个人命运和生活密切相关的话题，比如自尊、疑惑和不幸的遭遇等，而麦格拉思则是从基督教神学及其历史中寻求以上问题的答案。他写作这些书籍的目的是为了帮助基督徒更好地理解基督教神学最为核心和最为基础的教导，以此帮助信徒解决自己的信仰问题。[12]

如何理解耶稣基督在基督宗教中的核心地位是麦格拉思第四类著作首先要解决的问题。麦格拉思对上帝论的研究主要集中在《新约》上，通过论述道成肉身及其重要性，他认为《新约》见证了基督的复活和救赎，认为《新约》中的上帝是一个爱的上帝、胜利的上帝和宽恕的上帝。之后麦格拉思开始讲解三位一体的上帝，并引用奥古斯丁的名言"如果你能理解，那就不是上帝"来说明三位一体教义对于普通读者来说是多么的难以理解。

因信称义是麦格拉思为平信徒所写的另一个主要神学思想，运用了历史研究的方法对这一思想的历史发展脉络做了梳理，为此他研究了因信称义的圣经基础、奥古斯丁，贝拉基主义和宗教改革。之后麦格拉思从存在主义、伦理学和个人的角度论述了因信称义在当代信仰中的重要意义，认为因信称义是福音传道的基础，同时也关乎基督教的未来。

11 Alister E. McGrath, *A Passion for Truth: The Intellectual Coherence of Evangelicalism*, Downers Grove: InterVasity, 1996.

12 Alister E. McGrath, *Studies in Doctrine: Understanding Doctrine, Understanding the Trinity, Understanding Jesus, Justification by Faith*, Grand Rapids: Zondervan, 1997.

麦格拉思还探究了与十字架相关的神学思想。[13]他认为十字架是基督教信仰的核心，新约对十字架和复活十分的重视，同时也改变了信众的个人灵性生活。他在圣经中找出了有关十字架的五个意象：战场、律法、康复中心、监狱和医院。麦格拉思认为蕴含在十字架信仰中的信息对于个体基督徒的日常生活发挥着重要的作用。此外，麦格拉思还继续研究了蕴含在圣经中的有关十字架的神迹（the mystery of the cross），并且认为基督教的独特性与被钉死在十字架上的基督是密切相关的，但凡与这一点不相符的都可被视为非基督教教义。

麦格拉思在探讨遭遇与疑惑（suffering and doubt）时指出，神学通常被视为与人们日常生活中的各种痛苦相隔绝，其实事情本不应该如此。他认为神学就是教会的仆人，神学为信众提供了一种路径，可以用来解决人们日常生活中的悲惨境遇和伤心不快。[14]麦格拉思希望能够反思人生不幸的遭遇，而不是给那些正在遭遇不幸的人直接提供答案，人们应当从不同的视角去省视和检验痛苦以及困惑。为此，麦格拉思向人们展示了信仰是如何帮助人们度过困境，尤其是在最黑暗的时刻如何摆脱这座不幸。不幸的遭遇通常与各种疑惑相伴而生，麦格拉思认为疑惑并不可怕，相反，疑惑之后的解惑更能增进对信仰的理解。[15]

麦格拉思还研究了护教学与福音传道。[16]他认为人们对福音的讲解十分的糟糕，导致很多人不再相信福音。只有真正理解了自己的信仰才能做一个合格的福音传播者。因此，麦格拉思很注重让普通信众理解福音，并用福音去讲解与信仰相关的问题。他认为护教学就是让真理更显著，让福音广为传播，而福音布道则是邀请人们做一个基督徒。

通过以上概述可知，麦格拉思第四类著作主要是面对非学术类的读者的，面向的是最为广大和普通的一般信众的，所以他在论及神学问题时通常把最基础的神学知识，比如十字架，与福音布道、护教等相互交融在一起，尤其是把这些神学知识用于解答个人的信仰问题。这类著作的一个特点就是十分重视神学对基督徒生活的深刻影响。

13 Alister E. McGrath, *What was God Doing on the Cross?* Grand Rapids: Zondervan, 1992.
14 Alister E. McGrath, *Suffering and God,* Grand Rapids: Zondervan, 1995, p.10.
15 Alister E. McGrath, *The Sunnier Side of Doubt,* Grand Rapids: Zondervan, 1990, p.8.
16 Alister E. McGrath, *Explaining Your Faith,* Grand Rapids: Baker, 1995.

第四节　麦格拉思的影响力

在二十世纪九十年代初期出版了一本关于福音派神学家的书，[17]这本书的独到之处就在于它所确定的如何遴选福音派神学家的条件，比如，这些神学家必须生活在二十世纪、必须是投身于福音派运动之中且对这一运动产生了重大影响、必须能代表基督教某个派别、他们的兴趣点必须是致力于神学思想的研究。通过这些严苛的遴选条件之后，以下著名神学家就入选了这本书之中：沃菲尔德（B. B. Warfield）、马辛（J. Gresham Machen）、弗朗西斯·谢弗（Francis Schaeffer）、卡尔·亨利（Carl F. H. Henry）、约翰·斯托特（John R. W. Stott）、巴刻（J. I. Packers）、米拉德·埃里克森（Millard J. Erickson），在这份名录中还有另一个名字，那就是阿利斯特·麦格拉思（Alister E. McGrath）。之所以要着重说明这份名单是因为麦格拉思不仅仅是他们之中最年轻的一位神学家，时年三十八岁，且比他之外的虽小的那位神学家小了近十六岁，还在于麦格拉思是一位充满活力的神学家、布道效果显著的教师、虔诚的信徒、基督教福音派最为著名的神学家。[18]此时的麦格拉思已经是英语世界最优秀的福音派神学家，他的学术著作涉及基督教神学所有的领域。

麦格拉思之所以享誉基督教界，得益于以下几个原因。麦格拉思是个十分多产的作家，著作多达五十多部，论文一百多篇。巴刻（J. I. Packer）曾风趣地说到麦格拉思写书写论文就好比别人写信一般。[19]中国社会科学院世界宗教研究所周伟驰研究员也曾打趣说到，麦格拉思写书的速度比别人读书的速度还要快。[20]麦格拉思不仅著述丰硕，而且所含内容广泛，涉及了系统神学几乎所有的话题。

麦格拉思不仅著述丰硕，而且还拥有来自世界各地、各个专业领域的读者。正如之前所述的那样，麦格拉思的著作主要面向四类读者：学者、教师与学生、福音派领袖、平信徒。很少有哪个作家能像麦格拉思这样为不同领域的读者专门量身写作，创作适合他们的神学著作。巴刻曾写道，麦格拉思有时候

---

17 Walter A. Elwell, *ed., Handbook of Evangelical Theologians*, Grand Rapids: Baker, 1993.

18 Walter A. Elwell, *ed., Handbook of Evangelical Theologians*, Grand Rapids: Baker, 1993, pp.464-465.

19 J. I. Packer, foreword to *Studies in Doctrine*, Alister E. McGrath, Grand Rapids: Zondervan, 1997, p.7.

20 周伟驰研究员在笔者博士论文开题时（2017 年 5 月 9 日）曾如是评价麦格拉思如此丰硕的学术著作。

给专业人士做讲座，有时候是公众，但是都能找到与不同听众的共同之处。他的语言朴实易懂，演讲时激情四射，这一点少有学者能够做到。[21]麦格拉思不仅是在用大脑创作，更是在用他的那份激情和热爱在写作。麦格拉思作为一个福音派神学家不仅代表了基督教的信仰，而且还极力说服他的读者和听众进入、接受基督教的信仰。

自从麦格拉思在牛津大学威克利夫学院开启他的教书生涯起，他的声名就开始远播。威克利夫学院于1877年成立，在1996年并入牛津大学，但是保留了自己的独特的宗教身份。这所学校致力于为教会培养有着深厚圣经基础的、且对传教事业充满激情的教会领袖。自从1983年开始，麦格拉思就成为了这所学校历史神学与系统神学的讲席教授，1995年他成为了该校的校长。作为该校的讲席教授、校长、牛津大学教授，麦格拉思延续了英国国教（the Church of England）的传统，紧紧跟随约翰·斯托特和巴刻的步伐，同时还影响着一代又一代的基督徒和福音派领袖。

麦格拉思在学界的重要性和影响力还体现在他在世界著名大学、神学院和研究中心所做的次数众多演讲。他曾在牛津大学、剑桥大学、普林斯顿神学院、哈佛大学三一神学院、墨尔本大学、惠顿大学、达拉斯神学院、日内瓦大学、C. S. Lewis研究所、赫尔辛基大学、维真学院、香港浸会大学等多所全球知名院校开展讲座。在2006年5月麦格拉思来到北京大学做讲座，内容是科学与宗教关系探究。

麦格拉思在全球范围具有较大的影响，这也是由他所从事的研究的独特性决定的。麦格拉思在研究历史神学时，倾向于在概括某个时间段的时代特点之后开始论述该时代的主旨以及这个时代的代表性人物。比如他把神学的发展历程分期，分为使徒时代、教父时代、中世纪、文艺复兴时期、宗教改革时期和后宗教改革时期，这种历史分期有利于他展示他神学思想的核心内容，比如对奥古斯丁、马丁·路德、约翰·加尔文等主要神学家的研究，他们的思想也是麦格拉思神学的理论基石。所以当麦格拉思论及基督教神学的教义时，可以发现奥古斯丁、路德和加尔文神学思想的印记。在麦格拉思的系统神学中，上帝论、三位一体、基督论、救赎、人性、罪恶与恩典、教会论、圣餐等教义都被一一展示和论证，且他所使用的语言比较简洁易懂，因为麦格拉思把他的

---

21 J. I. Packer, foreword to *Studies in Doctrine*, Alister E. McGrath, Grand Rapids: Zondervan, 1997, p.7.

这些著作所面对的读者限定为大学生或者对神学知识所知甚少的信众。此外，麦格拉思还撰写基督教神学经典选篇，提供了大量的一手素材，按照主题划分，集中编辑，为读者了解神学原著提供了极大的帮助和方便。[22]

第五节　本文术语界定

一、福音派与 Evangelical、Evangelicalism 和 Evangelical

"福音派"如果指的是基督教新教的一场运动，那么在英文中用 evangelical religion 表示，特指始于 18 世纪 30 年代英国的福音运动。这并不是一个基督教内部的派别，但是在 18 世纪却深刻的影响了英国的宗教，也因此而繁衍出了一些列的新教派别。历史学家通常用 evangelical 这个词指代 16 和 17 世纪宗教改革以来所形成的新教，托马斯·莫尔爵士（Sir Thomas More）就曾提议用 Evaungelicalles 来指代英国的宗教改革。然而 Evaungelicalles 这个词在 18 世纪末期的时候特指"有关福音的"这一内涵，且这一内涵范围超越了基督宗教内部的所有派别，包括天主教在内。约瑟夫·米尔纳（Joseph Milner）在 1789 年用 Evangelical religion 指代加尔文宗（Calvinism）和循道宗（Methodism）。随着世间的推移，Evangelical 这个名词变成了一个专有名词，特指英国国教内部以及外部福音复苏运动。甚至到了 1793 年成立了 *The Evangelical Magazine* 杂志，作为致力于宣扬福音的阵地。在英文中，小写的 evangelical 与大写的 Evangelical 是有所区别的，前者指与福音有关的概念、事物或者行为，具有较大的内涵；后者特指自 18 世纪 30 年代以来的福音运动，相比而言内涵较小。Evangelicalism 一词与早期基督教新教的传统密切相关，但是这个词到了 18 世纪后才逐渐进入人们的视野，并被赋予了新的内涵。

汉语中"福音派"一词既可以指基督宗教内部"一个享有共同信念和实际联系的超宗派性神学运动或趋势"，也可以指"主要存在于现代英语国家和地区新教中的一种既非基要主义亦非自由主义的神学运动和趋势，"[23]也可

---

22 Alister E. McGrath, ed., *The Christian Theology Reader*, Cambridge, MA: Blackwell, 1995.

23 董江阳：《"好消息"里的"更新"——现代基督教福音派思想研究》，中国社会科学院出版社 2004 年版，第 5-6 页。

以指这一神学运动或趋势所宣扬的神学，还可以指以宣扬福音为己任的福音派信徒，所以"福音派"这一词在本文中的使用会交错指代以上内涵，具体指代那一条含义需与上下文语境相关联。所以本文把"福音派"这一术语限定在三个领域，分别指福音派神学运动和趋势、福音派神学思想、福音派信徒，在英文中分别用 Evangelical（既可作名词、亦可作形容词）、Evangelicalism、Evangelicals（去掉词尾字母 s 可作单数名词）指代以上三个术语。尽管这一界定并不是欧美福音派世界统一的用法，由于英语词汇的多样性，为了避免汉语一词多义的现象，本文所做的区分仅限于此篇文章的叙述。如果下文引用原文涉及英语词汇的变化，本文会做相应的注脚，以便明晰具体英文单词所特指的汉语内涵。

二、如何界定福音派信徒

福音派在不同的地区，例如欧洲大陆、英国、北美和亚洲，具有不同的特征，福音派吸收和接纳了当地文化因而具有了不同的地域特色，所以有必要分清楚福音派的这种变化哪些是适应了当地文化而做出的改变，哪些是保持了福音派的基本特征和基本精神特质。在历史的演变过程中福音派的内涵和外延都发生了较大的变化，且这种变化一直在进行中。如何界定谁是福音派信徒无疑具有较大难度，判断的标准不具备唯一性。所以历史学家和福音派神学家都很少直接定义什么是福音派，谁才是福音派信徒。较为普遍的做法就是归纳福音在神学思想的相似性。尽管如此，福音派的特征也不尽统一。福音派既不是一个宗教组织也不是一个神学体系、也不是一个可以容纳一切的神学运动，仅仅是以圣经、皈依、灵性生活和宣教密切相关的一种态度、看法。因而要准确的界定福音派绝非易事。

麦格拉思认为要对福音派下一个合适的定义是十分困难的，而那些坚持这么做的人往往不怀好意，因为这些人会通过给福音派一个定义，进而区分谁是福音派，谁又不是福音派，表达了一种潜意识的判断，即，我是福音派，而你却不是。麦格拉思拒绝为"福音派"下定义，因为这个定义是人为设定的，带有狭隘的片面性，有可能会把一些真正的福音派信徒排除在福音派之外。因此，麦格拉思只是描述什么是福音派，福音派具有什么样的共性，而不就此对福音派做出规定性的界定。这样做可以归纳福音派信仰的一致性特征，避免了基督教中心主义所带来的无知和傲慢。[24]麦格拉思进而认为，但凡从神学上对福音派做出界定，都会把那些自认为是福音派的人和那些被别人所认可的福音派的人排除在福音派之外，这个事实却是令人尴尬。鉴于福音派在全球扩散的进程中与当地文化的交融，因而体现了不同的地域文化特色，以及福音派自 16 世纪以来的发展历程中所发生的历史变迁，确定福音派应该是什么样的这一尝试是没有什么现实的和学术的意义的。比较可取的方式就是总结自 16 世纪以来福音派运动或者这一趋势所具有的共同特征。而这样的尝试也因不同神学家不同的切入点，所强调的内容也会出现不同的认知。下文主将详细介绍和阐释麦格拉思福音派特征的六要素说，以期归纳福音派最核心的特征。

---

24 [英]阿利斯特·麦格拉思：《福音派与基督教的未来》，董江阳译，中央编译出版社 2004 年版，第 48 页。（注：Alister McGrath 在此版本中汉译为阿利斯特·麦格拉斯，为了与本文人名保持一致，笔者在脚注中统一使用阿利斯特·麦格拉思这一中文名字。下文类同，不再注释。）

第二章　圣经的绝对权威

　　麦格拉思对福音派神学特征的归纳总结源自巴刻（James I. Packer）的六要素说，并对它做了发挥，[1]分别强调了圣经、耶稣基督、圣灵、个人皈依、传播福音和基督徒社团的重要性。[2]麦格拉思还曾经提出过另外一个观点，认为福音派是建立在以下四个假设之上，分别是圣经的权威性和充足性；耶稣基督被钉死在十字架所带来的救赎的独特性；个人皈依基督的必要性；宣扬福音的必要性、恰当性和紧迫性。[3]前一种观点坚持福音派特征"六要素说"；后一种观点坚持福音派特征"四要素说"，这两种观点看似不一致，但是有共通之处。四要素说与大卫·贝冰顿（David Bebbington）的观点相似，他认为福音派有四个特征，分别是皈依主义（conversionism）、行动主义（activism）、圣经主义（biblicism）和十字架中心主义（crucicentrism）。[4]由此可见，麦格拉思四要素说受到了贝冰顿的影响，[5]而六要素说则受到了巴刻的影响。从本章至第七章将归纳麦格拉思对福音派特征的论述，分别介绍福音派的六个特征。

1　董江阳：《"好消息"里的"更新"——现代基督教福音派思想研究》，中国社会科学院出版社 2004 年版，第 9 页。

2　[英]阿利斯特·麦格拉思：《福音派与基督教的未来》，董江阳译，中央编译出版社2004 年版，第 48 页。

3　Alister E. McGrath, *Christian Theology: An Introduction* (Fourth Edition), Oxford: Blackwell Publishing, 2007, p.80.

4　David W. Bebbington, *Evangelicalism in Modern Britain: A History from the 1730s to the 1980s*, London and New York: Routledge, 2005, pp.2-17.

5　Alister E. McGrath, *Christian Spirituality: An Introduction*, Oxford: Blackwell Publishing, 1999, pp.18-19.

第一节　圣经与传统

任何一种宗教都有其宗教典籍，其文字的规定性描绘了该宗教的总体风貌。基督宗教的典籍就是圣经（The Bible 或者 Scripture），被视为西方文明的核心源泉。自 16 世纪的宗教改革起，圣经就被赋予了全新的重要性和意义。也有另一种说法，认为宗教改革唤醒了圣经曾经不可动摇的绝对权威性。自此"唯独圣经"（"scriptura sola"或曰"by Scripture alone"，汉语译文或曰"单靠圣经"、"仅凭圣经"）就成为了宗教改革者心中的金规玉律，也成为赋予圣经绝对权威的最准确的表述。下文将追述至 16 世纪的宗教改革，探究圣经是如何通过宗教改革运动成为基督教新教的绝对核心信仰以及神学思想的源泉，进而探究福音派是如何认识圣经的权威性的。

对于中世纪神学家来说，基督宗教核心信仰源自于圣经，但是圣经本身并不能解决因释经而引发所有争议，比如圣餐"真实的临现"问题在路德、茨温利和加尔文看来是有所差别的。路德坚持字面原义，认为面包等同于耶稣基督的身体；茨温利则认为面包是象征性的临现；加尔文认为面包是有效的象征；尽管阐释各有所侧重，但是他们的神学阐释都源自于圣经。到了中世纪末期，相对于圣经的权威性而言，基督宗教的"传统"获得了日益重要的话语权。之所以会出现这种现象，其原因在于基督宗教的正统神学在与诺斯替主义争辩中，感到了强大的压力。为了维护正统信仰，对于圣经某些篇章的阐释就被固化下来，成为不可更改的统一阐释，这一阐释模式逐渐就成为了"传统"。这一做法最早可以追溯到公元 2 世纪的教父时代，比如爱任纽（Irenaeus of Lyons）就发展了一种阐释圣经某些篇章的权威途径，并认为这样的阐释方法是追随了使徒时期的做法。这种观点进而认为不可随意阐释圣经，如果要阐释圣经那就必须要放在教会具体的历史语境中阐释才能揭示圣经的真理，而这样的阐释模式、或曰范式，在历史的长河中就固化成为了经典模式，不可再做变更。海戈·欧伯曼（Heiko A. Oberman）把这一传统模式界定为"传统 1"（Tradition 1）。[6]这里的"传统"指的就是在基督宗教信仰的范围内阐释圣经的传统方式，且圣经就是权威的唯一源泉。

"传统"这一概念在 14 至 15 世纪发生了一定的变化，此时的"传统"

6　Heiko A. Oberman, "Quo vadis, Petre? Tradition from Irenaeus to *Humani Generis*", in *The Dawn of the Reformation: Essays in Late Medieval and Early Reformation Thought*, Edinburgh, 1986, pp.269-296.

被视为除了圣经之外的另一个启示的源泉。把"传统"视为启示源泉的人认为圣经并没有解决所有的疑惑，上帝安排了第二个启示来源用以弥补圣经启示的不足之处。他们认为这一不成文的传统也可以追溯到使徒时代，之后就被一代一代的传递下来，成为了启示的第二个源泉。欧伯曼把这个传统视为"传统 2"（Tradition 2）。

通过以上分析可以看出，宗教改革所要改革的是"传统 2"，要回归和恢复的是"传统 1"。二者的区别就在于"传统 2"宣扬的是"双启示源泉"，传统和圣经一起成为了启示的源泉；而"传统 1"则坚守圣经是基督宗教信仰的唯一源泉。福音派坚信圣经是信仰的唯一源泉，具有至高无上的权威性。圣经就是上帝之道，是信徒所有信仰和实践的唯一源泉。

在这里需要说明的是宗教改革并没有割断圣经和传统之间的关系，事实上也并没有重新评估圣经的地位和作用。宗教改革者与中世纪神学家之间的侧重点是不一样的，但二者共同关注的问题是如何界定不同版本圣经中哪些是正典以及如何阐释圣经。加尔文认为教会和社会的体制与规则都应以圣经为依据，只有那些立足于上帝的权威并来源于圣经的社会体制，才能得到认可。茨温利在《论上帝之道的清晰性和确定性》（*On the Clarity and Certainty of the Word of God*）一书中明确写道，基督宗教的基石就是圣经。宗教改革家对圣经的判断并不是他们自己的创新，而是对中世纪神学的延伸，强调了圣经是基督宗教信仰最为重要的源泉，淡化了传统在教会内部的功能和作用。

宗教改革家认为圣经的权威基于上帝之道（The Word of God），有些甚至认为圣经就是上帝之道，另一些观点则认为圣经包涵了上帝之道。这三种观点有些细微的差别，但是三者都将圣经的权威与上帝之道密切相关联起来，且三者都认为圣经就是上帝的言说，加尔文甚至认为圣经的作者就是圣灵的秘书（Secretaries of the Holy Spirit）。唯独圣经这一主张成为宗教改革时期最为显著的主张和革新，圣经的重要性得到有效的凸显，上帝的权威性得到强调，这与宗教改革者的改革主张是密切相关的。

首先，宗教改革者坚持认为教皇、各种委员会和神学家们的权威从属于圣经之下。但这并不是否认他们的权威，相反，他们在某些教义的阐释方面还是享有很高的权威性的。宗教改革者在这里所强调的是他们的权威不仅是从属于圣经，甚至是源自于圣经，所以他们的从属地位是不可能超越圣经的绝对权威的。加尔文也表达了类似的观点，认为应当给予教父和各种委员会权威，且这种权威的合法性仅当他们委身于耶稣基督和圣经时才成立。路德则认为中世纪神学十分令人迷惑且有很多不一致之处，因而坚决捍卫唯独圣经这一学说，坚持圣经的权威，认为圣经是基督宗教神学思想的源泉。其次，宗教改革者认为教会的权威并非源自教士阶级在教会内部的地位，而是教士阶级所服务的上帝之道。天主教从历史的传承角度追溯教士阶级的权威性，认为这是使徒时代的传统。而宗教改革者则认为权威应当根植于教士对于上帝之道的信仰和坚守。这一点正是加尔文等宗教改革者针对教会腐败，进而纯洁教会的举措，回归圣经的权威，可以避免权威的双重或者多重出处，对于回归正统信仰发挥了凝聚的功效。这个改革措施其实并不是要割裂教会与传统之间的关联，而是极大地突出上帝之道和圣经的绝对权威，只有教士阶级认同这二者的权威，其自身的权威才能得到体现和保障。所以，这也是第三点，唯独圣经这一主张还需教会把其自身的权威性扎根于对圣经的信守，忠诚于圣经的权威。当然宗教改革的反对者们持相反的意见，认为圣经的权威性来源于教会，是教会赋予了圣经权威，而不是圣经赋予教会权威。二者的争执其核心问题就是如何看待圣经和传统的关系问题。

欧伯曼认为圣经与传统之间的关系模式有两种，分别是"传统1"和"传统2"。前者认为圣经是唯一的权威，属于权威唯一论；后者则认为圣经和传统都是权威，属于权威双重轮。麦格拉思在此基础上进行了细化和深入，认为"传统1"代表了权威主流宗教改革的意见（The magisterial Reformation），而"传统2"则代表了特兰托公会议的意见（The Council of Trent）。麦格拉思增加了第三类传统，并命名为"传统0"，这一种观点认为唯独圣经排除了传统在权威中的地位，就是说，唯独圣经这一论断否定了传统所具有的权威性，持这一观点的属于激进的宗教改革派（The radical Reformation）。[7]事实上应对"传统0"这一类观点做一个补充说明，这一类宗教改革者关注的重点在于消除人类所附加在圣经上的东西，或者消除人类对于圣经权威的曲解，这些附加的东西和曲解有可能就是人类自己附加给圣经的不合时宜的"传统"。麦格拉思认为这三种关系模式较好地体现了16世纪圣经与传统之间的关系。

唯独圣经在某些激进的改革者看来意味着每一个人都有解读圣经的权利，唯一的前提是要在圣灵的引导之下，只有这样才能正确解读圣经。这种个

7　Alister E. McGrath, *Reformation Thought: An Introduction* (3rd Edition), Oxford: Blackwell Publishers, 1999, pp.154-157.

人解经的方式有可能带来一个不好的倾向，那就是可能会导致个人主义（individualism）的泛滥，还可能导致个人对于圣经的解读和判断有可能超越并替代教会对于圣经的阐释。比如，激进派就反对婴儿洗礼，认为婴儿施洗缺乏圣经的依据，但是婴儿施洗在主流改革者（the magisterial Reformation）看来是可以接受的。主流改革者在意识到了个人主义的威胁之后，强调了教会阐释圣经这一传统的合法性和权威性，并把这一认识归根于教父阐释圣经的合法性和权威性。他们这么做的原因是教父基于圣经阐释，而非"传统"，建立了神学及神学体系，而处于16世纪宗教改革时期的改革者所做的努力也正是要重新恢复圣经的权威，是为圣经权威一元论，弱化"传统"作为权威源泉的认知，所以唯独圣经这一主张就得到了极大的宣扬。

如果就此认为主流改革者把个人对圣经的理解和阐释置于教会对圣经的阐释之上，麦格拉思认为这是一个十分错误的认识和理解。但是这在激进的改革者看来又是正确无误的。由此可见即便是在主流改革派内部，对于圣经和传统的权威性的认识也不那么的一致。茨温利比加尔文更加的偏向于激进的改革派，而路德则更加倾向于"传统2"，强调圣经的权威和传统的权威，持权威二元论的立场。从上面的论述可以看出，宗教改革时期对权威源泉问题的认识以及就此产生的分歧，并没有让宗教改革者们走向分裂，或者对抗。问题的关键就在于如何阐释圣经，这也是近代以来圣经批判所要面对和解决的问题，这也关系到基督宗教对权威性和合法性的认识问题。下面将回顾自宗教改革以来阐释圣经的可行性方法，以及麦格拉思对这些方法的评判。

第二节　阐释圣经的方法

麦格拉思认为圣经需要阐释，如果对圣经寓意及其重要性产生了严重的分歧，那么即使是承认圣经权威性和规范性，这也是毫无意义的。[8]自从中世纪晚期以来，越来越强调教会阐释圣经的作用，此时圣经的权威需要教会加以确保。这一时期的神学导致了一定的混淆和迷惑，谁才是阐释圣经的最终权威这一问题依旧不够明确。可能的权威是教皇、或者是教会、亦或是具有良好圣经知识的虔诚信徒。

---

8 Alister E. McGrath, *Reformation Thought: An Introduction* (3rd Edition), Oxford: Blackwell Publishers, 1999, p.157.

中世纪阐释圣经的方法公认的有四种，被称之为"解经四法"（the Quadriga, or the fourfold sense of Scripture）。这种释经方法通常认为圣经具有四个不同层面的含义，即，字面的（the literal sense）、寓意的（the allegorical sense）、道德的（the tropological, or moral）和比喻的（the anagogical sense）。字面解经法就是从文字直译的角度阐释圣经；寓意解经法是要从晦涩文字的字里行间阐释圣经所蕴含的神学和教义，这一解经方法刚好与字面解经法相反；道德解经法是以教导信众为目的和出发点的一种解经方法；比喻解经法需要解释经文中对耶稣基督的信望爱，以及新耶路撒冷的来临的期待。在这四中解经法之中，第一种字面解经法是最基础也是最根本性的解经方法，如果不从字面揭示圣经所蕴含的真理，那么后三者解经法都有可能是不成立的，站不住脚。所以，这四种解经法最核心的方法既是字面解经法，这是后三种解经法得以成立的基础。奥利金（Origen）和路德都持这种观点。

以上四种解经方法是较为学术化的解经方式，相对于宗教改革而言，解经的学术化和改革的大众化之间存在着一定的张力，学术化的解经方式很难满足普通信众对于圣经的理解，尤其是"字面"解经通常会遭受到一些"非议"，进而引发神学的分歧。所以，由谁来解经、如何解经就成为教义分歧的根本所在，下文将围绕这两个问题展开论述。

早期的宗教改革有一个显著的特点，那就是格外强调圣经的重要性，认为一切事物均可建立在对圣经的理解之上，试图把圣经视为基督宗教立足之本。这种乐观的情绪可以在伊拉斯谟的论述中找到。他认为农夫也可以毫无困难地阅读圣经，并能理解圣经之义。路德也表达了类似的观点，他在《致德意志基督教贵族公开信》（1520 年）中写道，罗马天主教徒（Romanist）建立了三堵墙，围堵并消除了宗教改革的所有威胁。这三堵墙中的一扇墙就是唯有教皇才能阐释圣经。针对天主教徒的这条认知，路德认为每一个虔诚的信徒都有解读圣经的权利，基督徒没必要因拒绝教皇对圣经的解读而拒绝上帝之道。

路德认为虔诚的信徒有权利解读圣经，这似乎意味着一个虔诚的平信徒就有能力正确解读圣经，似乎还意味着可以从圣经的字里行间发现圣经的寓意。茨温利对此也持相同的看法，他认为圣经清晰自明，上帝之道启明信徒，信徒自然就明白了上帝之道。但是路德和茨温利的这种乐观的认知很快就被他俩的致命分歧所终结。他俩对圣餐中耶稣基督的话"这是我的身体"（太 26: 26）存在着根本性的分歧。这句经文具有重要的神学意义，对这句经文的不同理解导致了宗教改革者内部的分裂。路德坚持实体说，认为饼就是耶稣基督的身体（The bread *is* the body of Christ.）而茨温利则坚持象征说，认为饼象征着耶稣基督的身体（The bread *represents* the body of Christ.）从这一分歧不难看出，要想在圣经的阐释中达成一致是多么的困难，这也进一步说明仅凭信徒的虔诚去阐释圣经，这是很难做到的，还有可能导致教义和神学的分裂，进而导致基督宗教内部的分裂。所以在 16 世纪 20 年代的初，改革者认为只有当平信徒在掌握了希伯来语、希腊语和拉丁语之后，并且对语言学理论十分娴熟之后，才能对圣经进行阐释。

宗教改革对于谁才有权利阐释圣经与天主教传统产生了严重的分歧。天主教认为上帝提供了一个可靠的具有权威的圣经阐释者，这就是罗马天主教会。激进的改革者极力反对这一传统，认为每一个信徒都有权利和能力阐释圣经。但是主流改革者此时却产生了疑惑。一方面是因为圣经确实很晦涩，难以正确释经，如果有一个权威的阐释作为学习的模板，那么对圣经的理解就不会产生分歧了。另一方面是主流的改革者认为传统在释经的过程中有着其独特的作用，还不能全盘否定。所以，面对这两难的境地，宗教改革者提出了两种解决问题的途径。

第一种途径就是问答式的方式，代表人物是路德和加尔文。路德写了一本《简明要义问答》（*Lesser Catechism*），为读者提供了一个理解圣经的框架；加尔文模仿路德写了本《基督教要义》（*The Institutes of the Christian Religion*），作为理解圣经的一种辅助方式。有了这两本书的辅助，平信徒在阅读圣经时就可以很好的理解圣经的真理了。第二种途径就是政治释经学（the political hermeneutic）。这种方式指的是茨温利在苏黎世的宗教改革运动，通过政治运动影响城市议会（the city council），单方面颁布律法，规定教皇和普世教会均无权为苏黎世人民阐释圣经，唯有城市议会才能阐释圣经。

从上文可以得知，宗教改革初期关于谁才能阐释圣经这一问题的实质就是改革话语权之争。无论是谁拥有了这个阐释权，谁就掌握了宗教改革的话语权，进而掌控了社会的和政治的话语权。所以，无论是天主教，还是在宗教改革中产生的众多新教派别，对于谁才能阐释圣经的争执其神学层面的意义已经不再那么重要，这场争论最大的影响莫过于给后世的新生神学流派提供了一个可以溯源的起点。所以，当福音派重申圣经的权威时，不得不回到宗教改革时期，从这场改革运动中寻找到圣经权威的起源，以便为回归圣经、重振圣经权威找到一个可靠的立足点。福音派对圣经权威的坚信与持守成为福音派一个区别性的规定性因素。而每个信徒都有权阐释圣经的认知，也为保守的福音派找到了历史的根源。回归圣经、重振圣经的权威，其本质不是要颠覆传统，而是要去除附加在圣经之外的多余累赘，从圣经中找到纯洁教会和神学经文依据。至于如何阐释圣经，还是要看历史的传承和现实的需要。

第三节　麦格拉思论圣经的权威性

麦格拉思认为福音派不仅坚信上帝之道，更是坚信圣经的绝对权威性。正如《威斯敏斯特信纲》（*Westminster Confession*）所说的那样，福音派认为上帝的荣耀、人类的救赎、信仰的源泉以及灵性生命要么直接源自于圣经，要么就是从圣经中引申而来。[9]麦格拉思认为福音派的这一立场和观点无论是在神学层面还是在灵性信仰层面都沿袭了宗教改革的主旨，福音派的灵性生命以及基督教团契都深深地根植于圣经之中。福音派把耶稣基督的位格及救赎视为其最为显著的特色，同时还强调耶稣基督在信仰及灵性生命中的中心性和权威性。麦格拉思认为上帝道成肉身与圣经中的上帝之道有着千丝万缕的关联，因为耶稣基督在圣经中作见证才让信徒体认了上帝，而圣经又以耶稣基督的位格和救赎为中心。下文将详细分析麦格拉思是如何认识基督与圣经之间的关系的。

一、圣经的权威性与基督的中心性

麦格拉思认为圣经的权威性需从神学和历史两个层面考量。上帝的知识通过耶稣基督才为人所知，而有关基督的知识只能通过圣经获取。基督让圣经成为一个有机的整体，这项工作是通过耶稣基督的位格和救赎而实现的。所以基督论与圣经的权威性是密切结合的，圣经保证信徒能够获取耶稣基督知识。

（一）圣经与基督的关系

麦格拉思认为圣经与基督密不可分，圣经紧紧围绕并以基督为中心，基督也只能通过圣经这个中介才能为人所知。马丁·路德和约翰·加尔文都曾表达了类似的观点，这可以视为是福音派对于圣经权威性的一贯表达。尽管

9　Roland H. Bainton, *Here I Stand: A Life of Martin Luther*, Nashville, TN: Abingdon, 1950, p.185.

福音派极为强调和重视圣经权威，但是福音派拒绝把圣经文本视为启示，而是把圣经视为上帝通过耶稣自我启示的途径。尽管圣经是上帝自我启示的载体，但是圣经本身并不具备启示的功能，因为圣经不是基督，二者不可混为一谈。圣经是知晓基督的唯一途径，教会只是遵从了这一途径进而宣扬基督，所以教会也不能被视为耶稣基督知识的最终出处。在这里就体现了福音派的"唯独圣经"这一原则。此外，福音派对圣经权威性的理解也主要集中在耶稣基督的位格和救赎这一方面，因为福音派信仰的核心就是要宣扬上帝通过耶稣基督而为人所知。麦格拉思认为这不仅仅是福音派信仰的核心，而更是整个基督宗教信仰的核心，是由教会传承下来的信仰核心。卡尔·巴特就是这一见解的坚定支持者。[10]

福音派坚信忠实于基督的教导就是忠实于圣经。但是二者还有有所不同的，因为福音派信仰的基督，而非圣经本身。麦格拉思认为这个观点体现了福音派对基督和圣经关系的看法，也具有一定的代表性，但是这个观点需要进一步阐释，否则容易引起误解。因为这个观点容易在圣经和基督之间造成分裂，二者似乎是一种二选一的关系。麦格拉思认为圣经和基督密不可分，二者之间的关联是有机的、实质性的。福音派所接受的关于基督的知识和教导全部源自于圣经，已经成为教会的传统。

（二）圣经权威的危机

麦格拉思并不认同圣经的权威面临着危机。在西方学术界可以找到大量的文章和书籍论证圣经的权威性面临着巨大的危机，但是麦格拉思却发现了一个矛盾的现象，那就是在圣经权威面临危机的同时，那些以圣经为依据的基督教团契却在日益增长，尤其是那些强调圣经权威的福音派教会，以及那些在圣经中找到了改革社会、实现政治目的的拉美教会，他们的数量在与日俱增。麦格拉思认为西方学术界所宣扬的圣经危机与日益增长的教会之间存在着一种张力。麦格拉思也承认，从教会史的角度来看，圣经一直被视为是权威性的，但是神学关注的仅仅是圣经的权威，至于圣经的权威如何而来只是一个排在第二位的问题，很难从神学的角度找到圣经的权威性是如何形成的，圣经就是这样始终处在基督徒信仰的最核心地位。

圣经权威存在着严重的危机，这在麦格拉思看来是一种严重的误导。肯定

---

10 Karl Barth, *Church Dogmatics,* 14 vols., Edinburgh: Clark, 1936-1975, II/2, pp.52-54.

圣经权威的信徒不断增加，而同情或者赞同自由主义倾向，并游离于以圣经为中心的教会之外的信徒却越来越少，麦格拉思认为这是一个事实。麦格拉思用以支撑自己观点的论据并不是实证性的，因为他并没有用具体的数据来证明信徒人数的增长与减少，不过这也正是麦格拉思对启蒙运动以来的逻辑、理性的一种反驳，他不想用自己极为反对的手段为信仰辩护，比如理性主义和逻辑实证主义等。所以，当麦格拉思在探讨圣经权威的危机时，采用的是描述性质的语言，使用的是符合人类思维方式的推理模式。

麦格拉思并不认为圣经的权威存在危机，如果非要说存在危机的话，那也是在神学层面如何表述圣经权威，如何构建圣经权威存在危机。麦格拉思认为，如果把圣经的权威建立在对世俗文化的习惯性回应之上，尤其是建立在对启蒙运动的回应之上，那么这种构建圣经权威的方式必定随着世俗文化的流变、时代思潮的变更而摇摆不定，这样的根基是不牢靠的。所以圣经权威的危机不在于圣经权威本身有了危机，而是如何构建这种权威的方式面临着危机，所以为了避免这种危机，就不能把圣经的权威性建立在对世俗文化和时代思潮的回应之上。[11]

二、圣经权威面临的挑战

尽管麦格拉思否认圣经权威存在着危机，但是不可否认的是圣经权威受到了多方质疑和挑战，尤其是自启蒙运动以来的理性主义、自由主义、圣经批判、世俗文化等对圣经的权威性带了巨大的冲击。下文将展示麦格拉思是如何应对这些冲击并捍卫圣经的权威的。

（一）从"解放"的维度省视圣经权威

福音派坚持圣经的绝对权威，决不允许基督宗教之外的任何东西成为其内在的规范，更不允许把基督宗教的根基置于任何世俗流变的意识形态、哲学思潮、文化潮流之上。基督教神学发展史的历程告诫人们当神学偏离基督宗教的传统，并试图从教会之外寻找神学的根基时，基督宗教就会面临严重的危机。麦格拉思对这一观点的论证主要还是采取了历史神学的研究思路，列举了罗马帝国时期的帝国主义神学与德国第三帝国时期纳粹主义给基督宗教带来的巨大危机。

---

11 Alister E. McGrath, *A Passion for Truth: The Intellectual Coherence of Evangelicalism*, Downers Grove, Illinois: InterVarsity Press, 1996, pp.56-58.

凯撒利亚的尤西比乌（Eusebius of Caesarea）认为罗马帝国是上帝救赎的最高潮，随着君士坦丁大帝皈依大公教会，尤西比乌把他视为促使帝国皈依的工具，因而四世纪的罗马帝国开启了基督教史上一个全新篇章。作为一个教会史学家，尤西比乌对罗马帝国时期教会史的阐释被视为帝国主义神学（the imperial theology）。麦格拉思坚决反对这样做，因为尤西比乌的帝国主义神学把圣经阐释，尤其是涉及到弥赛亚的篇章，统归于罗马帝国所建立的意识形态之下，这样的后果就是使得教会史学家和神学家不能对罗马帝国开展批判性的认识，罗马帝国内所具有的文化思潮、哲学流派和意识形态完全超然于基督教会之上，甚至成为了基督教会得以稳固的根基，这样做的危害在于一旦罗马帝国崩塌，基于这样意识形态之上的基督教会也会随之而崩塌。事实证明，当西罗马帝国灭亡时，帝国主义神学随之出现了严重的危机。

奥古斯丁在《上帝之城》中对以上问题进行了探讨，认为帝国主义神学在大公教会内部影响较为深远，他决意要把大公教会从这种束缚中解救出来。奥古斯丁把罗马帝国从帝国主义神学中剔除出去，罗马也不再是上帝救赎事工的工具，这样阐释圣经也就不再受到大公教会之外的其他因素的束缚。在奥古斯丁的努力下，当西罗马帝国灭亡的时候，福音并没有随之一起灭亡。麦格拉思对这段历史总结道，把福音束缚于某一种占据主流地位的意识形态之下，大公教会的主流神学获得一定的稳固地位，但是这只是一时的、短暂的。当这种意识形态崩塌时，束之于帝国之下的教会也会轰然毁灭。麦格拉思认为奥古斯丁最大的贡献就在于让基督教神学重新建立在圣经之上，并把圣经作为自身合法性的根基。[12]

把圣经权威之外的影响加诸于基督教会之上的另一个案例是希特勒统治下的德国教会，它致力于宣扬德国文化的权威。巴门宣言（Barmen Declaration of May，1934）宣扬福音的终极权威性，反对把福音置于世俗政权之下，尤其是反对把福音置于纳粹主义之下。而安斯巴克协议（The Ansbacher Consultation，1934）则极力反对巴门宣言，认为神学和教会应该从文化和国家中获取线索和暗示，并使教会与德国的新文化相适应，认为阿道夫·希特勒是上帝给德国人民送来的最为虔诚的统治者。巴门宣言和安斯巴克协议之间的争论成为上个世纪三十年代德国神学分歧的最显著代表，前者尽管并不是反对希特勒和纳粹主

---

12 Alister E. McGrath, *A Passion for Truth: The Intellectual Coherence of Evangelicalism*, Downers Grove, Illinois: InterVarsity Press, 1996, p.60.

义的直接宣言，但是它在事实上却代表了强烈要求基督教信仰和神学避免受制于德国当时主流文化的束缚，即摆脱纳粹主义的束缚。

德国的知识界精英也因此分成了两派，支持希特勒的有赫希（Emanuel Hirsch），反对者的代表则是巴特（karl Bath）。豪尔沃斯（Stanley Hauerwas）认为造成这一局面的原因在于自由派神学家花费毕生精力致力于利用现代文明的发明创造，把基督教信仰转换为现代人所能理解的样子。[13]麦格拉思评论道，赫希和当时德国许多自由派神学家一样并没有发现神学受制于世俗文化的危险，甚至当那种主流占统治地位的文化变成了纳粹主义的时候也没有发现这个真正的危险。麦格拉思批评德国知识分子支持德国的侵略行为，比如哈纳克（Adolf van Harnack）就是其中之一，哈纳克的立场对巴特带来了巨大的冲击，这也成为巴特与他的老师们分道扬镳的直接原因。[14]

在批评完罗马帝国时期的帝国主义神学和二十世纪初期德国神学分歧之后，麦格拉思总结道，教会不应该从学术界寻找答案，希冀于从教会之外寻找神学的根基不仅不会获得自由，反而会使教会和神学受制于世俗的文化和权威。麦格拉思进而提出自己的立场和观点，他认为承认圣经的权威就是一种最高形式的自由，没必要从圣经之外再去寻找圣经权威的依靠和基点。直接把圣经权威视为最高的自由和权威，可以避免受到世俗文化的奴役和束缚。这样做不仅摆脱了世俗文化的奴役，更是让教会和神学独立于世俗世界并拥有了批判这个世界的能力，因为不可能去批判自己的理论根基，否则自身的合法性也存在着危机。宣扬并承认圣经的权威让信徒跟随并效法基督，而不是跟随易变混淆的世俗文化。麦格拉思认为让基督宗教的价值观被圣经中上帝自我启示以外的东西掌控，这无异于让基督宗教适应一种意识形态，脱离于教会传统的基督教价值观是一种被奴役的价值观，这样的价值观没有自由也没有权威可言。[15]

所以麦格拉思说道，那些试图给与圣经自由，使圣经免于世俗文化的奴役的人通常会把圣经置于自己的世界观之下，这毫无自由可言，有的只是措辞的不同而已，只是从一种形式的束缚转换到了另一种形式的束缚，在这种模式中

---

13 Stanley Hauerwas, William H. Willimon, *Resident Aliens: Life in the Christian Colony*, Nashville, TN: Abingdon, 1989, pp.24-25.

14 Karl Barth, *Evangelische Theologie im 19. Jahrhundert*, Zurich: Zollikon, 1957, p.6.

15 Alister E. McGrath, *A Passion for Truth: The Intellectual Coherence of Evangelicalism*, Downers Grove, Illinois: InterVarsity Press, 1996, pp.60-63.

圣经是不会获得自由、也不会获得权威性，只会使圣经沦落为世俗文化的奴隶，基督宗教也就成为了一种基于流变的意识形态之上的信仰，这样的信仰不可能永久，麦格拉思想要寻找的是基于圣经、以基督为中心的信仰，并把这一信仰置于所有的文化形态之上，使之成为一种"元信仰"，这一信仰的达成首先就是要树立圣经的绝对权威。

尽管圣经的绝对权威在麦格拉思及其所代表的福音派眼中是不可撼动的，但是福音派不得不面对来自于教会之外的世俗文化、人类的经验与理性、以及传统等方面的挑战，下文将详细叙述麦格拉思是如何批判这些挑战的。

（二）文化、经验、理性和传统对圣经权威的挑战

麦格拉思认为但凡不承认圣经权威的人都会去承认其他形式的权威，福音派在评估和评价其他形式的权威之后，更加坚定了福音派对圣经权威的认信，因为在福音派看来圣经权威比其他形式的权威在神学和灵性层面更加具有说服力。下文将从文化、经验、理性和传统四个方面展开论述，分析这四个领域是如何对圣经权威带来冲击的。

1. 世俗文化

自由派神学家试图以西方文化论证神学的合法性，并从西方文化中寻找到神学赖以成立的根基，进而使神学符合现代社会的各种标准，比如符合理性主义、让神学符合西方文化思潮、符合主流的意识形态等等。麦格拉思批判文化对圣经权威的冲击，认为以西方文化为代表的世俗文化流变不居，此时占据主导地位，彼时就会遭到抛弃，因而不能做基督宗教合法性的根基，圣经的权威性只能从超越文化的自我启示的上帝中寻找。[16]

麦格拉思对自由主义的批判以高登·考夫曼（Gordon Kaufman）为起点。考夫曼认为神学的根基在于西方文化的日常语言。[17]麦格拉思则反问道，为何是西方文化？考夫曼的观点带有明显的西方种族主义的立场，是一种彻头彻尾的文化帝国主义论调，这种观点把西方文化之外的所有其他文化都排除在了神学之外。麦格拉思批判考夫曼的文化帝国主义论调，认为亚洲、非洲文化就被考夫曼视为低一等级的文化了，这样的论调在当今社会是不可能站住脚

---

16 Alister E. McGrath, *A Passion for Truth: The Intellectual Coherence of Evangelicalism*, Downers Grove, Illinois: InterVarsity Press, 1996, p.71.

17 Gordon Kaufman, *Essay on Theological Method*, Missoula, MT: Scholars Press, 1975, p.15.

的。麦格拉思进而指出，考夫曼的西方文化论调是一种简单的文化一元论观点，在当今多元文化世界中不具有说服力。自由主义的文化观只有在一种情况下成立，那就是它所处的社会中只有一种占据绝对统治地位的文化形态，即西方文化。麦格拉思认为现在已然不是十六世纪时期的情形，文化包容和多元主义已经成为社会的主流，与追求个人解放和自由等思潮并列而存。

劳伦斯·科尔伯格（Lawrence Kohlberg）与考夫曼一样持西方文化帝国主义的立场，他自认为发现了一种普世的文化模式，但是他的批评者却认为他的观点只与西方后启蒙文化中的白人男性有关，这样的观点和立场不可能使西方文化成为全球文化的模板，这样的观点建立在种族中心主义和西方价值观、信仰之上，它本身的理论根基就有失偏颇，所以不能把这样的文化观作为神学赖以生存的理论根基。自由主义发现了这一理论的缺陷，事实上也失去了在意识形态领域的话语权，正如麦格拉思所说的那样，既然没有普世文化，那么诉诸于文化又有何意义呢。[18]

社会学家彼得·博格（Peter L. Berger）客观地描述了自由主义在西方多元文化中所面临的巨大困境。他认为自由主义致力于让基督宗教与"普世的智慧"（the wisdom of the world）相适应，结果却发现他们的努力变得越来越困难、疯狂、可笑。每当他们让信仰与主流的文化相适应时，那个文化形态又变了，多元文化使得基督宗教不断更新。普世的智慧塑造了宗教的传统，但是这个普世的智慧在不同时间不同地点始终处于变化之中。[19]从博格的观点不难看出，在一种社会形态中被视为智慧很可能会在另一种社会形态中被视为愚昧，所以不可能有普世的价值，任何价值观都具有其赖以生存的社会背景，包括社会阶层、阶级。在博格看来，如果让基督徒与某一种文化相关联，那么就意味着基督徒会与另外的文化毫无关联，如果这种文化精英要更新基督宗教赖以成立的某种文化形态，那么这些文化精英所致力于构建的基督宗教所赖以成立的基础就会时常处在流变之中。今天的主流智慧很快就变成了明天过时的冲动。这与麦格拉思所追求的把基督宗教建立在稳固不变的上帝之上截然相反。麦格拉思认为把基督宗教与现代世界或者西方文化相关联起来是毫无意义的，因为理论上的西方文化普世性在现实中是不存在的。任何把基督宗教与

---

18 Alister E. McGrath, *A Passion for Truth: The Intellectual Coherence of Evangelicalism*, Downers Grove, Illinois: InterVarsity Press, 1996, p.68.

19 Peter L. Berger, *A Far Glory: The Quest for Faith in an Age of Credulity*, New York: Free Press, 1992, pp.10-11.

世俗文化相关、与某个社会中的具体的群体相关联的尝试和努力到头来只会让基督宗教与另一种文化、另一个群体不相干，自由主义的做法只能让福音成为某一时、某一地、某一个群体的福音，而不是普世的福音，只有把福音置于圣经之中，遵从圣经的权威，跟随基督的教导，福音才会广为传播，被更多的人所接受。

2. 宗教体验

英文单词 experience 词条含义较为清晰明了，但是当这个词应用到宗教学领域的时候，这个词就会产生较大的争议。本文主要采取它其中一个词条的含义，即把 experience 翻译为"体验"，通常指个人内心的主观感情和情绪。常用的搭配为 religious experience 意为宗教体验，威廉·詹姆斯（William James）在 *The Varieties of Religious Experience* 一书中就极为强调宗教，尤其是基督宗教的主观性。麦格拉思认为基督宗教不仅仅是一套观念，更是对个体内心生活的阐释，也是个体内心生活的重生（transformation）。人类体验与存在主义关联密切，后者试图从神学和哲学的层面强调和恢复对个体内心生活的重视。从基督教神学的角度分析宗教体验与神学之间的关系，麦格拉思指出了两条路径。其一、自由主义神学家认为宗教体验是基督教神学得以产生的基础和源泉；其二、福音派认为基督教神学为阐释人类的宗教体验提供了一个阐释框架。[20]下文将详细叙述麦格拉思是如何分析、评价这两种路径的。

第一种路径把宗教体验视为一种阐释他物的规范、或者术语（explican），而非有待他物阐释的"被阐释者"（explicandum）。麦格拉思认为把人类的宗教体验视为基督教神学的基础和源泉，这样的观点具有较大的吸引力。其一、这种观点认为世界上所有的宗教基本上都是人类对同一种宗教体验的回应，即，对超验存在的核心宗教体验。依据这个观点那么宗教的定义就会被放大，无论是神创论的宗教还是非神创论的宗教都会被这个超验性的信仰囊括其中，这样的话，在坐禅、敬拜、冥想和祷告等宗教礼仪或者仪式都可以发现超验的影子。[21]基督教神学也是对人类共同体验的反思，这样基督教神学就和其他宗教一样，没什么本质的区别了。其二、这种观点也深刻地影响了基督教护教学家保罗·蒂利希（Paul Tillich）和大卫·特雷西（David Tracy）的观点，

---

20 Alister E. McGrath, *A Passion for Truth: The Intellectual Coherence of Evangelicalism*, Downers Grove, Illinois: InterVarsity Press, 1996, p.72.

21 陈麟书：《关于宗教的界定》，载《宗教学研究》2013 年第 1 期，第 249-250 页。

他们认为人类分享了一种共同的体验，无论这种体验是否与宗教有关，基督教神学把它视为人类共通的宗教体验。蒂利希似乎成功地把基督教神学与人类的共同体验相结合起来。麦格拉思批判这种观点，认为很难从人类历史和文化中找到事实证据证明这种人类共通的核心体验，这种观点事实上很难被证实。尽管麦格拉思提出了批评，但是他还是承认了乔治·林贝克（George Lindbeck）把这个观点发展到了极致。下文将详细叙述林贝克的观点以及麦格拉思是如何批判这一观点的。

林贝克在《教义的本质》（*The Nature of Doctrine*）中把教义理论（theories of doctrine）分成了三种模式，认知—命题模式（The Cognitive-Propositional Theory）、经验—表达模式（The Experiential-Expressivist Theory）和文化—语言模式（The Cultural-Linguistic Theory）。[22]经验表达模式把教义视为人类内心情感和态度的非认知性符号或者象征，亦即，把宗教，包括基督宗教，视为公共的、受文化制约的表现形式，是对前语言形式的意识、态度和感情的肯定。换言之，确实存在一些普遍的、共通的宗教体验，基督教和其他宗教一样，试图用语言把这种体验表述出来。从逻辑先后的角度来说，先有宗教体验，才有神学。依据林贝克的这个观点很容得出一下结论，即，各种形式的宗教只不过是一个共同的核心宗教体验的不同表现形式。[23]

反对者指出林贝克观点的致命弱点就在于极其显而易见的不准确性。如果宗教体验源自于对宗教的某种期盼的话，那么宗教体验就是一个概念性的衍生物，因而很难明晰宗教体验的特征。如果把不同的宗教视为对终极或者超验的相同体验，那么这些宗教就会变成无法证实的假设。任何想要评估林贝克观点的做法都会发现他的这个理论不仅很难证实，而且也很难证伪。因为很难在宗教体验与宗教语言和仪式之间找到经验性的证据证明它们之间的关联：宗教语言和仪式是对宗教体验的回应，亦或是宗教体验决定了宗教语言和仪式？麦格拉思指出这个问题的关键在于"一个共通的核心体验"根本没有任何说服力。[24]因为宗教体验因文化、阶级的不同会有个体性差异，而且因不同

---

22 George Lindbeck, *The Nature of Doctrine*, Philadelphia: Westminster, 1984.
　　Alister E. McGrath, *The Genesis of Doctrine*, Oxford: Blackwell, 1990, pp.14-34, 136-161.
23 Alister E. McGrath, *A Passion for Truth: The Intellectual Coherence of Evangelicalism*, Downers Grove, Illinois: InterVarsity Press, 1996, p.73.
24 Alister E. McGrath, *A Passion for Truth: The Intellectual Coherence of Evangelicalism*, Downers Grove, Illinois: InterVarsity Press, 1996, p.75.

的宗教也会导致不同的宗教体验。宗教的教条教义经久不变，但是宗教体验却极具主观性，易变不居，因而很难证实或者证伪。

宗教体验与神学之间关系的第二种模式多为福音派所支持，他们认为宗教体验亟待阐释，而基督教神学则为阐释宗教体验提供了一个阐释框架。宗教体验在这种模式中就成为了有待解释的术语（explicandum），神学则成为阐释宗教体验中模糊、模棱两可的规范（explican）。麦格拉思从三个方面展开论述基督教神学与宗教体验之间的关系。

第一、神学解释、说明（address）宗教体验。麦格拉思认为如果仅从认知和命题（cognitive-propositional）的角度认识基督教神学的本质，那么神学就很难忠实于自己的主旨（subject matter）。与上帝相遇让基督徒重生（transformative），正如加尔文所说的那样，认识神就是为神所改变，上帝的真实知识让人敬拜上帝，信徒在与上帝的相遇中重生、获得新生。[25]加尔文和路德还进一步指出，如果神学仅触及到了大脑，而没有触及心灵，那么这种神学就不是真正的神学。路德对宗教体验持批判性的认识，认为宗教体验与灵修学有着紧密的联系，而且也是做一个神学家所必备的体验，因为作为一个神学家就是要和一个活生生的上帝博弈（wrestle with），而不是与关于上帝的知识博弈。路德还强调，要想成为一名真正的神学家，你就必须经历一下谴责（condemnation），这样你就会深刻地感受到自己的罪恶，同时对上帝的谴责大加赞扬。耶稣基督为了救赎人类的罪被钉死在十字架上，上帝对于罪的愤怒达到了极点，而人类必须因此而担责受到谴责。麦格拉思认为，只有在这样的情形下人们才能完全理解新约的核心思想，即，上帝如何把人从罪中解救出来，如果意识不到这一点，人们是不可能体验到耶稣基督给人带来的被拯救的喜悦与欢愉。[26]路德认为只有体验了因罪而受到谴责，后又因基督的救赎而被赦罪，这样才能真正体悟新约给人带来的好消息（gospel）。麦格拉思认为这个好消息给人自由，让人释然，让人重生，这种宗教体验与人的灵性生命密切相关，这样，信徒就能从耶稣基督的救赎中体验到上帝的赦罪。麦格拉思对基督教神学与宗教体验关系的探讨，此处聚焦的是通过耶稣基督上帝赦免了人类的罪这一条核心教义，强调人被赦罪之后的所体验到的愉悦和欢愉（joy and

---

25 Wilhelm Balke, "The Word of God and Experientia according to Calvin", W. H. Neuser ed., *Calvinus Ecclesiae Doctor*, Kampen: Kok, 1978, pp.19-31.

26 Alister E. McGrath, *A Passion for Truth: The Intellectual Coherence of Evangelicalism*, Downers Grove, Illinois: InterVarsity Press, 1996, pp.79-80.

wonder）。救赎成为神秘宗教体验与基督教神学二者之间的交集，人对救赎的神秘宗教体验只有在救赎论中才能得到合理的阐释，而基督教神学则为被救赎的体验提供了一个解释说明的范式。

神学与宗教体验关系的第二种模式是阐释（interpret），即，神学阐释宗教体验。上一段指出神学可以解释说明宗教体验，把那些神秘的难以言表的体验用严谨的神学表述出来，一方面可以让这些神秘的宗教体验变得更加清晰、容易理解，另一方面又让神学不再拘泥于认知命题模式，让神学忠实于自己的神学主旨。在第一种解释说明模式中神学与宗教体验的交集是救赎论，在第二种关系模式中二者的交集在于如何阐释创世论，即，按照上帝的形象创造了人类。麦格拉思认为人类有一种内在能力、或者内在需求把人类与上帝关联起来，如果人类没有与上帝相关联那么就不可能成为一个完整的人，人要是变得完满就必须得为上帝所充盈，除了上帝之外的任何短暂的事物都不能替代上帝。由于人类的堕落，人类又有一种自然的倾向想用其它事物替代上帝。罪让人类背离了上帝，罪怂恿人类用被造物替代上帝。人类有一种期待感，期待某种不确定的、人类一无所知的东西。[27]这种不完满的感觉就像是一个有裂缝的罐子总也装不满，人类尝试着让自己完满起来，但是总有一些东西让人难以达到彻底的完满，不完满的人是不会体验到幸福的。麦格拉思认为这种不满足感恰好成为宣扬福音的一个重要出发点。宣扬福音就把这种模糊的、难以名状的不满足感阐释为对上帝的渴望，同时宣扬福音也成为了让人完满的重要途径。

萨特（Sartre）认为现世的世界不能让人变的完满，只有超越此世的东西才能让人完满。奥古斯丁认为上帝创造了人类，但是人类从此不安分起来直至休憩于主怀。[28]麦格拉思认为这种不满足感就像是对异乡的迷恋，尽管身未前往但神往久已。奥古斯丁眼中的人类充满了罪，现世的存在是不完满的，人们只能保持着希望和深切的期待。创世说与救赎论的关系在奥古斯丁那里得到了全新阐释，上帝按照自己的形象创造了人类，人类对上帝充满了期待，但是人类又有原罪，人自己无法满足对上帝的期待，也不能用被造物替代上帝，所以一种深深的挫败感和不满足感因此而生。路易斯（C. S. Lewis）和奥古斯丁一样，也意识到了人类的这种不满足感已经超越了此世的时空范畴，世间任何事物、

---

27 Alister E. McGrath, *A Passion for Truth: The Intellectual Coherence of Evangelicalism*, Downers Grove, Illinois: InterVarsity Press, 1996, pp.80-81.

28 Augustine, *Confessions*, trans. by Henry Chadwick, Oxford: Oxford University Press, 1991, p.3.

体验都无法解决此事，路易斯把这种感觉称之为欢愉（Joy），即，一种无法满足的欲望，比任何其它满足感都令人向往，一旦拥有就会想再次拥有。[29]

第三种模式认为神学改变并提升了（transform）宗教体验。人不仅是有罪的，而且还亟需上帝的赦罪以及灵性生命的重生，在福音派看来这只能通过上帝的福音来实现，基督被钉死在十字架后复活让人类重新回到上帝的怀抱。麦格拉思认为神学不仅详细说明人们获罪、赦罪、重生、和上帝恢复良好关系的宗教体验，还把这种体验阐释为是人因罪才背离上帝，后又因上帝的恩典使人重新回到上帝国度，是神学提升了这种宗教体验，使之升华到符合神学规范的、可言说的层面，麦格拉思认为这是得益于路易斯的贡献。路易斯的《宗教语言》（*The Language of Religion*）的最大贡献就在于十分严肃认真地对待语言（words），认为语言可以产生（generate）和升华（transform）宗教体验，对于路易斯而言，语言既可以描述我们熟悉的体验，还可以激发我们从未经历过的体验。语言就像是一个指示器引导人们走向未知，就像人们总能在地图上找到一个未曾标识的地方一样。[30]

麦格拉思认为神学分享了诗歌语言的特质，不仅引导人们去认识已有的宗教体验，更能让人体悟未曾体会的宗教体验，向人展示体悟上帝的真切实感。神学就是使用了这样的语言引导人去发现和体悟上帝、去解释认识神是怎样一种感觉，通过类比的方式语言和人类的宗教体验就关联起来了。就像是赦罪与和解，如果人能用语言描绘清楚犯错之后被原谅的感觉、与某个你很在意的人和好如初，那么在神学中人就能体悟被上帝赦罪、重新回到上帝怀抱的喜悦感，就像是离家的游子多年之后返回家乡那样充满了喜悦。护教学家就是用了类比的修辞手法把体悟上帝比作地图上的指示器指向未知的地方，这样神学就把宗教体验升华了，让人期待体悟未曾体悟的宗教体验、期待体悟上帝之后的欢愉。

总之，麦格拉思认为仅从认知的角度、或仅从宗教体验的角度省视基督教神学的本质是不行的，认知和体验就像是硬币的两面互为支撑。自由派神学强调未经阐释的宗教体验，这在林贝克和维特根斯坦的学说中是不足为信的，后者不赞同把神学建立在人类未经阐释的宗教体验之上。麦格拉思同时还强调，不再把宗教体验视为神学的源泉并不意味着宗教体验在神学反思中的作用不

---

29 C. S. Lewis, *Surprised by Joy*, London: Collins, 1959, p.20.
30 C. S. Lewis, "The Language of Religion", in *Christian Reflections*, London: Collins, 1981, p.169.

再重要，宗教体验要袪魅，但不是被剔除出神学体系之外。他认为宗教体验需要解释说明、需要被阐释、需要被升华，这一切都必须在基督的福音中才变得可能，只有通过基督的生、死和复活才能体悟到上帝救赎、与上帝和解的欢愉，实现这一切的路径就是圣经。[31]从以上论述可以得知，只有把神学建立在神启的基础之上，同时把神学与人类的宗教体验密切联系起来，这样基督教神学在任何时候任何地点才会是真实可信的，具有说服力和权威性。这样的神学才不会变成对宗教体验的简单复述。

3. 理性主义

麦格拉思认为对基督教信仰和圣经权威带来威胁的不是理性（reason），而是理性主义（rationalism），他对二者做了简单区分。理性指的是人类最基本的思维能力，建立在论证和证据之上。人类的理性与神学并不冲突，但是如果把理性视为获得上帝知识的唯一源泉，这种观点就是理性主义，它仅仅只依赖人类的理性，拒绝承认上帝启示。原本与信仰并不冲突的理性在启蒙运动者看来逐渐成为反抗信仰的有效武器。自启蒙运动以来知识就必须是普遍性的，放之四海而皆准的。但是源自启示的有关上帝的知识就不再具有曾经拥有的特权了，因为启示不具有普遍性，这些知识仅限于圣经或者教会内部。只有那些在所有的文化形态中、在所有的历史语境中、在所有的地理环境中都具有普遍性的知识才能被启蒙运动者视为真正的知识，对于他们而言，获取这些知识的唯一源泉就是理性，而且每个人都具有理性的生理机能，每个人都可以应用理性的能力获取所有的知识，包括上帝的知识。这样的认识在十八世纪的理性主义者那里得到了很好的发挥，莱辛（G. E. Lessing）拒绝承认上帝在基督教神学中具有决定性的地位，他认为仅凭理性就可以承担这样的角色，并宣称历史偶然的知识永远不能成为理性必然真理的证据。斯宾诺莎（Spinoza）认为可以把最基本的理性真理视为公理，再从这个公理出发引申出整个伦理学和神学体系。

麦格拉思认为以上看法都存在着致命的缺陷。理性的必然真理被视为同义反复，推论和理性论证的过程就已经预设这个论证过程是合理的，这无异于把论证的结果视为论证合理性的前提。非欧几里得几何颠覆了欧几里得几何学，斯宾诺莎所坚持的伦理学也被颠覆，启蒙运动所梦想的普世道德也终结

---

31 Alister E. McGrath, *A Passion for Truth: The Intellectual Coherence of Evangelicalism*, Downers Grove, Illinois: InterVarsity Press, 1996, pp.87-88.

了，他们所坚持的超越时空与文化的理性主义（rationality）也失去了公信力。理性主义日渐逝去了它曾占据的领域。[32]

麦格拉思认为基督教神学，包括那些严肃的福音派神学，都会充分利用人类的推理思维能力，比如，耶稣基督是救主，上帝可以救赎，那么基督就是上帝。在这段简单的三段论中，人类的理性思维能力得到了很好的应用，有助于阐释神学中有关上帝自我启示等方面的知识。理性在这里反思启示，试图找到更深一层面的含义。但是理性主义则宣称对上帝所有的思考只能建立在人类的理性之上，排除了上帝自我启示带来知识的可能性，这样，基督教神学就堕落了，被人类的认知能力所限制，无法摆脱。麦格拉思在总结了理性主义自启蒙运动以来对基督宗教信仰带来冲击的同时，反思了一个问题，为什么理性在基督宗教信仰中的重要作用会被误解到如此境界，以至于人们混淆了理性和理性主义，似乎这就是两个同义词。那么理性在基督教神学发展的历程中经历了怎样的认知历程呢？麦格拉思把这个发展演变历程分为三个阶段。

起初，大公教会建立在合乎理性的基础之上，教义教条也是言之有理。正如阿奎那证明上帝存在的五路证明，充分体现了基督宗教信仰的合理性。但是阿奎那从未承认基督宗教受到了理性的限制，此时的信仰不仅超越了理性，而且还可以洞悉启示的真理，但是理性却不能。阿奎那认为虽然基督宗教建立在合乎理性的知识之上，但是基督宗教却超越了人类的能力，因此只能通过上帝的启示进行调节才能为人类所知。加尔文继承了这一看法，认为理性可以获知创世者的上帝，但是救赎的上帝只能通过启示，而不能通过理性。

到了十七世纪中叶，理性主义者对阿奎那的观点提出了质疑。阿奎那认为基督宗教建立在合乎理性的基础之上，反对者认为如果信仰是合乎理性的（rational），那么就可以通过理性（reason）演绎出整个基督教信仰，即，基督教信仰的所有知识都源自于人类的理性。麦格拉思认为这个观点给基督教信仰带了两个问题，基督宗教被降格为可以被理性所证明的观点了，再者，理性优先于基督宗教，即，先有理性后有基督宗教。没有神启的帮助，理性可以建立一切正确的东西，而基督宗教还得认可这些东西。所以麦格拉思反问，既然理性可以告知人们关于上帝、这个世界和我们自己的所有知识，那还要神启做什么呢？麦格拉思认为这个观点彻底否定了启示的教义，尤其是否定了上帝

32 Alister E. McGrath, *A Passion for Truth: The Intellectual Coherence of Evangelicalism*, Downers Grove, Illinois: InterVarsity Press, 1996, pp.88-90.

的启示与圣经和基督之间的关联。这种形式的自然神论把上帝视为一种观念，由人类的大脑构建、想象而来。基督宗教认为上帝不可能由这种简单的、粗鄙的理性主义者想象而来，上帝是要去体悟的、需要在生命中与之相遇。同时麦格拉思也承认，理性主义从纯粹理性的角度建构上帝的观念，这样的上帝也因此被禁锢在人类的思维之内，狭隘的思维造就了一个渺小的上帝。[33]

理性主义者认为基督宗教包含了某些与理性不相一致的信仰，由于理性在信仰领域具有至上的终极权威，圣经中但凡与理性不一致的地方都被视为错误，这个由人类创造出来的上帝又被他的创造者抛弃了。但是随着社会学对普遍理性的解构，理性的权威在当下的吸引力日渐减弱。那种认为基督教信仰包涵合理性的看法至今仍然被认可，而启蒙主义试图把人类理性视为一切知识的规范性基础的行为开始为人所弃。麦格拉思认为有两个原因导致了这个认识的反转，一个就是人们意识到了理性的局限性，另一个就是后现代主义意识到了理性的绝对化可能导致独裁主义的后果。人们逐渐意识到合乎理性的原则不具有普遍性，而是深深地扎根在具体的社会和历史条件下，这个新的认识对于重新省视基督教神学以及理性主义具有重要的意义。

4. 教会传统

麦格拉思把传统定义为一种传统的教义或者信仰，这是由历史的积淀而形成的一种约束力。这个定义可以做正反两方面的理解，即，这个传统可能是错误的，也有可能是正确的。宗教改革以来形成了一种新的观点，认为如果这个传统能够被证明是正确的，那就应该予以肯定，否则予以否定。[34]这个观点对福音派影响深远，他们把接受圣经启示的过程称之为传统，即，传统是一种理解圣经的独特方式。这里并不是说圣经和传统都是启示的源泉，而是说二者可以并存。在路德看来传统就是通过阅读圣经、阐释圣经从而正确理解使徒身份的历史。传统就是乐于阅读圣经，包括曾经被广为接受的阅读圣经的方式。

宗教改革者强调每一种传统的阅读圣经的方式都应该公开面对各种挑战，因为基督宗教的历史证明教会有时候也会误解圣经，比如十六世纪的宗教改革者认为中世纪的时候教会在某些重要的节点误解了圣经，所以宗教改革者倡议在这些关键的节点改革教会的实践和某些具体的教义。这种改革的观

---

33 Alister E. McGrath, *A Passion for Truth: The Intellectual Coherence of Evangelicalism*, Downers Grove, Illinois: InterVarsity Press, 1996, pp.92-93.

34 Alister E. McGrath, *The Intellectual Origins of the European Reformation*, Oxford: Blackwell, 2004, pp.148-166.

点源自于教会内部，且深深根植于圣经之中，具有充分的圣经依据，所以他们的观点不是要颠覆传统，也不是要创造一个新的传统，而是要改革既有的传统，尤其是偏离圣经之外的传统。这样的改革是要让圣经继续成为唯一的审判标准、准则和规范，其它所有的教义都应以圣经为依据。所以，圣经的权威是建立在教会内部普遍认可和接受圣经权威的基础上。对圣经权威的认同不是源自于某些人的认可，而是建立在上千年教会见证的基础之上，即，教会完全信任圣经。

麦格拉思认为福音派不仅尊重上帝的自我启示、通过耶稣基督向信徒显现，而且还尊重一个活生生的传统，即，这个传统忠实于由基督建立、并在圣经中被见证的信仰和生活方式。在这里麦格拉思并不是要一味地否认传统，而是继承了宗教改革对传统的认知，认为但凡是偏离圣经权威的错误传统，都应该予以抛弃；但凡是忠实于圣经的传统，都应该继续坚持。几千年流传下来的传统在很多人看来几乎等同于权威本身，而传统在教会内部的权威性地位已经证明了传统对于基督教神学的重要意义。但是麦格拉思指出传统固然重要、意义重大，但是传统本身绝对不可能被视为超越圣经的权威，传统只有符合圣经才可能被尊重、被保留下来。传统与圣经权威的关系是一个共生的关系，圣经权威的形成源自于教会对圣经的完全信任，源自于几千年以来教会对圣经的恪守和解释；而对圣经权威的恪守和坚持，在几千年教会的发展史中被逐渐固定下来，成为人们一贯的认知，这自然而然就成为了传统。所以，传统本身并不会对圣经权威产生威胁，而是那些偏离了圣经的传统才会去挑战圣经的权威。

（三）圣经批判对圣经权威的挑战

福音派把圣经视为最重要的神学源泉，这个观点受到了极大的挑战，尤其是圣经批判。但是麦格拉思却认为圣经批判对于非福音派而言带来的挑战更为艰巨，尤其是挑战了圣经权威，并质疑了圣经权威的合理性。麦格拉思作为一个福音派神学家，从福音派的立场看待圣经批判，认为福音派完全可以合理利用圣经批判，而福音派对圣经批判的观点和态度也可以大致分为两类。下文将详细叙述麦格拉思是如何看待圣经批判对圣经权威带来挑战的，以及福音派如何应对圣经权威的挑战。

圣经批判强调圣经是人写的、而非上帝所著；此外，圣经与其它人类书籍无异，仅仅是一本普通的书而已。圣经批判关注的是圣经文本的作者及其出处, 并试图回答这些问题。麦格拉思认为福音派也很关注圣经的作者及其出处等问题, 但是对这些问题的回答福音派却无法苟同。因为圣经批判最终得出的结论通常与传统的基督教神学不一致, 比如, 圣经是上帝之道、是上帝的启示、是完全值得信任的。但是圣经批判坚持认为圣经从历史的角度就是不准确的, 内部充满了矛盾, 在神学上也是错误百出; 圣经中诸多段落不是相互矛盾, 就是与现代历史学的知识相矛盾。[35]

面对圣经批判的挑战, 有些福音派被迫放弃了基督宗教的传统和福音派对圣经的看法, 认为圣经是有误的（fallible）; 另一些福音派则认为圣经批判对圣经的看法是不负责任的、不相关, 是一种教条主义的、简单的基要主义做法。麦格拉思认为前者意味着圣经批判对基督宗教传统的胜利, 以牺牲神启为代价提升理性在神学中的地位和重要性; 后者则代表了一种极端消极的立场, 告别理性, 远离现代思想, 不再严肃认真地思考这些问题。麦格拉思认为这两种道路都有失偏颇, 福音派选择了二者的中间道路, 在理论上欢迎圣经批判的方法, 但是在实践中却否认圣经批判给圣经的神圣权威带来了伤害。福音派之所以不排斥圣经批判的方法是因为圣经批判的方法采用了道成肉身的理论, 即, 上帝通过具体的历史语境和具体的历史的人来自我启示。要理解上帝在历史中自我启示就是要理解这些具体的历史语境及其中的人, 这样对于理解圣经中关于人的一面就容易多了。福音派欢迎这种研究路径, 也很致力于这种研究, 比如巴刻的《基要主义与上帝之道》就研究了如何从福音派的立场来评判圣经批判的研究路径。通过历史研究的路径来研究圣经, 这种方法并不是可有可无的, 因为圣经本身就具备了历史性, 而其这种研究路径也是可以实现的, 历史研究确实可以为圣经研究提供真实可靠的论证资料。所以福音派对圣经批判所持的研究方法及其结论还是持欢迎的态度的。

但是如果圣经研究得出的结论与圣经权威相矛盾的话, 福音派主要采取的是否定性的立场, 而持相对保守的肯定立场。福音派否定的是圣经批判研究方法的局限性, 肯定的是圣经批判可以促使福音派反思自己对圣经权威的理解。一些福音派认为圣经批判受到了他们自己的文化、哲学和神学的影响, 对神迹有着根深蒂固的偏见, 这都是理性主义所带来的后果。福音派拒绝这种研究路径, 因为这些批判要么从非基督宗教的立场开展批判、要么就是方法论有

---

35 David L. Edwards, John Stott, *Essentials: A Liberal-Evangelical Dialogue*, London: Hodder & Stoughton, 1988, p.73.

问题，即，用世俗的世界观去研究圣经。福音派回击圣经批判的第二点指出圣经批判所得出的结论都具有不确定性，但是圣经批判却没有意识到自己的学术性研究也是暂时的、非永恒的。所以圣经研究很容易落入固有的、狭隘的意识形态中去，这种态度和立场导致他们极其不情愿去思考超出他们自己经验范围之外的世界，或者思考与他们观点不一致的看法是否可能是正确的。麦格拉思指出把转瞬即逝的东西视为实体，用这种短暂性的思维方式理解圣经，圣经批判无法越过自身的局限性，用短暂性的视角省视永恒的真理在麦格拉思看来是无法做到的，就此而得出的结论也是不可信的。所以福音派反对用现代性的视角研究圣经，而是要坚持自己的研究路径，达到合理阅读圣经的目的，同时还能满足理智的需求，进而确立圣经的权威性地位。

至于福音派对圣经批判研究所得出的结论的积极回应，福音派坚持认为有必要区分释经学与圣经权威，即，那些可以通过释经学补充圣经知识，同时还不会对圣经权威造成威胁，同时还要约定释经学所使用的研究范围等等。比如，《彼得二书》的权威性是否完全依赖于该书的作者彼得？福音派越来越关注此类的问题。承认圣经权威没必要就非得认可某个学者采用了何种方法阐释圣经，所以对于福音派而言就没必要非得在圣经学术和圣经权威中间二选一了，因为二者的研究具有交叉领域，且相辅相成，既丰富了圣经研究的内容，又巩固了圣经的权威。

第三章　基督中心论

　　福音派坚持基督中心论与其坚持圣经的权威是密不可分的，因为只能从圣经中寻找到真实的耶稣基督及其救赎。新约的记载体现了信徒对耶稣基督的信仰和追随，是了解上帝知识的唯一源泉。麦格拉思认为耶稣基督在基督教神学中占据着中心的位置，主要体现在基督论和救赎论上，他的神学著作也主要是从这两个方面展开论述。[1]麦格拉思坚持道成肉身的耶稣基督、为拯救人类的罪而被钉死在十字架之后又复活的救世主是福音派最为核心的教义，认为只有坚持耶稣基督的神人二性和十字架的救赎才能真正认识上帝。

　　基督教的独特性就在于历史的耶稣基督（historical Jesus），这也是基督教神学体系得以立足的根本原因。但是基督教坚持耶稣教的中心地位还要面对一个关键问题，那就是如何辩护基督中心论的合法性。麦格拉思认为福音派不仅要着重强调基督的独特性，而且还要强调基督的权威性，前者是为后者辩护的基石。[2]声称基督的独特性（uniqueness）可能带来个殊主义（particularity）的危险，但是福音派从未感觉到这样做会有什么不妥，而且还认为耶稣基督的独特性和权威性是超越时空的，具有普遍性。与这一观点相反的做法是，尤其是赞同启蒙运动的那些人，他们倾向于把某种倡议、或者宗教建立在某一个前提或者基础（foundation）之上，比如，理性、经验或者文化，这一类做法被称之为基础主义（foundationalism）。在麦格拉思看来，把任何信仰体系建立在理性、经验和文化之上同样会导致排他主义，并且还会导致人类中心论。后自由

1　Alister E. McGrath, *Christian Theology: An Introduction* (Fourth Edition), Oxford: Blackwell Publishing, 2007, pp.201-390.
2　Alister E. McGrath, *A Passion for Truth: The Intellectual Coherence of Evangelicalism*, Downers Grove, Illinois: InterVarsity Press, 1996, p.25.

主义（postliberalism）、后自由主义神学（postliberal theology）和叙事神学（narrative theology）对基础主义的抗争在福音派这里得到了重申。福音派对基础主义持反对的态度，认为对耶稣基督的理解和阐释不能建立在人类的普遍理性之上、也不能建立在人类的经验和文化之上，而是应当重申耶稣基督是无需前提的、无需基础的。福音派之前所持的这种保守立场多为理性主义所批评，但是随着现代主义的衰退，后现代主义的兴起，福音派所持的保守的基督论再度被重视起来。福音派认为启示（revelation）的特殊性就在于能够放之四海而皆准，具有一种普世性。福音派反对把启示建立在人类的理性和经验之上，坚持认为启示的合法性就在于上帝本身，认为没有任何东西比上帝本身更具有基础性。换言之，上帝是一切的基础，没有任何东西是上帝存在的基础和前提。麦格拉思认为，这一论断可以避免基础主义论说（foundationalism）在认识论上的悖论，同时又保证了上帝的普世性特征。

第一节　耶稣基督的权威性

福音派认为耶稣基督对基督宗教是极其重要的，麦格拉思用了 constitutive（本质的）和 definitive（最具权威的）两个词来描绘这一重要性。[3]他认为耶稣基督立足于自己的位格和事工，而非独立于上帝之外的人类理性和经验，因而耶稣基督的权威性是内在的、本质的。他认为如果上帝要依赖于外在的基础，那么上帝的权威性就要依赖一个外部的前提和基础，这样的上帝就不是自在的，而是有条件的存在物了，这与基督宗教的基本信仰是相违背的。从新约中可以看到，耶稣基督的终极权威性就是上帝本身，这一点也已经通过道成肉身和十字架的救赎所证明了的。

麦格拉思认为基督教神学常常面临着一种诱惑，试图把耶稣的权威性建立在外部的原则或者外部的考量之上，认为康德的《道德形而上学原理》（1785年）就是这一做法的典型代表。在这本书中，康德把人的道德理性视为评判基督的标准。如果正如康德所说的那样，那么基督的权威就来自于上帝之外的人类道德和理性，因而基督权威就失去了绝对性，成为第二性的且是依赖性的了。在莱辛（Gotthold Ephraim Lessing，1729-1781）的著作中也不难发现类似

3　这句话的原文是 "Jesus Christ is of constitutive and definitive importance for Christianity." 详见 Alister E. McGrath, *A Passion for Truth: The Intellectual Coherence of Evangelicalism*, Downers Grove, Illinois: InterVarsity Press, 1996, p.27.

的观点，他极力强调理性的权威是处在首要地位的（primary），进而认为基督的权威是处于第二位的，而非绝对的权威。莱辛认为基督的权威在于耶稣的布道和教导，这些布道和教导还应被置于道德原则的评判之下，因而基督的权威性就依赖于外在的人类道德理想，而不是上帝本身了。

从启蒙理性的立场和观点出发，福音派的基督论似乎是反理性、反文化的。福音派基督论与那些坚持调和基督教信仰与世俗文化之间关系的做法之间存在着根本的分歧。前者坚持认为应当保持基督教信仰的本质特征，不能迎合世俗文化，他们坚持这一立场的依据在于世俗文化的易变特性会动摇基督教信仰根基，如果基督教信仰的超越性迎合了易变的文化，那么基督教信仰的纯洁性也将受到影响。尽管如此，持自由派和现代派立场的基督徒仍然尝试着去调和这一对矛盾，认为应当调整基督论以适应现代西方文化。麦格拉思认为这样做的危害就在于耶稣基督从此就失去了在基督教信仰体系中的权威性，从而主动迎合现代性附加给耶稣基督的外部特征。这样，人类的理性就成为了首要的权威，耶稣基督的权威退居第二位，且其权威来自于人类的道德理性。这样做的后果就是，人可以制定评判上帝的标准，人凌驾于基督之上，可以评判耶稣基督的教导了。源自于英法启蒙运动的理性主义思潮对基督论产生了极大的冲击，在历史与信仰的思辨观照中，历史可以审判信仰了。

麦格拉思在列举了与福音派基督论相抵牾的代表性观点后指出，福音派坚持认为耶稣基督的权威内在于上帝之中，认为应当恪守新约对耶稣基督的叙述。同时，麦格拉思还指出，福音派基督论还面临着现代性的冲击。下文将叙述麦格拉思是如何反驳现代性对基督教信仰的冲击，从而捍卫耶稣基督的权威的。

第二节　现代主义对耶稣基督权威性的冲击

现代主义（modernism）始于 19 世纪末到 20 世纪初，通常被视为一场伴随文化思潮的哲学运动，随着西方工业社会的发展逐渐在世界范围内兴起。现代主义与宗教之间的关联主要体现在现代主义者多反对宗教信仰。本文不准备详细叙述现代主义的兴起、发展及其主要特征，仅以福音派的视角省视现代主义对基督教的影响，并总结麦格拉思是如何认识现代主义这一思潮的。至于麦格拉思如何评判现代主义对福音派的影响，这部分内容将在本文第八章第二节中详细叙述。

麦格拉思认为现代主义一个最基本的特征就是"控制欲"（desire to control），类似于尼采的权力意志（will-to-power），认为人仅凭意志就可以达到自我界定（self-definition），无需附加给人本身以外之物就可以达到控制的目的，万事万物均在掌控之中。要达到这一目的，还需拒绝传统，这样就可以从以往思想和社会的束缚中解脱出来。现代主义者认为理性就是冲破以往压迫的最佳突破点。现代主义者认为与压迫、束缚相对的就是权威和传统，认为理性可以帮助人类否定权威和传统，进而摆脱压迫和束缚。麦格拉思认为现代主义者的这一主张和做法与古希腊神话人物普罗米修斯的形象十分相像。普罗米修斯被视为解放的象征，突破、摆脱宙斯的束缚，给人类带来了火和希望；而现代主义者自视为解放者，要摆脱宗教、社会的压迫，带领人类获得自由和自主性。

麦格拉思还引用费尔巴哈和马克思的相关著作，认为他们从另一个侧面代表了现代主义者的观点，即，把人类神化了（the deification of humanity）。在麦格拉思看来，费尔巴哈所说的上帝这一概念源自于人类对经验的错误分析，个人的经验被错误的解释为有关上帝的经验，所以人类本身就被视为上帝，而不是一个外在的客观实体。马克思发展了费尔巴哈关于什么是上帝的认知，认为上帝源自社会经济的异化（socio-economic alienation）。马克思认为费尔巴哈没有认识到宗教情感也是社会的产物，而那些抽象的个体也是具体的社会的产物。麦格拉思在总结费尔巴哈和马克思的学说时说，现代主义者通过改造世界来消除上帝这一社会的产物，社会和经济的变化不仅可以让人类掌控宗教，凌驾于宗教之上，而且还可以消除宗教产生的根源。所以，在现代主义者看来，人类完全可以掌控宗教，通过革命完全可以实现普罗米修斯的梦想。[4]

麦格拉思批判现代主义者把人类神化，进而赋予了人类权柄操控了宗教，甚至根除了宗教产生的根源。接下来，麦格拉思认为现代主义给宗教带来的第二个冲击，那就是把技术也神化了。工业社会的一个显著现象就是新技术的广泛使用，而人类在掌握这些新技术之后，把技术用于改造这个世界，人类从此似乎就成了自然界的主人，可以随心所欲的把人类的意志强加于自

4　Alister E. McGrath, *A Passion for Truth: The Intellectual Coherence of Evangelicalism*, Downers Grove, Illinois: InterVarsity Press, 1996, pp.30-32.

然界。人掌握了技术，成了自然的主人，那么自然与文化之间被技术划开了一道长长的沟壑，技术赋予了人类一种权威，即，可以按照人类的意志改造世界。这样做的后果是技术也被神化了，这样就在人类社会中营造出一种技术万能的倾向，人们会从技术中寻求一种权威、一种满足感，进而利用技术重新制定世界的秩序。[5]

麦格拉思认为技术是西方文化中"掌控"思维的重要内容，在哲学思潮中尼采的思想对掌控思维起到了推波助澜的作用，在尼采的哲学中只有阐释而无事实，阐释者可以随心所欲进行阐释。麦格拉思认为尼采的哲学思想深刻地影响了基督论，因为按照尼采的阐释路径，耶稣基督可以被任何一个阐释者解释为他所期待的样子，让耶稣基督符合阐释者所属的文化、亦或意识形态。如果用尼采的路径阐释基督论，麦格拉思认为，将会让基督论处于胡乱不堪的状态，基督论将会被不同的利益群体和个人所掌控。所以，福音派极力反对现代主义的"掌控论"，坚决捍卫正统基督论，反对将耶稣基督置于世俗的社会规范之下。

麦格拉思并不是一个基要主义者，所以当他在反对基督论应迎合世俗文化这一做法的同时，他立刻澄清了自己是如何看待福音与文化之间的关系的。这样做也是为了澄清福音派反文化这一误解。麦格拉思认为必须要区分"福音和文化趋势之间的关联"与"基于文化趋势的福音"这二者的异同。麦格拉思认为前者恰当地说清了福音和文化之间的关系，是护教学所应采取的方式和立场。应该在具体的圣经语境中阐释福音，而不是让福音迎合世俗文化。所以前者的观点体现了福音第一性，世俗文化第二性。而后者则是自由派的观点，把世俗文化视为福音的根基，这就意味着福音被束缚在世俗文化之中。麦格拉思认为如果福音迎合世俗文化，而不是在具体圣经语境中阐释福音，那么将会带来极大的社会危害，纳粹主义就是一个极端的案例。

总之，麦格拉思认为耶稣基督的权威性源于上帝在圣经中的自我启示。人类按照自己的利益和立场阐释基督只会让上帝束缚在人类的世俗文化之中。福音派坚持耶稣基督的权威性并不意味着人类被上帝所奴役，相反，而是让人类免于被这个权利饥渴的世界所奴役。在说明了现代主义对耶稣基督的权威性所带来的冲击之后，麦格拉思接下来将从五个方面阐释耶稣基督的重要性。

---

5 Neil Postman, Technopoly: The Surrender of Culture to Technology, New York: Vintage, 1993, p.71.

第三节　麦格拉思论耶稣基督的重要性

福音派认为对于基督的信仰必须是建立在耶稣基督道成肉身和十字架的救赎基础之上。因此，福音派对于耶稣基督重要性的理解也必须是基于耶稣基督内在的本质而言的，即，耶稣基督的重要性体现在耶稣基督本身，而不是外在于耶稣基督的特质或属性。所以，麦格拉思认为要探究耶稣基督的重要性，必须从启示的（revelational）、救世神学的（soteriological）、效仿的（mimetic）、赞美的（doxological）和宣道的（kerygmatic）这五个方面展开探究。[6]

一、耶稣基督的启示意义

圣经是了解耶稣基督知识的重要来源，新约中对基督的描述具有浓厚的启示性色彩。福音派认为上帝在圣经中自我显现，信徒是通过基督的事工（work）而获得基督的知识。这个获取基督知识的过程是上帝自我揭示（unveiling）和自我显现（showing）而达到的。耶稣基督"是神荣耀所发的光辉，是神本体的真像。"（来 1：3），信徒通过神的自我启示获取有关上帝的知识。路德认为除了通过基督本身，人们无法通过其他途径获得上帝的知识。对于基督徒而言，基督就是上帝的自我启示。福音派认为是上帝自己选择向人们显示，而不是信徒使之为信徒所知。麦格拉思就这一点而言，他认为福音派神学是回应性的，意思是说福音派有关上帝的知识都是由上帝启示而来，是信徒对上帝的回复性认知，而不是神学家的主观建构。对于福音派而言，有关上帝的概念都是人类对上帝自我启示的回应，而这一回应完全在启示的管控之中。

费尔巴哈认为，人们有关上帝的知识都是人类的发明，是人类希望与恐惧的主观投射。之后的施莱尔马赫（F. D. E. Schleiermacher）、比德曼（A. E. Biedermann）和保罗·蒂利希（Paul Tillich）也都持相同的观点，他们的共同点在于把经验（experience）作为神学批判的起点。施莱尔马赫把人类的经验作为基督教神学的起点，认为神学就是一种绝对的依赖感。费尔巴哈在《基督教的本质》中写道，写这本书的目的就是要说明宗教超自然的神秘感是建立在简单的自然真理之上的。人类创造了上帝，上帝源自人类错误的想象。上帝本质上就是人类的情感。从费尔巴哈的这些评判中可以发现，费尔巴哈认为上帝

6　出于文章结构的需求，麦格拉思论述耶稣基督的第五个重要意义将放在本文第六章进行论述。

的存在基于人类的经验，但是这种经验也许仅仅是关于人类的经验而非关于上帝的经验。费尔巴哈对基督教的批判以上帝为切入点，从人类的经验的角度探究上帝的起源，也为马克思批判宗教奠定了基础，马克思认为宗教情感就是这个社会异化的产物，二者均以人类经验作为批判宗教的起始点。

在回顾德国最具代表性的批判之后，麦格拉思从词源学的角度研究了经验（experience）一词，其目的是为后面论述启示的重要性做一个铺垫。他发现英文 experience 源自于拉丁语 experientia，意为"源自生活中的旅行"，可以广义地解释为源自于生活中一手的知识积累，比如说，一名经验丰富的教师或者医生。之后经验一词内涵发生了变化，意为个体的内在生活，个体的主观感受和情感，通常指内在的主观经验。[7]麦格拉思认为基督教神学有四大源泉，分别是圣经、传统、理性和经验，[8]他极为强调经验在获取圣经信息时的重要作用。麦格拉思进而分别阐述了"经验与神学"的两种关系模式。第一种认为经验是基督教神学一个最基本的来源；第二种关系模式认为基督教神学为解释人类经验提供了一个阐释框架（interpretive framework）。不管是哪一种关系模式，麦格拉思认为如若以经验作为神学的起点，并把神学建立在经验的基础之上，那么上帝将会是这个社会经济下的产物，只要社会经济条件改变了，上帝这一概念也就彻底被改变了。麦格拉思认为，但凡神学建立在对人类社会回应的基础之上，那么这种神学必将被那个社会的文化所决定，所以福音派必须坚持神学是对上帝启示的回应，避免神学被置于流变、短暂、易逝的基础之上。

传统的基督教神学认为有关上帝的知识可以从两个方面获得，其一是自然神学、其二是启示神学。前者从自然界中寻求上帝存在的证明，包括人类的理性和意识（conscience）；后者认为人类是有限的，无法通过有限的人类本性获得上帝的知识，因而需要被告知上帝是什么样的。基督教神学认为，上帝选择了被人所知，通过在自然和人类历史中的自我显现，从而让人们认识上帝，这就是启示。正如麦金托什（Hugh Ross Mackintosh, 1870-1936）所说的那样，如果上帝不想让人类认识上帝，人类就无从知道上帝。关于启示的本质和必要性一直都是基督教神学一个重要的研究领域，其中一个很重的方面就是如何

7　Alister E. McGrath, *Christian Theology: An Introduction* (Fourth Edition), Oxford: Blackwell Publishing, 2007, pp.145-146.

8　麦格拉思所宣称的神学知识四大来源也是受了"卫斯理的四边形"（the Wesleyan Quadrilateral）理论的影响。卫斯理认为圣经、传统、理性和经验是基督教神学的四大源泉。

将关于上帝的知识与启示相关联。为此，麦格拉思对基督教"启示观"（the idea of Revelation）进行了分析。麦格拉思认为在长期的历史中，人类试图探知上帝知识的尝试并不成功，尽管自然神学在探究上帝知识方面有所作为，但是自然神学在广度和深度两方面都受到限制。所以他非常赞同人们应当被告知上帝到底是什么样的。关于上帝的知识并不仅仅是关于上帝的信息，更是上帝在基督中自我显示，赋予人生命、带来拯救。

启示这个概念较为复杂，从希腊语翻译而来的这个词原义为移除遮蔽，展现真貌。在基督教神学的发展历程中，为了更好地理解启示这一概念，神学家发展出了多种阐释模式，麦格拉思把这些模式分为四类。[9]第一种类型是"作为教义的启示"（Revelation as Doctrine）。保守的福音派把这一启示认知模式视为自己的区别性特征，同时强调圣经在传达启示时的媒介作用，而圣经则被视为一系列教义的集合（a collection of doctrinal statements）。这些命题混合在一起就构成了基督教神学的框架。卡尔·亨利（Carl F. H. Henry）在《上帝、启示和权威》一书中写道，启示就是关于上帝的参考性质的信息。麦格拉思说，卡尔·亨利深受启蒙理性主义的影响，这也是亨利强调命题式启示的原因。命题式启示，按照麦格拉思的解释，意为上帝用超自然的形式把自己的启示信息传达给聆听他的人。[10]福音派其他的神学家，比如巴刻（James I. Packer，又译帕克），认为启示就是上帝行为和道的混合物。上帝要让人们知道他就是救世主和造物主，而这一切则是通过上帝的道成肉身、被钉十字架、死而复活和圣子的统治得以达成的。

启示的第二种类型是"作为临在的启示"（Revelation as Presence）。这一类启示与辩证神学关联密切，主要代表人物有马丁·布伯（Martin Buber，1878-1965）和艾米尔·布伦纳（Emil Brunner）。布伦纳认为启示是上帝的私人交流（personal communication），意即传达上帝在信众心中个人性的临在。上帝和上帝之爱只能通过上帝的自我给予（self-giving）才能被传达传来。布伦纳认为上帝在启示中不仅仅传达了信息，而且还传达了上帝自身的临在，这种亲自的临在是上帝与信众之间互动关系，是具有目的论性质的相互关系。

启示的第三种类型是"作为经验的启示"（Revelation as Experience）。这

---

9 Alister E. McGrath, *Christian Theology: An Introduction* (Fourth Edition), Oxford: Blackwell Publishing, 2007, pp.155-159.

10 [英]阿利斯特·麦格拉思：《基督教神学导论》（第五版），赵城艺、石衡潭译，北京联合出版公司 2017 年版，第 163 页。

一类型的启示极为强调个体的经验，认为通过个体的经验才能让上帝自我显示并为人所知。施莱尔马赫和利奇尔（A. B. Ritschl）是这一类型的支持者。施莱尔马赫具有虔敬派（Pietism）的成长背景，同时深受浪漫主义的影响，这使得他尤为强调个人的宗教经验和情感对于信仰的重要意义，他把这种宗教情感定义为一种对于某种无限存在的绝对依赖感。比德曼（A. E. Biedermann）把施莱尔马赫的这种探究定义为对人类内心深处情感的批判式探究。

启示的第四种类型是"作为历史的启示"（Revelation as History）。这一类型的代表人物是潘能伯格（Wolfhart Pannenberg），他提出了"启示为历史"的论断。潘能伯格认为基督教神学建立在对寰宇皆知的历史的分析之上，历史本身就是启示。启示本质上是由上帝的行为所构成的历史事件。麦格拉思认为，潘能伯格对启示的看法带来了正负两方面的批判。从麦格拉思的立场看来，他非常欣赏和赞同潘能伯格关于启示为历史的论断，因为在他看来潘能伯格的这一立场突破了费尔巴哈和马克思主义对宗教的批判，让宗教回归理智的范畴。

二、耶稣基督的救赎意义

依据新约的记载，耶稣基督死而复活成全了人类的救赎。保罗书信中用两种范式讲述了耶稣基督的救赎，其一就是"基督被放弃了"，这一点可以被视为上帝"放弃"了基督，为的是拯救人类。这一范式主要记载在《罗马书》（罗4: 5；8: 32）和《加拉太书》（加1: 4；2: 20）之中。其二是"基督为人而死"，这是基督教早期最为重要的信仰宣言。这一范式主要记载在下列书信中：《罗马书》（罗5: 6-8；14: 9）、《哥林多前书》（林前8: 11；15: 3）、《哥林多后书》（林后5: 14-15）、《加拉太书》（加2: 21）和《提摩太前书》（5: 10）。[11] 麦格拉思比较了伊斯兰教和基督教对救赎的不同理解，认为在伊斯兰教中如果把穆罕默德视为救世主，那将会对先知的身份和作用带来极大的破坏性的认知，因为只有真主安拉才是伊斯兰教传统中所认同的救世主，而不是先知穆罕默德。与此相反的是，在新约中关于救赎的意象（soteriological images）都是通过探究耶稣的死和复活而展开的。耶稣基督的神人二性这一特质使得上帝的救赎成为可能，因为耶稣基督是自我启示的上帝，就是上帝本身。

---

11 Martin Hengel, *The Atonement: The Origins of the Doctrine in the New Testament*, London: SCM, 1981, p.37.

福音派认为耶稣基督的生、死和复活是福音的基础，十字架则是耶稣基督救赎最为核心的神学主题。十字架在福音派神学和灵修中一直是一个极其重要的领域。在保罗书信和马可福音中都有详细的记载。在这些文献中，十字架被视为救赎的唯一途径、基督教神学的最初起始点、是基督教神学的中心。下面将详细叙述麦格拉思是如何认识救赎和十字架的。

（一）麦格拉思论基督和救赎

由于原罪及世间各种罪的存在，现在的这个世界与上帝所创造的世界之间存在着很大的不同，同时人与上帝之间的关系也有待恢复。拯救就是要恢复那个秩序井然的世界，恢复与上帝的应然关系。基督教神学中的救赎论以耶稣基督为中心，把耶稣基督视为救世主，是救赎的基础。

麦格拉思认为"救赎"这个概念十分的复杂。救赎既可以用在世俗的语境中，还可以用在其他宗教中，救赎并非基督教专属概念。出于对世界各种宗教的尊重，麦格拉思认为应当尊重不同宗教对救赎的不同理解，不应该把救赎打造成同一个模式，而应使之成为不同宗教之间的区别性特征。麦格拉思对世界不同宗教采取的是包容的态度，对他们一视同仁，这在多元世界格局中，发挥不同宗教优势、构建和谐世界新格局是有积极作用的。

麦格拉思强调，基督教救赎概念的独特性主要体现在两个方面，其一，耶稣基督的生命、死亡和复活是救赎的基础；其二，基督塑造了基督教独特的救赎形式。麦格拉思从三个方面展开论述，解释这两个独特特征。

第一、救赎是与耶稣基督紧密相关的。二者的相关性是通过耶稣基督的被钉十字架与死而复活结合在一起的，在新约中有大量的隐喻描述人类被救赎的情形，而这些隐喻的核心就是耶稣基督。同样，二者的关联也是两千多年以来基督教神学的一个显著特征。麦格拉思通过历史神学的角度归纳了不同时期基督教神学家对二者关系的研究，包括马丁·凯勒（Martin Kähler）、爱任纽（Irenaeus）、约翰·麦奎利（John Macquarrie），莫瑞斯·怀尔斯（Maurice F. Wiles）和柯林·嘉顿（Collin Gunton）。马丁·凯尔提出，基督是否让一个不可改变的情形变得众所周知，还是创建了一种新的情况？这个问题其实是要探讨基督的十字架是否表明了上帝救赎的意愿，让原本模糊的概念变得清晰起来，还是让耶稣基督的救赎立刻成为可能？这两个问题的共同答案是耶稣基督通过被钉十字架和复活拯救了人类，或换言之，救赎的基础是耶稣基督的生命、死亡和复活。爱任纽认为耶稣基督的救赎就是"再来一遍"（Recapitulation: going over again），从亚当堕落的地方取得成功，基督为了救赎人类重新经历亚当所经历的历史。[12]约翰·麦奎利认为十字架说明了上帝拯救的旨意，让模糊的概念变得清晰起来，基督并没有开创一种新的局面，而是揭示了事物原先的本质，十字架是永恒真理的历史象征。莫瑞斯·怀尔斯对"基督—事件"（Christ-Event）也持相同观点，认为基督的救赎表明了上帝的拯救旨意。

科林·嘉顿认为以上观点具有一定的危险性，容易落入榜样式救赎和主观主义救赎论。嘉顿认为基督向人们启示了一些重要的东西，替人类完成了一些人类不可能完成的任务，即基督替代性的死救赎了人类。麦格拉思认为，嘉顿的观点体现了启蒙运动之前基督教对救赎基础的讨论，认为在基督内确实发生了一些新的变化，开启了一种新的生活方式。迄今为止，现代福音派依旧坚持这种看法，这对教会的赞美诗和礼拜仪式都带来了深刻的影响。

第二、耶稣基督塑造了救赎。"耶稣基督塑造了救赎"意指耶稣基督为"被救赎的生命"提供了一种模式或者范式。单纯的效法基督并不能带来被拯救的生活，而这种认识被视为帕拉纠主义。主流基督教认为通过基督而达成基督徒的生活，需注意以下两点。其一是在成为基督徒之后，把基督视为人与上帝、人与人之间理想的关系模式，信徒把基督作为一个榜样进行效仿；其二是基督徒的生命是一个与基督相符合的过程，通过对上帝的信仰，信徒的外在生活越来越符合被救赎的生命。加尔文和路德认为，圣灵给信徒带来了内在的更新和重生，把基督徒塑造为基督的样子。

第三、救赎的时间维度。救赎不仅是指过的时间维度，而且还指明了现在和将来这两个时间维度，这一点可以从新约中得到证实。比如《罗马书》第3章第24节和《哥林多前书》第15章第2节描绘了救赎的过去时间维度；《哥林多前书》第1章第18节展示了救赎的现在时间维度。所以，救赎不仅仅是一个未来的希望，也不仅仅是指过去的一个拯救事件。救赎在时间的三个维度中都存在着，并发生了作用。救赎是过去已经发生了的、现在正在发生的和将来会发生的，这些变化在被救赎的生命中得以彰显。

---

12 爱任纽对救赎的阐述，可参考这段文字："When [Christ] was incarnate and became a human being, he recapitulated in himself the long history of the human race, obtaining salvation for us, so that we might regain in Jesus Christ what we had lost in Adam, that is, being in the image and likeness of God." 这段文字间接引自 Alister E. McGrath, *Christian Theology: An Introduction* (Fourth Edition), Oxford: Blackwell Publishing, 2007, p.328.

（二）基督被钉十字架是拯救的基础

麦格拉思指出救赎论（theory of atonement）在英语语言中指的是理解上帝事工的一种方式，曾在 19 和 20 世纪被广为关注。但是随着现代主义的兴起，救赎论变成了晦涩无用的理论了。在英语词汇中，被弃用的是 atonement，而另一个英文词汇 soteriology 被广泛的使用，替换了之前常用的 atonement。这两个词的内涵是相同的，均指上帝的救赎事工。麦格拉思同时还指出了二者的不同之处，认为 soteriology 含括了更为宽泛的两个层面的内涵，其一是拯救如何成为可能，尤其是拯救是如何与历史的耶稣相关联的；其二是如何理解救赎本身。麦格拉思认为这两个问题与十字架的意义和基督的复活密切相关，所以麦格拉思对救赎意义的探讨，是从对十字架意义的探讨开始的。麦格拉思认为基督的十字架是救赎的基础，他从历史神学的角度梳理了对十字架的不同理解，并提出了十字架意义的四种类型，下文将对此展开详细叙述。

1. 十字架是牺牲

在新约中，尤其是在《希伯来书》中，耶稣基督被钉死在十字架上被描述为献祭的形象。《罗马书》第 3 章第 25 节写道："神设立耶稣作挽回祭，是凭着耶稣的血，藉着人的信，要显明神的义。因为他用忍耐的心，宽容人先时所犯的罪。"保罗在此就把耶稣基督的死视为"祭"（希腊词为 hilastērion），这一理解方式就成了基督教的传统，在之后的历代神学家的著作中多有发现。其基本的共识是，为了恢复人与上帝之间的关系，中介（mediator）必须要牺牲自己，否则无法恢复与上帝的良好关系。

阿塔纳修（Athanasius）区分了依据律法而提供的献祭品与基督作为献祭二者的不同，前者是依据律法每日必须提供的，而且需要使之变得洁净；后者一旦献祭之后救赎将会是持续的，而且是必须进行的献祭。基督作为献祭只能是一次性的行为，但是救赎却是完整性的、永恒性的。只有这样的献祭才能恢复人与上帝之间的神圣关系。阿塔纳修认为，在这次献祭中，基督既是献祭的祭品同时又是祭司，他把自己当做祭品献祭从而挽救人类的罪。阿塔纳修对基督被钉十字架的理解深刻地影响了中世纪经院神学，同时也奠定了基督教对于基督之死的理解方式，奥古斯丁就深受阿塔纳修的影响。12 世纪的神学家圣维克多的休（Hugh of St. Victor）认为牺牲的意象有助于解释耶稣基督被钉十字架内在逻辑：基督之所以能够救赎人类的罪是因为基督将人堕落有罪的本性置于上帝之前。

2. 十字架是胜利

耶稣基督被钉十字架之后复活在传统基督教神学看来是基督战胜了罪、死亡和恶魔撒旦，这一神学认知在新约中有着大量而细致的描述，尤其是在保罗书信和四同观福音书中。直到启蒙运动时期，十字架是胜利这一主旨在基督教神学中占据着重要的地位。这一主旨的核心内容就是十字架战胜了恶以及压迫。在爱任纽、奥利金（Origen）和大格列高利（Gregory the Great）的神学思想中可以找到一个共性，这就是把基督之死的意象视为一种"赎金"（ransom）。[13]

爱任纽将基督之死类比为赎金；奥利金深化了这一意象，认为赎金是交给了撒旦；大格列高利继续深化这一理解，救赎只有在下面这种情况下才能实现，即，一个无罪的位格以一个有罪的人的形象降世。在这个意象中，基督的人性是一个诱饵，基督的神性是一个钩子。[14]当撒旦咬住了这个诱饵之后，基督的神性就彻底战胜了撒旦。之后基督进入悲惨的地狱（the harrowing of hell）拯救了束缚的灵魂，人与上帝重归于好（recapitulation）。值得一提的是，启蒙运动以来，从十字架是胜利的视角来理解基督救赎的意义遭到了强烈的批评，基督是胜利者不再是主流认知，反而被视为过时的、幼稚的。麦格拉思认为教宗大格列高利的阐释让后人感觉不安，因为上帝有欺骗的嫌疑。麦格拉思的这一疑虑在安瑟伦（Anselm of Canterbury）的著作中早已有记载。安瑟伦认为这个救赎论是上帝的耻辱，这与上帝伟大的神性不相符，且把撒旦的地位抬得过于高了，几乎和上帝平等的地位了，这是无法接受的。直到马丁·路德，他才再一次重申了基督是胜利者这一主旨。麦格拉思认为，路德重提这一主旨是对后期经验神学乏味无趣的有效应对。

3. 十字架与宽恕

麦格拉思在此探讨十字架与宽恕之间的关系，延续的是安瑟伦的"补赎论"（satisfaction）路线。安瑟伦批判了胜利者基督的意象，认为上帝在救赎人类的过程中有欺骗的嫌疑。安瑟伦认为上帝的救赎应当是基于公义的上帝，

---

13 这一神学的圣经依据可以详参《马可福音》第 10 章第 45 节和《提摩太前书》第 2 章第 6 节。

14 奥尔森（Roger Olson）在描述教宗大格列高利的这一比喻时说，十字架是神的"鱼钩"，神在十字架的上面放着耶稣基督作为"诱饵"，诱骗撒旦，之后拯救被俘的人类。详参[美]奥尔森：《基督教神学思想史》，吴瑞诚、徐成德译，北京大学出版社 2003 年版，第 345 页。

是上帝为了救赎人类而做出的补偿，上帝救赎人类与其公义的神性是密不可分的。麦格拉思在系统梳理安瑟伦在《上帝为何化身成人？》一书中的主要观点之后，对安瑟伦的观点也进行了评价。[15]麦格拉思认为阿奎那在补赎论的基础上继续发展了这一观点，因为阿奎那跟随安瑟伦的补赎论路线，认为基督之死所带来的救赎源于上帝的神性。同时麦格拉思也指出了阿奎那与安瑟伦的不同之处，那就是阿奎那不仅强调基督的神性是救赎的根基，同时还强调了基督的人性同样不可否认。从此以后，后世的神学家在十字架与宽恕这一主题上，都跟随了安瑟伦的脚步。只是他们把自己的论述建立在更加稳固的基础之上，那就是法律的普遍原则。

在探讨完安瑟伦与阿奎那之后，麦格拉思总结了基督教救赎论中具有代表性的三个观点，分别是代表论（representation）、参与论（participation）和替代论（substitution）。代表论是指基督是上帝与人类契约关系的代表，基督代表了与上帝签订契约的人类。通过信仰，信徒享有了因签订契约而带来的利益，包括被彻底的拯救。参与论是指信徒参与到复活的基督之中，分享了基督的生命，同时也分享了基督被钉十字架而带来的救赎。替代论认为基督替代了人类被钉十字架，上帝让基督替代了人类，把人类的罪附加在基督之上，这样上帝的公义就转移到了人类身上。在使徒时代和教父时代还没有替代论，直到16世纪才变得日益重要起来，常见于约翰·加尔文和巴刻（J. I. Packer）的著作中。

4. 十字架是上帝的爱

亚历山大里亚的克莱门特（Clement of Alexandria）指出基督的道成肉身及被钉死在十字架非常有力地证明了上帝对人类的爱。希波的奥古斯丁（Augustine of Hippo）是诸多教父神学家中的代表，他支持克莱门特的观点，并且还进一步指出基督拯救人类的目的就是要彰显上帝对人类的爱。中世纪神学家阿伯拉尔（Peter Abelard）也是这一观点的支持者，他认为道成肉身照亮了整个世界，激起了人类对上帝之爱。阿伯拉尔进一步发展了希波的奥古斯丁的观点，认为道成肉身是上帝之爱的公开表白，为的是激起人类对上帝的爱。阿伯拉尔引用了《约翰福音》第15章第13节"人为朋友舍命，人的爱心没有比这个更大的。"来佐证他对上帝之爱的认识。

只是批判阿伯拉尔的人认为，阿伯拉尔把十字架的意义降格到了一种说

---

15 Alister E. McGrath, *Christian Theology: An Introduction* (Fourth Edition), Oxford: Blackwell Publishing, 2007, p.338.

明性的水平，即，十字架仅仅表明了上帝之爱。麦格拉思认为这种批判是片面的，因为十字架是上帝之爱仅仅是阿伯拉尔救赎论中的一个方面而已，他的救赎论包括了传统救赎论的其他重要内容，比如上帝把自己献祭了从而拯救了人类的罪。但是麦格拉思评判道，阿伯拉尔并没有从逻辑上证明十字架就是上帝之爱，也没有阐明这一认知的神学基础是什么。

麦格拉思指出上帝是爱这一主旨在基督教灵修学中得到了发展，并列举了中世纪西班牙女性灵修学作家朱安娜（Juana de la Cruz，1481-1534）的观点继续阐明上帝是爱这一主旨。朱安娜把上帝是爱用一种母性的意象表达出来，认为上帝被钉十字架是为了赋予上帝的子民以生命，这就是上帝之爱的最佳表达。朱安娜通过类比的方式发现了母鸡保护小鸡的意象与上帝被钉十字架之间的共同点，这种母性之爱的意象形象地说明了上帝救赎人类之爱。

三、耶稣基督的示范意义

麦格拉思认为耶稣基督不仅是救赎的基础，耶稣基督同时还为被救赎的生活树立了榜样，成为被效仿的楷模。但是如果就此认为仅凭外部的模仿就可以得救的话，那么这种观点是不符合传统的救赎论的，而且还有可能导致帕拉纠主义的危险。麦格拉思认为耶稣基督具有被模仿的功能，他借用了柏拉图《理想国》中的一个词 mimetic 来指代"模仿"这个意思。但是同时指出，耶稣基督的模仿功能和柏拉图所指的模仿是完全不同的。柏拉图的"三张床"的比喻指出，[16]任何模仿都无法达到真理，无法实现对理念（Form）的真实再现、重现或完整复制，而基督的示范作用较之柏拉图的模仿复杂的多。

正统基督教神学认为通过上帝的恩典人类得到救赎，但是人类在上帝的救赎中可以发挥什么样的作用，[17]这个问题在基督教神学史上争论不休，比如，亚历山大学派和安提阿学派的争论、奥古斯丁的"神恩独作说"和帕拉纠主义（Pelagianism，又译贝拉基主义）之争、因行称义和因信称义之争。这些争论对麦格拉思的"基督示范意义"[18]产生了较为深刻的影响，下面将叙述一下

---

16 Plato, *Republic*, Book X.

17 [美]奥尔森：《基督教神学思想史》，吴瑞诚、徐成德译，北京大学出版社 2003 年版，第 210-217，294-306 页。

18 麦格拉思使用了 mimetic 一词指代耶稣基督的模仿和示范的作用，由于英文 mimetic 翻译成中文之后带有被动的含义，可直译为"被模仿"，但是这又不符合中文的表述习惯，中文中较少使用被动语态，所以在此笔者把 mimetic 翻译为"示范"，以求符合中文表述的习惯，且较为贴切地表达了耶稣基督的模范作用。

麦格拉思是如何理解人性、罪与恩典的。

（一）麦格拉思批判道德救赎论

楷模救赎论（exemplarist soteriology）认为，耶稣基督的死救赎了人类，基督的死可以被视为一种道德的楷模，为人们提供了典型的基督徒的生活方式，并教导人们如何效仿基督，并且人类具备效仿基督这个人类最崇高楷模的能力。麦格拉思认为道德救赎论与帕拉纠主义的人性论相关联，因为帕拉纠主义主张人具有自由意志，在救赎中人扮演了积极的作用，如果凭着人的主动性和积极性就可以得救的话，那么上帝之死就失去了意义。所以说，如果不能正确区分楷模救赎论与"基督的示范意义"之间的区别，那么麦格拉思所主张的救赎论很可能会落入帕拉纠主义，或者半帕拉纠主义的危险之中。

麦格拉思认为"道德典范理论"（moral example theory）建立在非基督教传统的人性论之上，而且这一理论对基督位格的理解也是存在缺陷的。这种观点的一个重要特征就是把自己的理论根基建立在普世的道德价值（universal moral values）之上。这个观点在现如今看来存在着诸多问题。麦格拉思用苏格拉底之死与苏格拉底所代表的美德来论证二者之间的关系。这是一种类比的方法，希望通过比较来证明基督之死与其所代表的道德典范之间的关系。苏格拉底之死证明了勇敢、正直等美德，因而苏格拉底也被视为道德的楷模。需要说明的是，被苏格拉底所证明的美德先于苏格拉底本人的存在，而不是苏格拉底之死创建了这些美德。也就是说苏格拉底和这些美德之间不存在必然的联系，苏格拉底之死不是这些美德产生的直接原因。而这些美德同样不专属于苏格拉底，即，其他道德高尚的人也能彰显这些美德。

在楷模救赎论者看来，以上关系逻辑同样适用于基督之死与其所代表的普世道德价值。耶稣基督所代表的道德权威被建立在之前就已经存在的普世道德价值之上，而且这些普世道德价值并不依赖耶稣基督而独立存在，这样耶稣基督就成为了一位道德楷模。其实，以苏格拉底为代表的道德楷模与历史上存在的拿撒勒人耶稣基督作为道德楷模，这二者不仅不能简单等同，而且存在本质的区别。

（二）麦格拉思论耶稣基督的示范意义

麦格拉思说，福音派并不赞同采用极简主义（minimalist）的视角看待罪，或者通过强调"与耶稣基督一致"这一观点来省视耶稣基督。福音派认为

"与耶稣基督一致"是一个过程,即,通过信仰,信徒与耶稣基督越来越趋于一致。这种认知在新约中得到了体现,尤其是在保罗书信中。保罗曾多次表示,他自己的生活与耶稣基督的生活已经复归为一(recapitulation)了,因为耶稣基督不仅让信徒过上了基督教独特的生活,而且耶稣基督自己还代表了这种生活方式。[19]通过与耶稣基督的复归为一,保罗把自己的遭遇类比作为耶稣基督的遭遇,进而体现了基督的福音。

在《哥林多前书》第11章第1节中,保罗说到:"你们应该效法我,像我效法基督一样。"保罗要求信徒们都去效法基督,这样信徒和耶稣基督之间就建立了一种密切而牢固的关系,信徒们因着这种关系就可以去效法基督。麦格拉思认为,效法基督是信仰的结果,而非信仰的前提。要成为一个基督徒就是要开启这个效法基督的过程,这样,基督徒就会与耶稣基督保持一致,或者更为准确的说,基督徒就会与耶稣基督越来越趋于一致。在这个效法基督的过程中,上帝始终占据着主动,而不是人类。[20]这样,麦格拉思就规避了聂斯托利派"基督二性二位说"中强调人拥有完整的人性这一嫌疑,同时也规避了帕拉纠主义中过分强调人的自由意志的危险,即,靠行为称义的片面性。麦格拉思在批判奥古斯丁"神人独作说"的同时,强调了上帝的主动性。麦格拉思的观点比较符合"神人合作观",[21]因为神人合作观强调了恩典在"神—人"关系上扮演了主动的角色,同时还强调人的努力与神的恩典二者合作,这样人才可能被救赎。

总之,福音派认为耶稣基督的生命、死亡和复活使得信徒效仿基督成为可能,并且通过信仰,信徒以耶稣基督的示范作用为楷模,开启了新的生活篇章。

四、耶稣基督在圣礼神学中的意义

麦格拉思论证耶稣基督的第四个重要性时使用的英文词是"doxological significance",直译为"赞美的意义",这样的翻译文不对题,也不符合汉语的表述习惯。Doxological 在词条中的原义为赞美的、三一颂的,意指颂扬上帝的荣耀颂、赞歌、赞美诗等。麦格拉思以荣耀颂(doxology)作为切入点,他

---

19 Victor Paul Furnish, *Theology and Ethics in Paul,* Nashville, TN: Abingdon, 1968.

20 Alister E. McGrath, *A Passion for Truth: The Intellectual Coherence of Evangelicalism*, Downers Grove, Illinois: InterVarsity Prcss, 1996, pp.41-44.

21 [美]奥尔森:《基督教神学思想史》,吴瑞诚、徐成德译,北京大学出版社2003年版,第295-302页。

实际想要研究的是神学与敬拜、祈祷之间的关系，概括而言就是研究神学与礼仪之间的关系，最终要探究的就是礼仪是如何强化信徒对耶稣基督的信仰的。麦格拉思认为神学与礼仪（sacraments）密不可分，因为礼仪对于认识和体验上帝，尤其在传达上帝的恩典、强化信仰、加强教会的团结、再次确认上帝对信徒的应许等方面具有不可替代的作用。正如巴刻（James I. Packer）所强调的那样，神学与灵修学关系密切，通过礼仪可以真实地感知到上帝，之后信徒才会委身于上帝。委身于上帝不仅是宗教体验和探求上帝的知识的必然结果，同时还是这种经验和知识的有效例证。[22]

麦格拉思认为福音派对耶稣基督重要性和一致性的理解可以转换为另一个角度进行理解，即信徒是如何敬拜、膜拜耶稣基督的，以及在礼拜和祈祷中信徒是如何从神学的角度感知、体悟耶稣基督的。所以下文将详细论述麦格拉思的礼仪论，探究基督教礼仪与信仰之间的关系。

（一）圣礼神学的缘起

在基督宗教诞生的第一个世纪，圣礼神学（the theology of sacraments）并未受到关注，没有人就此做过研究。直到爱任纽的《十二使徒遗训》（Didache），书中就圣礼的本质做了较为宽泛的探讨。奥古斯丁是较为系统探究圣礼定义的第一人，并为界定圣礼提出了两个原则。从奥古斯丁到彼得·伦巴德（Peter Lombard），从中世纪经院神学到宗教改革，对于圣礼定义的界定及其争论主要围绕以下几点展开，圣礼的本质规定性是什么、有多少种圣礼（两个、三个还是七个？）等。即使是在基督教新教各宗派之间如何理解圣餐、洗礼，尤其是如何理解耶稣基督在圣餐和洗礼中的临在（presence）都还存在着诸多争论。下面将梳理麦格拉思是如何从历史神学的角度展示圣礼神学的演进历史。

Sacrament 一词源于拉丁词 sacramentum，意为"被祝圣的事物"，同时还指一系列的教会仪式或者牧师的行为，而这些仪式和行为被视为具有了某种灵性的特质，比如传达了上帝的恩典等等。[23]但是在新约中并没有使用 sacrament 这个词指代上帝的救赎，而是使用了另一个希腊词 mysterion，翻译

22 James I. Packer, "An Introduction to Systematic Spirituality", *Crux*, 26 (1), 1990. 3, pp.2-8.
　　Alister E. McGrath, *A Passion for Truth: The Intellectual Coherence of Evangelicalism*, Downers Grove, Illinois: InterVarsity Press, 1996, pp.45-46.
23 Alister E. McGrath, *Reformation Thought: An Introduction* (3rd Edition), Oxford: Blackwell Publishers, 1999, p.169.

为英语就是 mystery。这里需要说明的是，希腊词 mysterion 的词义如今已经发生了变迁，已经不再包涵现代意义上 sacrament 所指代的意思，即圣礼，比如圣餐和洗礼。尽管如此，mystery 所蕴含的上帝的神秘救赎与 sacrament 所指代的圣餐和洗礼，这二者之间的关联已经十分清楚了。

麦格拉思认为，圣礼与神秘性之间的关联与罗马帝国时期北非教会的生存处境密切相关。基督宗教对圣礼神学的研究到了德尔图良（Tertullian）、迦太基的西普里安（Cyprian of Carthage）和希波的奥古斯丁（Augustine of Hippo）时期才得到系统的研究，究其原因就在于当时的大公教会受到了罗马当局者的迫害，基督徒不得不在地下活动。所以这一时期的教会就格外强调面对困境时教会的团结、以及信仰的坚定性。那么该如何达到团结和坚定信仰呢，当时的教会认为通过圣礼可以强化信仰，保持教会的团结一致。麦格拉思认为德尔图良对圣礼神学的贡献有三点，即，用拉丁词 sacramentum 替代希腊词 mysterion，并把这个由他自己创造的词变成了复数形式 sacraments，最后他把圣礼类比作为"一种神圣的誓言"，正如士兵向国家宣誓一样，sacraments 意为信徒对教会的委身及忠诚。这三点奠定了中世纪圣礼神学研究的基调和理论框架，圣礼神学之后的演变，尤其是其中的争议，都可以回溯到德尔图良对圣礼的研究中去。

奥古斯丁在德尔图良的基础上把圣礼神学神学推向了新的发展，他对圣礼神学的建构是通过多纳图主义之争（Donatist Controversy）而逐步展示出来的。而这个争论同时也是圣礼神学建构最为核心的问题，也是不同神学家、不同神学流派对于圣礼神学不同认知的根本分歧点，那就是作为记号（sign）的圣礼（能指 signifier）与其所指代的事物（所指 signified）之间的关系是什么。下面将通过对圣礼定义的界定，来探究圣礼神学的演进历程。

（二）宗教改革之前对圣礼的定义

麦格拉思认为圣礼神学所关注的一系列问题中首要的是要解决什么是圣礼，即如何定义圣礼，而对这个问题的不同回答，甚至是争论促进了圣礼神学的日臻完善。在基督宗教诞生的第二个世纪，神学家才开始探索圣礼，爱任纽应该是探索这一领域的第一人。而奥古斯丁则是系统研究圣礼神学的第一人，他为定义圣礼约定了两个原则：圣礼是一个记号；这个记号与所指之间存在某种关联。在漫长的中世纪，奥古斯丁对圣礼的界定一直被视为圭臬。但是，麦格拉思认为这个定义并不精确也不充分。比如，每一个神圣事物的记号是否都可以被视为圣礼呢？答案是否定的，比如主祷文就不是圣礼。

奥古斯丁对圣礼的界定直到十二世纪法国神学家圣维克多的休（Hugh of St. Victor）才对这一概念做了修订。休（Hugh）认为不是每一个神圣事物的记号都可以被视为圣礼，比如书信、画像等，它们是神圣事物的记号，但不是圣礼。所以休认为圣礼是一个外在物质因素，具有一定的相似性，代表了一定的权威性，表达了一定的神圣性，进而传达了不可见的灵性恩典。麦格拉思从休的定义中概括出四个基本特征：圣礼需具备一定的物质元素，比如洗礼中的水、圣餐礼中的饼与酒；能指（记号、圣礼）和所指（圣礼中所代表的事物）之间具有一定的相似性；耶稣基督授权该记号能够代表所指（the things signified）；圣礼能够向信徒传达上帝的恩典。

麦格拉思认为休的定义仍然存在缺陷，如果按照休的定义，道成肉身和基督之死都可以被视为圣礼。此外，当时被中世纪基督教会视为七大圣礼之一的告解（penance）就不能被视为圣礼了，因为告解中缺乏物质的元素。因此信仰和信仰实践之间就产生了不一致，所以麦格拉思认为在界定圣礼的过程中，某些因素似乎是被忽略了。神学家彼得·伦巴德（Peter Lombard）就成了这一难题在中世纪时期的解答者。他的解决方案就是放弃休的定义中的第一个特征，即去除圣礼需要具备一定的物质元素。这样，七大圣礼依旧被视为圣礼，而道成肉身也不会被视为圣礼。这个定义一直被延续到宗教改革时期。

麦格拉思专门研究了宗教改革时期圣礼的发展变化，尤其是比较研究了路德和茨温利对于圣礼的不同看法，以及加尔文就二者对圣礼的不同看法而选择了一条中间路线。[24]路德对中世纪圣礼神学最大的冲击在于把天主教公认的七大圣礼削减为三个，之后定格为两个。这是麦格拉思所认为的有关圣礼神学研究最为关注的第二个问题（之前的第一个问题是如何定义圣礼），即，到底有几个圣礼。下面将围绕路德和茨温利关于圣礼的分歧，进而展示圣礼神学在宗教改革时期的发展。

（三）路德、茨温利和加尔文对圣礼的理解

圣礼神学在中世纪经院神学得到了全面的发展，日臻完善，越发精密起来，这也彰显了圣礼在神学意义上的重要性。彼得·伦巴德认为天主教的圣礼主要包括七个，分别是洗礼、圣餐礼、告解、坚振礼、按立、婚礼和临终涂油。

---

24 Alister E. McGrath, *Reformation Thought: An Introduction* (3rd Edition), Oxford: Blackwell Publishers, 1999, pp.169-194.

但是宗教改革者自 16 世纪 20 年代之后开始猛烈批评天主教圣礼，主要的分歧点在于如何看待圣礼的本质、到底有几个圣礼，以及圣礼到底发挥着什么样的功效等。

麦格拉思对此提出了自己的疑问，为什么宗教改革家如此热衷于批判中世纪圣礼神学呢？麦格拉思认为这与宗教改革所处的社会大环境密切相关，认为至少有两个原因可以说明这个现象。其一、圣礼神学被视为代表了中世纪神学所有不好的一面。圣礼神学在中世纪变得越发的精密，被视为是中世纪经院神学的典型代表，因而也成为了宗教改革必须"改革"的对象。其二、圣礼代表了教会的公众形象。信徒主要是通过主日与教会产生互动，如果改革圣礼，那么就会改变信徒与教会之间的关联。所以改革者与市议会想要改革天主教，其出发点可能还与现实政治的维度相关，这在加尔文的宗教改革者得到了充分的体现。他把士兵对国家的忠诚类比作为信徒对于教会的忠诚，把委身教会上升为一种意识形态（宗教的和政治的向度），进而达到"纯净"教会、"净化"信仰、保持信仰的坚定性和统一性。所以改革者极力主张改革礼仪（liturgy），因为这不仅可以改变信徒对福音的看法，而且还可以改变圣礼神学，这是非常符合改革者的现实利益的。

尽管在改革圣礼的问题上改革者有着一致的利益，但是如何看待礼仪，尤其是基督教新教所认同的圣餐礼和洗礼，路德和茨温利存在着根本性的差异。麦格拉思认为二者的差异源自阐释圣经的不同路径，在坚持圣经字面意思与寓意解经这两个原则上争执不休。再有就是由于二者所在的现实环境不同，导致了二者对圣礼有了不同的解读。下面将展示麦格拉思是如何甄别二者在圣礼神学方面的不同认知的。[25]

麦格拉思认为路德和茨温利在圣礼的认知上有七点异同。第一、二者都拒绝中世纪七中圣礼说，同时坚持认为依据新约只有洗礼和圣餐礼是合法的。第二、路德认为上帝之道与礼仪是密不可分的，二者都是耶稣基督的见证（witness），因此圣礼创造并表明（demonstrate）了信仰；茨温利则认为是上帝之道创造（create/generate，或曰产生）了信仰，而圣礼则是公开地表明了这种信仰，他认为上帝之道和圣礼是完全不同的，前者要比后者重要得多。第三、尽管二者都坚持洗礼，但是出于不同的理解。路德认为礼仪可以产生信仰，所

---

25 Alister E. McGrath, *Reformation Thought: An Introduction* (3rd Edition), Oxford: Blackwell Publishers, 1999, pp.188-189.

以洗礼可以让婴儿产生信仰；茨温利则认为圣礼仅仅表明了对于教会的忠诚和归属感，因此洗礼仅仅能够表明婴儿属于某个教会。第四、二者对待圣餐礼的看法不同。路德比茨温利要保守的多，他不仅保留了中世纪常用的词 Mass 继续指代圣餐礼，而其还认为应当在每个周末的主日中用本国语言开展圣餐礼；而茨温利则抛弃了 Mass 这个词，认为圣餐礼只需每年开展三次或者四次就可以了，认为圣餐礼不再是基督教礼拜（worship）的中心。麦格拉思认为要为 Mass 这个词在基督教新教中找到一个对应的专有名词十分的困难，因为宗教改革者抛弃了 Mass 这个词（路德认为要保留这个词），但是有没有找到一个合适的词来替代 Mass。麦格拉思认为在英语中有诸多词与 Mass 同义，比如，the bread，communion，the memorial，the Lord's Supper，eucharist 等等。麦格拉思最终选择了 eucharist 来替代 Mass，仅仅出于一个简单的原因，那就是 eucharist 有一个形容词形式 eucharistic。这是一个简单便利的妥协之举，而不是麦格拉思的一言堂，他无意于把 eucharist 视为一个权威，相反他建议读者如果觉得这个词不合适，又找了合适的替代词，那就读者可以随时把 eucharist 替换掉。[26]除此之外，路德强调布道（preaching）在圣餐礼中的重要作用，而茨温利则建议用布道替代每周日举行的活动。第五、路德和茨温利对《马太福音》第 26 章第 26 节"这是我的身体"的理解产生了根本性的分歧。该段经文的拉丁文原文是 *hoc est corpus meum*，如何理解"est"成为二者最大的分歧。路德坚持字面解经，est 应当被理解为"是"（is）；而茨温利则坚持寓意解经，est 的意思就是"表示"（signifies，或曰"指代的是"）。麦格拉思认为二者的分歧源于解经方式的不同。第六、二者都拒绝中世纪圣餐变质说（transubstantiation）。路德基于亚里士多德传统，认为基督在圣餐礼中是真实的临在（the real presence of Christ）；而茨温利既不认同变质说也不认同真实临在，认为在圣餐礼中并不在场。第七、二者对上帝是否临在产生了不同意见。茨温利并没能指出在圣餐礼时上帝在何处，但是他依据圣经指出基督此时坐在上帝的右手边（seated at the right hand of God）。茨温利并没有去论证基督在上帝的右手边到底指的是哪里，而是采用否定的方式指明，无论上帝在何处，此时一定不在圣餐礼中，因为上帝不可能同在出现在两个地方。但是路德认为

---

26 Alister E. McGrath, *Reformation Thought: An Introduction* (3rd Edition), Oxford: Blackwell Publishers, 1999, p.171.
Alister E. McGrath, *Christian Theology: An Introduction* (Fourth Edition), Oxford: Blackwell Publishing, 2007, p.419.

应当采用隐喻的方式来理解 seated at the right hand of God，而不是采用字面解经法，认为上帝的临在超越了时空的限制，是无所不在的。因而有些批判路德的人说，路德论证上帝临在的方式具有强烈的奥卡姆（William of Ockham）的特点，又落入了中世纪经院神学的套路。总之，路德和茨温利之间的分歧不仅仅是在于解经方式的不同，更在于何时该采取何种解经方式解释哪段经文。

　　麦格拉思认为路德与茨温利之间的分歧在神学与政治方面产生了深刻的影响。二者的争论在神学方面严肃质疑了圣经清晰明白的原则，因为不同的解经原则会导致完全不一致的结论。在政治方面的后果就是导致了新教两大派别的分裂。当然，基督教新教的领袖们也意识到了分歧对他们带来的危害，并尽力去弥补认知的差异。加尔文就是一个较好的例子。

　　加尔文认为圣礼给予信徒一种身份，如果没有圣礼，那就不可能有教会。加尔文的这一点认识与主流新教保持一致，同时他还提出了两个圣礼的定义，其中的规定性特质让他有别于其他宗派对圣礼的理解。加尔文认为圣礼是一种外在的象征，是上帝对信徒美好意愿的许诺，同时也弥补了信徒信仰的软弱之处。此外，加尔文认为圣礼是神圣事物的可见记号，或者是不可见的恩典的可见形式。从以上两个定义不难看出，后者具有强烈的奥古斯丁的印记，而前者则是加尔文对圣礼的独自见解。

　　前文提及路德与茨温利争论的核心是作为记号的圣礼与其所指代的灵性礼物之间的关系，加尔文似乎是要调和二者对这一关系的看法。他认为记号是可见的，具有物质性；所指代的灵性礼物是不可见的，由于二者关系密切，所以加尔文认为所指代的灵性之物与记号之间是相通的，记号真的指向了指代之物，其意思就是当信徒看到了圣礼的记号，信徒就立刻想到了这个记号所指代的事物，比如上帝的恩典。麦格拉思认为，加尔文的中间路线不是他故意向路德和茨温利妥协，也不是在宗教改革的关键时期所采取的外交策略，而是出于加尔文对上帝之知识的真实理解，在外人看来恰好的中间路线表达的仅仅是加尔文的个人理解罢了，并非刻意为之。

（四）麦格拉思论圣礼与信仰之间的关系

　　圣礼和信仰之间到底是什么样的关系，这在基督教神学发展的历程中出现了多种不同的认知。麦格拉思总结了四种关系，并且补充说道，这四种关系并不是相互排斥的，只是从不同角度认识圣礼的作用而已，相互之间有关联同时也相对独立。下面将细述这四种关系。

1. 圣礼传递了上帝的恩典

这个观点首先源自于使徒后教父，来自安提阿的伊格纳修（Ignatius of Antioch），他认为圣餐礼就像是一副良药，让信徒在耶稣基督内得到永生。这个观点把圣餐礼视为永生的象征，同时还把圣餐礼视为达到永生的途径，似乎带有了一种工具性的功效。之后这个观点被四世纪的安布罗斯（Ambrose of Milan）发展，他认为在洗礼中圣灵临在于洗礼盆和受洗者，并实现了永生。奥古斯丁把圣礼和圣礼所具有的功效做了区分，认为圣礼是一个记号，圣礼的功效在于指明记号所代表的那个东西，即赠与信徒恩典。

这时候一个比较棘手的问题在于如何理解圣礼是通过什么方式实现恩典的。麦格拉思用了以下几个英语单词来表达：convey, bestow, cause, confer。这四个单词分别代表了对这一问题的不同解答方式。Convey 是麦格拉思选用的单词，用以表达"传递、传达"之意，认为通过圣礼，就可以把上帝的恩典传达给信徒。Bestow 或者 bestowal 是奥古斯丁所用的词汇，表达了上帝赐予信徒恩典时的至高荣耀。Cause 的使用情况比较复杂，如果说圣礼"导致"了恩典的话，那么也是在这样一个层面使用，那就是认为圣礼是获得恩典的不可或缺的前提条件，而不是在因果关系的层面使用 cause 一词。邓斯·司各脱和十四世纪作家阿奎拉的彼得（Peter of Aquila）是这一观点的支持者，他们认为圣礼本身并不能直接"导致"恩典，而是上帝在圣礼中的临在传递了恩典。

但是宗教改革者反对这个概念，费米格里（Peter Martyr Vermigli）批评奥古斯丁，认为奥古斯丁犯了个错误，那就是过于看重洗礼，认为参加洗礼就可以让信徒重生，为上帝所接纳，然后进入基督。在费米格里看来，洗礼仅仅是重生的外在象征而已。特伦托会议批判了费米格里的观点，重申了圣礼的有效性，认为圣礼授予信徒以恩典。Confer（授予）这个词就是麦格拉思所总结的第四个用以表达圣礼与恩典关系的词，这个词也代表了天主教正统教义对于圣礼的观点和立场。

2. 圣礼强化了信徒的信仰

圣礼加强了信徒的信仰这个认知贯穿于整个基督宗教的历史，只是到了宗教改革时期这个认知变得日益重要起来，这还得归因于宗教改革领袖们对这一认知的特别强调。最初的宗教改革者们认为圣礼是上帝对人类弱点的回应，因为上帝之道我们难以接收和回应上帝的许诺，所以就用可见的、外在的记号去补充说明上帝之道，即，上帝的恩典。在宗教改革者的眼中，圣礼就是上帝的许诺，通过日常生活中东西体现出来。梅兰希顿（Melanchthon）是这一观点的典型代表，他认为圣礼就是记号，信徒看到了这些记号就会想起信仰，进而使信徒更加坚定地信仰上帝。人之所以会需要这些外在的记号来强化信仰，是因为堕落的人太过脆弱，必须要这些圣礼记号加强对上帝的信仰。路德也表达了相似的概念，认为圣礼就是上帝的许诺，只是被贴上了记号而已；或者，圣礼就是上帝刻下的记号，是上帝赦罪的许诺。

第二次梵蒂冈会议（以下简称梵二会议）也表达了类似观点。该会议强调了圣礼对于促进信仰的作用，但是同时甄别了"信仰行为"与"信仰内容"二者之间的不同。前者用拉丁文表示为 fides qua creditor，直译为通过所做的事而强化了信仰；后者用拉丁文表示为 fides quae creditor，直译为信徒所坚定信仰的东西。梵二会议认为信仰行为和信仰内容都可以保持和促进信仰。关于圣礼加强了信仰这一认知，在宗教改革者们和天主教官方认知少有的达成了一致，这一认知不仅超越了历史的跨越，更是超越了基督宗教内部的派别的差异，因而具有普遍性和共通性。

3. 圣礼加强了教会的团结

教父时代一个重要的任务就是要保证教会的团结，尤其是面对罗马皇帝的迫害之时。迦太基的西普里安（Cyprian of Carthage）十分强调教会的团结，认为信徒都应致力于达成教会的和谐，并促使教徒委身于教会。奥古斯丁发展了这个观点，认为一个社会要想保持一致性和团结，就必须让某个东西成为这个社会所共有的，在奥古斯丁眼里礼仪就可以促进教会的团结。中世纪的神学家们都延续了奥古斯丁的看法，并没有在此基础上发展这一概念。到了宗教改革时期，路德和茨温利认为圣餐礼和洗礼可以让信徒团结在教会内部，但是二者的观点还是有所区别的。

路德强调圣礼的核心功效就是让信徒相信他们是基督身体一部分（members of the body of Christ），并且是上帝之国的继承人。路德的这个观点更多的是从信徒的心理认同层面认为圣礼可以加强信徒对于教会的归属感。路德认为接受圣餐礼的饼和酒就意味着融入了基督的团契之中，圣礼就是一种象征（token），意味着信徒属于上帝的子民，与上帝以及圣徒合而为一了。其实，强调圣礼作为一种归属于教会的象征这个观点，茨温利要比路德更为明显。茨温利认为无论是旧约中的割礼还是新约中的洗礼，参加这些礼仪就意味着信徒向公众宣布其委身于或者归属于某个团契或者社团。所以，茨温利认为圣礼最主要的目的就是宣布信徒归属于信仰的团契之中。同理，参加圣餐礼也就意味着信徒向公众宣布忠诚于教会。麦格拉思认为，茨温利的这个观点源自于他自己在军队中的经历。士兵要向瑞士的白色十字架宣示效忠自己的国家，茨温利因此把圣礼和军队的宣示仪式做了类比，认为参加圣礼同样也表明了信徒对于教会的效忠，表明了信徒对于教会的归属感。

4. 圣礼彰显了上帝的许诺

这个观点源自于宗教改革者，他们格外强调信仰对于信徒认识上帝的许诺的重要性。宗教改革者之所以这么认为，是因为他们意识到了堕落人性的脆弱性，需要再次向信徒重申上帝之爱，让信徒认识到上帝对人类的许诺。路德认为基督之死象征着上帝的绝对可靠性，以及上帝恩典的宝贵性。路德借用了"遗嘱"（testament, last will）来解释他的这个观点。立遗嘱会涉及到立遗嘱之人的死，以及通过遗嘱确定了继承人及其应得的遗产。耶稣基督在客西马尼园最后的晚餐上说："这是我的身体，为你们舍的，你们也应当如此行，我的是纪念我。"（路 22: 19）路德在解释这段经文时说，耶稣基督说出这段话就已经表明了自己的死亡，当耶稣基督说"使罪得赦"（太 26: 28）时，表明了耶稣基督留给人类的遗产。同时耶稣基督还指定了自己的继承人，因为基督说"为你们"（路 22: 19-20；林前 11: 24）。

麦格拉思认为路德的这个类比有效地解释了圣餐礼中的三个核心要素。其一、圣餐礼证实了上帝许诺给人类的恩典和赦罪；其二、圣餐礼明确了许诺的对象就是人类；其三、圣餐礼表明了耶稣基督做出了承诺，宣告了耶稣基督的死亡。通过圣餐礼，表明上帝所有的许诺现在仍然有效，同时表明赦罪与永生对于拥有信仰的人而言依旧有效。

总之，基督宗教早期教会对圣礼的研究并不深刻，对圣礼定义的界定也不精准，所以给后世神学留下了大量的探讨、发展空间。所以在中世纪之前，对于圣礼定义的认识并不一致，而且对于圣礼的数目，也就是哪些属于圣礼哪些不是，也达不成一致。到了中世纪情况得到了好转，奥古斯丁对圣礼的认知奠定了中世纪圣礼神学的基调。宗教改革者，尤其是路德和茨温利之间的认识差异体现的是释经路径的差别，麦格拉思总结了二者之间的七条异同，也可视为宗教改革时期对圣礼神学的总体认知。随着中世纪神学的复苏，教会发挥着越来越重要的作用，教会主持的圣礼活动也有了神学的理论依据，这样也促使了圣礼神学的快速发展。通过宗教改革者们的争论，基督教新教对于圣礼的认知趋于一致，约定了圣礼的数目，规定了圣礼的本质性特征。通过对圣礼神学发展史的梳理，麦格拉思总结了圣礼与信仰之间的关系，这四个关系之间并不相互排斥，仅仅是在不同时期、不同教派之间存在认知的差异，但是并不影响彼此独立存在的合法性。

通过对麦格拉思基督论的分析可以看出，福音派极力坚持基督中心论。麦格拉思坦言20世纪初期的福音派，相比坚持圣经的权威性而言，并不是那么坚定地支持基督中心论，因为在那一个时期的作家中很难发现关于基督中心论的论述，但是麦格拉思在此坚定地表明了自己坚持基督中心论的立场。通过探讨耶稣基督的位格以及事工，麦格拉思致力于把耶稣基督放在当今福音派神学中一个极为重要的位置上。

对于福音派而言，基督教神学第一要务就是确立耶稣基督的身份及其重要性，尤其是要强调十字架、复活的重要意义。麦格拉思认为耶稣基督在真教会和假教会之间划了一条分界线，真教会关注的是上帝的以耶稣基督的形式自我启示，而假教会回应的则是时代的压力。通过对真假教会的区分，麦格拉思认为尽管福音派坚持基督徒在此岸的属性，但是如果福音派基督徒要想做这个世界的盐和光，那么他们就必须保持一个独特的身份。麦格拉思认为福音派的这个独特性就在于福音派基督徒同时既属于此岸又属于彼岸，与此岸保持着不同，而能够把教会与此岸区分的就是耶稣基督。福音派认为基督教神学建立在耶稣基督的生命、死亡和复活之上。耶稣基督用替代性的死亡救赎了人类的罪，使人与上帝复归于一。福音派神学最为突出的特点就是极为强调基督中心论，坚持基督的突出地位。麦格拉思对基督中心论的论述总体来说是比较符合宗教改革以来的神学传统的，只是在他身上还体现了除了一些保守的色彩，比如他区分了真假教会，反对教会、神学迎合世俗文化。

第四章　圣灵的统治性

　　麦格拉思在归纳福音派的特征时总结了四条，之后又添加了两条，分别是坚持圣灵的统治性和发挥教会团契的作用，认为后两条是麦格拉思自己对福音派特征的认识。尽管麦格拉思摆脱了大卫·贝冰顿的影响，但是麦格拉思对福音派特点的总结还是受到了巴克的影响。麦格拉思认为圣灵在基督教神学中占据着极其重要的地位，认为圣灵给信徒带来了灵性的领悟和重生，保证了耶稣基督救赎得以真正的达成。[1]尽管麦格拉思意识到了圣灵在整个基督教神学中的重要作用，但是从他对圣灵的论述中不难发现他并没有投入大量篇幅论述圣灵的重要性，对圣灵的研究不仅篇幅短，而且对圣灵研究的书籍也非常少，仅限于他的《基督教神学导论》、《福音派与基督教的未来》、《我信》（*I Believe*）和《基督教简史》四本书中。在这四本书中并没有展开对圣灵的全面、细致、深入的探讨，仅仅是梳理了圣灵的定义演变、圣灵在神学发展史中的阶段性认知以及总结了圣灵对于基督教信仰的作用。这一点不像他在研究基督论时那样内容详实，论证充分，在这里麦格拉思似乎是点到即止。究其原因，似乎与人们对圣灵在整个基督教神学的地位和作用的认识不到位有关。从神学史的角度来说，圣灵一直是基督教三位一体神学中的灰姑娘（the Cinderella of the Trinity），其他两个位格都已经步入了神学的殿堂，唯独圣灵被甩在身后。[2]巴刻也非常诧异三位一体中圣灵与其他两个位格之间

1　[英]阿利斯特·麦格拉思：《福音派与基督教的未来》，董江阳译，中央编译出版社2004年版，第64页。

2　Alister E. McGrath, *Christian Theology: An Introduction* (Fourth Edition), Oxford: Blackwell Publishing, 2007, p.235.

的不平等待遇，人们对于耶稣基督的位格和救赎事工都十分的清楚明白，但是圣灵的位格和事工却没有受到足够的重视。而且在基督教神学中，圣灵似乎也是常常被遗忘了，也少有人呢对圣灵感兴趣，且关于圣灵研究的优秀作品凤毛菱角。[3]这一现象一直持续到灵恩运动时期，圣灵才受到足够到的重视。尽管麦格拉思自己也意识到了圣灵的重要性，认为应该用一整章的篇幅去探讨，但是相对《基督教神学导论》五百多页的篇幅而言，仅用了不到八页的篇幅去讨论圣灵，似乎也反映了麦格拉思对圣灵研究的不够重视。下文将梳理麦格拉思对圣灵的论述。

第一节　麦格拉思对圣灵的认知

在英文中圣灵用 Spirit 来表达，这个词在旧约和新约中通常单独出现，或者搭配其他词一起出现，比如 the Holy Spirit，Spirit of God，Spirit of Christ 等。[4]在希伯来旧约圣经中与 Spirit 对应的词是רוּחַ（ruach），[5]希腊文版本的旧约中使用的是 πνεῦμα（pneuma），希腊文新约圣经也是用的这个词。英文 Spirit 源自于拉丁文 Spiritus，武加大（Vulgate）旧约和新约中都使用的是 Spiritus 这个词，而英文 Holy Spirit 则源自于古英语对 Spiritus 的翻译。

一、圣灵在圣经中的三种意象

希伯来词 ruach 内涵较为广阔，很难在英语中找到一个相对应的词来翻译它，所以在旧约圣经中 ruach 出现的地方，会依据其具体的语境翻译成不同的词，在英文中通常会使用 wind, breath 和 spirit 这三个词来翻译 ruach 这个词。这种翻译的方式也为理解圣灵提供一个很好的方式，所以麦格拉思把圣灵在圣经中的意象分为三种，分别是风、气息和大能（charism）。

（一）圣灵如风

麦格拉思认为圣灵和风二者之间具有一定的相似性，上帝的力量与以色列风之强劲具有可比性。以色列的东边是广袤的沙漠，西边是地中海。当刮东

3　［英］巴刻：《认识神》，尹妙珍译，中国基督教两会出版部 2011 年版，第 72 页。

4　Rudolf Bultmann, *Theology of the New Testament*, Translated by Kendrick Grobel, Waco: Baylor University Press, 2007, p.153.

5　Thomas Scott Caulley, "Holy Spirit" in Walter A. Elwell, *Evangelical Dictionary of Theology*, Grand Rapids: Baker Academic, 2000, p.568.

风的时候，狂风卷起的细沙遮云蔽日，似乎是要烧灼了大地。"草必枯干，花必凋残，因为耶和华的气吹在其上；百姓诚然是草。"（赛40：7）由沙漠吹来的东风烤焦了地表的植被，所以上帝也被理解为摧毁人类骄傲的力量。"至于世人，……经风一吹，便归无有；他的原处，也不再认识他。"（诗103：15-16）关于沙漠狂风的洗涤作用还可见于下文，"有一阵热风从旷野净光的高处向我的众民刮来……必有一阵更大的风从这些地方为我刮来；现在我又必发出判语攻击他们。"（耶4：11-12）绿色植被在沙漠飓风下枯萎焦灼。先知耶利米时期正值巴比伦之囚，看似不可战胜的帝国也会顷刻崩塌。麦格拉思认为只有上帝是永恒的，其余所有的都是流动易变的，草枯萎，花凋零，而上帝之道巍然而立。

当刮西风的时候，情况就截然不同了。以色列的冬季刮西风和西南风，带来了海上湿润的空气，滋润了干涸焦灼的土地。在夏季的时候，西风虽然没有带来降雨，但是带来了凉爽的海风。沙漠狂风被海上凉风所中和，给以色列带来了许多生机，滋润着人类的心灵。与风的意象紧密关联的是雨的意象，由西风带来了降雨，滋润着大地。"他必临到我们像甘雨，像滋润田地的春雨。"（何6：3）

麦格拉思认为旧约中把上帝的大能和自然力量做类比，并不是要把上帝降格为自然力量，更不是要把上帝视为风、雨等自然界的意象，而是通过类比的方式让人们领悟到上帝超然的力量，就像上帝引领以色列人出埃及的时候，上帝让大东风使海水退去，把红海隔开，以色列人得以逃离埃及（出14：21）。此时的大风意味着拯救以色列逃离埃及。麦格拉思认为通过类比，人们认识到上帝的力量带来了拯救，ruach 这个词在这里不仅表达了上帝超然的力量，更是向人们显示了上帝救赎人类的目的。此外，风这个意向具有视觉化的效果，较好地诠释了人类体悟上帝的多元化路径。比如，上帝有的时候就像是个法官，审判以色列，因为他们太过任性，敬拜其他民族的神；上帝有的时候又让以色列人感到重生，正如久旱逢甘露那样令万物重生。

（二）圣灵如气息

把圣灵比作气息，指的是上帝的创世活动赋予了人类及万物以生命。上帝创世的活动在旧约中多有描述，集中体现在《创世纪》、《以西结书》、《约伯记》和《诗篇》等卷中。"耶和华神用地上的尘土造人，将生气吹在他的鼻孔里，他就成了哟领的活人，名叫亚当。"（创2：7）从这段经文中可以看出，圣灵与生命密切相关，上帝把生气吹在亚当的鼻孔里，他就拥有了圣灵，变成了一个活生生的人了。正是上帝之气让一个空壳变成了一个灵性生命。在《以西结书》中也有类似的描述，上帝把气吹入枯骨之中，把圣灵放在里面，这些骸骨就活了（结37：5，8-10，14）。在《约伯记》中也记载了上帝的创造，"神的灵造我，全能者的气是我得生。"（伯33：4）圣灵不仅可以创造生命，同样也能收回灵与气，这样生命就复归于尘土（诗104：29-30）。

麦格拉思认为圣灵如气息表达了一个基本认知，上帝不仅是生命的赋予者，而且还能让死者复活，圣灵通过上帝的创世活动赋予了人类及万物以生命。

（三）圣灵使人具有了超然的能力

圣灵的第三个意象是 charism，意为让人充满了上帝之灵，这样人就可以完成之前不能完成的任务，圣灵赋予了人以特殊的能力，这种能力通常表现为智慧、勇敢，是属灵的恩赐。在圣经旧约中，被圣灵赋予超然能力的人有先知撒母耳、犹太人的国王扫罗、大力士参孙、以色列人的子孙等等。麦格拉思认为这些人被圣灵所充盈，因而具有了超然的能力，所以智慧的恩典是由于圣灵的缘故而使人类蒙受恩典。

正如《创世纪》中的约瑟，神的灵在他的体内，没有人会比约瑟更聪明了（创41：38-39）。在《出埃及记》中记载了制作祭司穿的圣服的规定，要让那些心中有智慧的，为圣灵所充满的人给亚伦制作祭司圣服（出28：3）；不仅制作祭司圣服的人，而且那些制作金银铜器物的技工也会因为充满了圣灵变得有了智慧、知识和技能（出35：31）。在《士师记》中多次提及参孙，耶和华的灵每每赋予了参孙，他都能逢凶化吉，战胜了狮子、以一人之力杀死三十个亚实基伦人、又是一个人用驴腮骨击杀了一千个非利士人（士14：6，19，15：14）。

麦格拉思还探讨了先知与圣灵之间的关系，认为圣经旧约中并没有明确表示圣灵是如何启示、引导和启发先知的。巴比伦之因之前的先知都是通过狂喜的方式去感知上帝，这样的描述可以在《撒母耳记上》中找到（撒上10：6，19：23-24）。但是之后的发展中心转移到了启示信息上，而不再强调先知获取上帝启示的行为上，而先知获取这些信息的可靠性完全依赖于先知是否被圣灵所充盈，这也是启示信息可靠性的关键所在，所以上帝的信息也被称之为上帝之道（the word of the Lord）。

（四）巴刻对圣灵和灵性生命的理解

麦格拉思论述圣灵的三种意象，主要依据是圣经旧约中的相关记载，因此可以把圣经旧约视为麦格拉思圣灵论的理论依据，这也符合福音派回归圣经的呼吁，也符合尊重圣经权威这一福音派神学的特征。而巴刻对于圣灵的理解侧重于从圣经新约中寻找理论的源泉，下文将梳理巴刻是如何基于新约理解圣灵的，以期采用比较研究的方法探究麦格拉思和巴刻在圣灵观的异同之处，同时也期待发掘麦格拉思与巴刻在圣灵观上的一脉相承性。

1. 巴刻对新约中有关圣灵的论述

在深入探究新约中有关圣灵的记载之前，巴刻归纳了旧约中关于圣灵的记载，并把圣灵的事工分类。第一类涉及圣灵与创造物之间的关系，包括创造天地，神的灵运行在水面上（创 1: 1-2），还包括圣灵充满了技工，使得他们拥有了超凡的技艺（出 31: 3-6）。第二类关注的是先知传播拯救的好消息，因为圣灵在先知的身上，主耶和华让先知传播福音，医治伤心的人并释放囚徒（赛 61: 1）。第三类指的是圣灵让上帝的仆人，比如士师和国王，变得更加的强大，从而完成之前不可能完成的事情，这些记载主要体现在历史书和先知书之中（士 13: 25；赛 11: 2；亚 4: 6）。最后一类认为圣灵可以在个人和团契中激起虔诚的宗教情怀，赐福信徒（结 36: 26-38）并因圣灵让生命复苏（37: 1-14）。[6]

巴刻认为圣灵在旧约记载中所体现的事工（work）有助于理解圣灵在新约中的事工，在新约中圣灵通常被描述为保惠师的形象，这一点与圣父和圣子在新约中的形象有所不同，圣灵在新约中常常被表述为基督的灵（the Spirit of Christ）（罗 8: 9）。巴刻认为理解圣灵在新约中的事工，关键在于理解圣父的事工，并把二者的事工等同起来，而这种理解方式的关键环节在于赞扬和荣耀圣子。

巴刻从三个方面总结了圣灵是如何为圣子服务的。其一、圣母马丽亚因圣灵受孕，耶稣基督道成肉身第一次降临人间，从此刻起圣灵就开始为圣子服务（太 1: 20）。圣灵的圣洁在耶稣基督受洗时降临于他，耶稣基督被圣灵所充满，拥有了圣灵的能力（路 4: 1，14，18）。耶稣基督圣洁无瑕，藉着永远的灵（through the eternal Spirit）把自己献给了神，用自己的血洗净了信徒的心，

6　需要说明的是，巴刻援引圣经旧约中有关圣灵的出处仅仅是选取有代表性的，并没有囊括所有重要的有关圣灵的记载，所以在本文中引用的圣经原典也只是提供一个参考，便于以此为参照，查阅相似的记载。

并侍奉永生的神（来 9：14），耶稣基督通过道成肉身，被钉十字架实现了对人类的救赎，圣灵见证了这个救赎的过程。

其二、圣灵作为耶稣基督的助手（agent），在英文中可以用多个单词来表示：supporter，helper，advocate，encourager，在圣经中用到了两个单词counselor 和 conforter。巴刻说，圣灵通过福音向信徒显示了基督，通过信仰把信徒与基督联合起来，圣灵居住在信徒体内，把信徒变成了基督的形象，并使得灵的果实在信徒体内成长。[7]圣灵结的果子指的是仁爱、和平、喜乐、恩赐、忍耐、善良、信实、温柔和节制（加 5：22），只有依着圣灵得生了，才能依着圣灵行事。

圣灵是谦卑的（self-effacing），圣灵就像是一盏泛光灯照耀着圣子，这样人们看见的只是耶稣基督。真理的圣灵引导人们明白一切真理，"他要荣耀我，因为他要将受于我的告诉你们。"（约 16：14）当圣灵在传达福音时，耶稣基督在人前说来吧，跟随我。人们总是用内在的信仰之耳去聆听耶稣基督传播的福音，而圣灵总是站在人们的身后，将光芒射在耶稣基督身上，似乎在呼吁信徒跟随耶稣基督。巴刻认为，正是圣灵的谦卑，总是在圣子的身后服务，所以信仰基督才能被称之为基督徒。[8]

其三、圣灵把恩赐赋予每一个基督徒，这些恩赐能够帮助基督徒更好地为上帝和人类服务。《哥林多前书》中记载了圣灵的恩赐，赐予人以智慧的言语、信心、医病、行异能、作先知、说方言、翻译方言等，这一切能力都是圣灵随意赐予给个人的（林前 12：7-11）。圣灵赋予人类这些能力，让人更好的服务上帝，巴刻认为这也可以被视为圣灵采取了另一种方式继续服务和荣耀基督，这样耶稣基督所传的福音可以继续恩泽万物。[9]

巴刻认为基督所传的福音是上帝的恩典，受到了人们的认可、信任和爱戴，信徒弃恶从善，共享圣灵带来的圣洁生活。所以巴刻宣传自己信仰圣灵，因为巴刻相信新约圣经中活生生的耶稣基督是真实的，巴刻通过圣灵深刻地体悟到了自己与圣灵之间的个人关系，穿越了时空，永恒不变；因为巴刻乐意敞开胸怀，对神忠实，被圣灵引导从而知神、顺从于神、服务于神，而且乐意每天都被圣灵所引导，让圣灵居住在自己体内；巴刻祈祷圣灵能够巩固自己的信仰，自视为上帝的选民和后裔。

---

7 J. I. Packer, *Affirming the Apostles' Creed*, Crossway Books, 2008, p.114.

8 J. I. Packer, *Affirming the Apostles' Creed*, Crossway Books, 2008, p.115.

9 J. I. Packer, *Affirming the Apostles' Creed*, Crossway Books, 2008, p.116.

　　总之，巴刻认为信仰圣灵是一件非常令人感到荣耀的事情。巴刻对于圣灵的理解具有两个特征，其一就是在归纳总结旧约中有关圣灵记载的基础上，把重心放在了新约中，从圣灵为圣子耶稣基督服务的角度，以一个信徒的视角阅读新约中关于圣灵的记载。这一点与研究圣灵的传统不一样，以往都是以旧约为蓝本，从旧约中寻找圣灵的圣经依据，比如麦格拉思就是沿袭了这种研究思路。第二个特点就是巴刻援引新约中关于圣灵的记载不仅体现了福音派一切回到圣经，强调圣经的绝对权威这一福音派神学特色，更是从一个信仰者的角度，展示了自己浓厚而虔诚的对耶稣基督的信仰，通过自己对生命的体悟，感同身受地向读者传达了自己的真切认识，这样的写作手法可以极大地感动读者，可以把那些急需灵性生命的信徒拉入到基督的团契当中去。巴刻的宣教手法是十分高明的，他潜移默化地带领读者进入到了自己信仰的氛围之中，这样做也体现了福音派的另一个特点，那就是把福音宣教视为己任，及其强调福音传教的重要性。巴刻对圣灵的探究、以及基督徒灵性生命的探究深刻地影响了英语世界福音派在全球范围内的影响，帮助福音派摆脱了一些偏见，比如反理智主义、自私、狭隘等等。从巴刻的著作中根本找不到这样的记载和论述，相反，巴刻深厚的神学功底，言简意赅的语言，娓娓道来的叙事技巧让读者很容易就进入了巴刻所营造的信仰氛围当中去了。巴刻被视为福音派的"圣像"（Icon）就不足为奇了。

2. 巴刻论灵性生命

　　保罗用了两个希腊词汇来阐释新约中上帝属灵的恩赐。第一个词是charisma，意思是上帝救赎性的圣爱，这种活生生的圣爱传达了上帝救赎的信息，英语中用 grace（恩典）来表达；第二个词是 pneumatikon，在新约中用 hagion pneuma 表达生命与能量的意思，同时这个词本来指的就是作为三位一体中圣灵这个位格。巴刻认为上帝的属灵恩赐有些属于超自然之能力，比如《士师记》中的参孙受耶和华的灵的恩典，能够以超自然的力量击杀一千多非利士人；上帝属灵的恩赐有些则属于居于体内的圣灵重新引导，在每次运用这些力量的时候都能达到之前难以做成，或者达到的效果，这种力量属于自然的力量，比如技工受圣灵恩典，从而具有了超然的技巧与能力（出 28：3，35：31）。[10]

　　巴刻认为尽管上帝的属灵恩赐使人具有了超自然的力量，或超然的自然

---

10 [英]巴刻：《软弱之道》，刘光宇译，上海三联书店 2016 年版，第 55-56 页。

力量，但是在属灵这件事情上，信徒都是软弱不足的，这一点必须得以正视。巴刻认为原罪破坏了所有人之间的关系，人们困于无能为力的境地，只有认识到了人的有限，人们才可能产生谦卑之感，因此，人们才会意识到自己无法实现救赎，只有依靠基督才能得救。而这种灵性的需求需要时刻操练，直至养成了这种属灵的习惯，这时候才能达到保罗所说的"我们什么时候软弱，什么时候就刚强了。"（林后 12：10）[11]所以，巴刻呼吁基督徒，如若要想灵命变得强壮，在属灵这件事情是就应当清醒地意识到自己是软弱的，而保罗写给哥林多人的第三封信《哥林多后书》就是针对这个问题展开的。

保罗给哥林多人写第三封信的一个重要原因是为了消除那些反对保罗的人带给哥林多教会的影响，那些人攻击保罗说他软弱，同时也正是哥林多人对保罗的批评，保罗才直言了自己的软弱。[12]但是保罗向哥林多人讲述了自己的苦难经历，意欲说明在经历了这么多的苦难之后，保罗因软弱变得更为刚强了。巴刻意识到了当今教会的软弱，但是此时教会的软弱与保罗自认为自己的软弱截然不同，这是两个不可同日而语，亦不可做同等对比的事件。巴刻认为如今的教会不仅非常软弱，而且也没有效仿保罗在软弱之后变得刚强，相反由于对神的无知，不知道如何认识神的道路，也不知道如何与神交往，这样就导致了当今教会的困境。

具体而言，巴刻认为有两个趋势导致了当今教会的困境，其一是基督徒的心智迎合现代精神，并趋向于与其保持一致。自启蒙运动以来的现代精神标榜着理性，鄙视或者抛弃教会所宣扬的死亡与永恒、审判与救赎等概念。这种现代精神过度宣扬了人的伟大，同时压缩了神生存的空间，在生活方式上偏离传统的人神关系模式，刻意远离神。令巴刻更为心寒的是基督徒要么就是没有意识到这种困境，要么就是意识到但是采取冷漠对之的态度，他们保持沉默，并习惯了这种顺从和屈从，巴刻认为这种态度无异于自绝于基督徒的灵性生命。巴刻认为第二个趋势是基督徒的心智被现代主义的怀疑主义扰乱了。这样的结果就是科学、哲学和神学混为一谈，宗教所宣扬的很多重要概念遭受到了严重的冲击，最基本的宗教信仰也受到了质疑。在很多人看来宗教信仰与科学知识毫不相关，因为他们认为神学不再属于这个外在的世界而是属于人心内部

---

11 [英]巴刻：《软弱之道》，刘光宇译，上海三联书店 2016 年版，第 18 页。

12 关于保罗讲述自己的苦难历程可以参见《哥林多后书》，在以弗所差一点儿丧命（1：8-10）；经历各种艰难（4：7-18）；被人误解为癫狂者（5：13）；遭遇到了各种艰苦和逼迫（6：4-10，11：23-33）。

这个世界了。巴刻认为这趋势是自诺斯替主义以来对基督教造成的最为严重的冲击。所以巴刻说长期以来，基督教神学在帮助教会恪守福音真道这个最基本的责任上表现得越来越软弱与笨拙。[13]

作为福音派现代神学的代表人物，巴刻的著作和宣讲信息被世界范围内的福音派所推崇，巴刻在福音派内部享有长达四十多年的声誉，所以把巴刻称之为福音派的"圣象"（Icon）其实并不为过。[14]巴刻著述众多，他并不是要致力于建立福音派系统神学，而是试图调试系统神学与福音派神学之间的关系，所以在巴刻的思想深处，他对上帝知识的讲解不是为了简单的阐释神学知识，而是要帮助读者体验神的真善美，让信徒感觉到自己是生活在神的实体内部，从而帮助信徒全方位建立起对神的认识（knowing God）。无论是从理智的、心灵的还是生命的角度，信徒可以从这些方面感受上帝的存在，从而与上帝建立起一种个人性的关系（personal relation），从而委身于上帝，进而因上帝的恩典得以救赎。

二、麦格拉思论圣灵的神性和作用

麦格拉思对圣灵的认识依旧沿袭了历史神学的思路，这次他并没有梳理三位一体神学的发展历程，也没有梳理作为三个位格之一的圣灵是如何与其他两个位格融合为三位一体神学的。麦格拉思只是回顾了圣灵是否具有神性这个问题，这个问题是圣灵在三个位格中最为关键核心的身份问题。正如他自己所说的那样，基督教神学并没有十分重视圣灵在整个基督教神学体系中的重要性，给予的相关研究也是较为薄弱的。麦格拉思自己也未能摆脱这一认知模式，对圣灵仅仅是做了摘要式的归纳。所以下文将按照麦格拉思认识圣灵的思路，从圣灵的神性和作用两个维度概括麦格拉思对这两个问题的认知。

（一）圣灵的神性之争

圣灵在早期教会中并未受到应有的重视，而到了十一世纪的时候，由于对圣灵认识的分歧还导致了东西方教会的彻底分裂，但是随着灵恩运动的兴起，圣灵的重要性才得到真正的强调和凸显。圣灵在基督教神学发展史上最为核心的问题就是圣灵的神性问题，以及"和子"句之争，下文将按照麦格拉思论述以上两个问题的思路，概括他是如何认识和评价这两个问题的。

---

13 [英]巴刻：《认识神》，尹妙珍译，中国基督教两会出版部2011年版，第6-7页。
14 [英]巴刻：《认识神》，尹妙珍译，中国基督教两会出版部2011年版，第8页。

麦格拉思认为早期教会对圣灵的认识不到位，也未能适时将圣灵发展成为"圣灵论"，就像"基督论"那样成为一个完整的教义。但是这并不意味着早期教会没有涉及到圣灵神学，麦格拉思例举了孟他努（Montanus，135-175）为例来说明早期教会对圣灵的认识。孟他努是早期教会少有的强调圣灵的基督教作家，由于他与具有使徒传统的主教及教会在圣灵问题上的分歧，他的思想只能从他的反对者的著作中寻找了，所以麦格拉思认为孟他努真实的思想在某种程度上被扭曲了。但是麦格拉思依旧概括了孟他努的主要思想，认为他极其重视圣灵的活动，尤其是强调圣灵与梦境、异象以及先知的启示等之间的关系问题。孟他努很可能认为自己与圣灵是一致的，并把自己视为神启的一个源泉，麦格拉思认为这个论断缺乏实据，较为模糊。[15]但是奥尔森认为孟他努与主教之间的冲突主要在于孟他努自认为是上帝最伟大的代言人，把自己视为圣灵的喉舌，宣称自己的传道具有特殊的权威和灵感，教会对这种自命的先知感到焦虑，害怕这种行为冲击使徒传统及教会权威。出于这个担忧，初期教会较为排斥说灵语和其他带有神迹色彩的圣灵恩赐。[16]

早期教会由于打击孟他努主义使得圣灵在基督教神学中未获得应有的重视，除此之外，麦格拉思认为初期教会没有大力发展圣灵神学的另一个重要原因在于还有比圣灵更重要的事情要处理，那就圣子的神性问题，尤其是要处理阿里乌主义。到了公元四世纪随着阿里乌主义和撒伯里乌主义被斥为异端，圣子的神性得到了认同，三位一体正统教义在 381 年的君士坦丁堡大会中得到确认，这还得益于阿塔纳修以及卡帕多西亚三位教父的共同努力，这个信仰最终以尼西亚信经的形式确定下来，对大公教会的所有神职人员都具有约束力。阿塔纳修和卡帕多西亚教父对于三位一体正统神学贡献巨大，如果没有没有前者，后者的事奉就不可能实现；如果没有后者，前者的事奉也是徒然。[17]

麦格拉思认为在圣子的神性得到确认之后，阿塔纳修和卡帕多西亚教父的另一项重要工作就是确立圣灵的神性，这个过程主要是与圣灵反对者（pneumatomachoi, or opponents of the spirit）的博弈的过程。圣灵反对者，以

---

15 Alister E. McGrath, *Christian Theology: An Introduction* (Fourth Edition), Oxford: Blackwell Publishing, 2007, p.237.

16 [美]奥尔森：《基督教神学思想史》，吴瑞诚，徐成德译，北京大学出版社 2003 年版，第 20-22 页。

17 Justo Gonzalez, *A History of Christian Thought*, vol. 1, Nashville: Abingdon, 1992, p.300.

塞巴斯特的尤斯塔修斯（Eustathius of Sebaste）为代表，认为圣灵的位格和本质都不具有上帝位格的特质和地位。阿塔纳修和凯撒利亚的巴西尔引用当时已经广为接受的洗礼作为反驳例证，并引用圣经记载作为依据，"奉父、子、圣灵的名给他们施洗"（太：28：19）。阿塔纳修认为这条经文对于理解圣灵位格的神性具有重要的意义，认为洗礼的方式清晰地指明圣灵分享了圣父和圣子的神性。但是这一时期的教父并没有并没有公开宣扬圣灵就是上帝，因为缺乏圣经的直接支持，在圣经中圣灵的神性是通过与父、子的关系推导出来的，圣经中并没有圣灵就是上帝的直接表述，所以圣灵的神性得益于卡帕多西亚教父的论述，比如巴西尔论圣灵的论文以及纳西昂的格里高利（Gregory of Nazianzus）的相关著作。

公元 381 年君士坦丁堡会议上，以上论断可以通过尼西亚信经得到最终确认，圣灵被视为是"赐生命的主，从父（和子）而出，与父子同受敬拜，同受尊荣"。[18]在这里圣灵被视为"主"（Lord），并非上帝（God）。麦格拉思认为尽管在信经中没有使用圣灵就是上帝这样的话，但是圣灵的神性在三位一体上帝三个位格的关系中得到了体现，圣灵与圣父和圣子（Father and Son）享有相同的尊严与地位。麦格拉思在论述圣灵的神性这一问题时，常常把"父和子"（Father and Son）并在一起使用，可以看出麦格拉思沿袭的是奥古斯丁神学传统，是西方教会三位一体教义的支持者和践行者。麦格拉思认为圣灵与父、子之间的关系模式才是理解圣灵神性的关键所在，因为"和子"句之争的一个前提和共识就是承认圣灵享有父、子的神性。东方教会恪守卡帕多西亚教父，坚持认为圣灵由父而出；西方教会三位一体教义建立在奥古斯丁传统之上，坚持认为圣灵由父和子而出。东西方教会都坚持正统的三位一体教义，坚持圣灵的神性，但是圣灵与父、子之间不同的关系模式才是东西方教会分裂的最为深刻的原因。

在公元 4 世纪的时候，圣灵的神性在尼西亚信经中得到确认，麦格拉思认为在这个过程中有三个因素起到了关键作用。其一、纳西昂的格里高利强调，除了"非受生"（unbegotten）之外，圣经把赋予给上帝所有的称呼、头衔都应用到了圣灵上。此外，格里高利还着重研究了圣灵神性来源问题，认为圣灵的

---

18 汉语版尼西亚信经可以参见相关英文书籍中的翻译，本文中的这个翻译版本参考的是：[英]阿利斯特·麦格拉思：《基督教神学导论》（第五版），赵城艺、石衡潭译，北京联合出版公司 2017 年版，第 246 页。其它出处还可参考：[美]奥尔森：《基督教神学思想史》，吴瑞诚，徐成德译，北京大学出版社 2003 年版，第 198-200 页。

神性来自于圣灵自身的特性，并非由外而赋予的。所以圣灵自己不仅具有神性，更是使人成圣。其二、受盲人戴迪慕斯（Didymus the Blind，died 398）和巴西尔的思想影响，麦格拉思认为圣灵可以使人成圣的这个功能证明了圣灵具有神性，因为上帝的受造物不能让另一个受造物成圣，除非圣灵具有神性，否则圣灵是不能让人成圣的。如果圣灵发挥了上帝的功能，那么圣灵一定分享了上帝的神性。其三、洗礼证明了圣灵的神性，尤其是《马太福音》第二十八章的记载成为这个判断的圣经依据。依据圣经做出神学解释完全符合基督教的传统，更是福音派所呼吁的，所以麦格拉思认为圣经中对洗礼方式的记载，"奉父、子、圣灵的名给他们施洗"（太：28：19），把三位一体上帝的三个位格紧密地结合在了一起，同时这个洗礼模式也让三个位格彼此之间密不可分。

对于圣灵神性之争，阿塔纳修、卡帕多西亚教父和希波的奥古斯丁都作出过杰出的贡献，从麦格拉思论述圣灵神性的参考资料来源以及麦格拉思对于圣灵神性的判断，可以推知麦格拉思沿袭了西方教会神学传统，而且深受奥古斯丁神学影响。麦格拉思对于圣灵神性的判断同样受到了奥古斯丁对于圣灵神性认知的影响，而且着重引用了奥古斯丁"圣灵是爱的集合"（the Spirit as bond of love）这一判断来论证三位一体上帝的三个位格之间的关系，认为圣灵是爱而把父和子结合在了一起，从而使得三个位格密不可分，进而也使得圣灵分享了上帝的神性。有人批判奥古斯丁和麦格拉思"圣灵是爱"这一论断，认为这个认知缺乏圣经依据。不可否认的是，在圣经中确实没有圣灵是爱这个原文，但是圣灵作为三位一体上帝的一个位格，分享了上帝的所有特质，所以，如果上帝是爱（约壹4：8，16），那么圣灵也是爱了。[19]

（二）麦格拉思论圣灵的作用

麦格拉思认为从传统的角度出发，圣灵的作用主要集中在启示、救赎和基督徒的生活三个方面，他也沿用了这个思路，简略介绍了圣灵在这三个领域所发挥的作用。在这里麦格拉思使用的依旧是历史神学的研究方法，引用了历史上重要神学家对圣灵作用的经典论述，用以阐释证明圣灵在这三个领域内的重要作用。

---

19 关于奥古斯丁是如何推论圣灵是爱的可以参考 Alister E. McGrath, *Christian Theology: An Introduction* (Fourth Edition), Oxford: Blackwell Publishing, 2007, p.240. 在这里麦格拉思大段引用了奥古斯丁原著的英文译文，详细介绍了奥古斯丁的推理过程。

1. 圣灵带来启示的光明

圣灵在向人类启示上帝时发挥着重要的作用，正如爱任纽所说的，先知通过圣灵宣布预言，并引导人们走向上帝的公义。马丁·布赛尔（Martin Bucer）认为圣灵的主要任务就是引导人们进入到上帝的真理中去，如果没有圣灵，那么人就无法理解上帝的真理。麦格拉思认为圣灵的作用与圣经密切相关。圣经默示的教义说明了圣经具有上帝所赋予的绝对权威，因为"圣经都是神所默示的"（提后 3: 16）。圣经默示之教义对于基督宗教新教而言还有另外一层含义，那就是强调圣经的权威性要高于教会。但是天主教却坚持教会的权威性要高于圣经，因为天主教认为圣经正典的形成过程似乎就已经暗示了教会的重要性和权威性都要远远大于圣经本身。而基督宗教新教则坚持认为圣经的权威就在于圣经本身，因为圣灵见证了这个过程，并引导人们区别正典和伪经。麦格拉思认为圣灵不仅和上帝的启示密切相关，而且还与人们对上帝启示的回应相关。他引用了加尔文的观点来证明，很多基督教神学家认为信仰就是源自于圣灵的事工，因为圣灵向人们显示了上帝的真理，并将上帝的真理赋予了人类。

2. 圣灵给信徒带来拯救

在前文中提及教父用圣灵的作用来论证圣灵的神性，有些作用就是与耶稣基督的救赎相关的。加尔文和路德认为，圣灵给信徒带来了内在的更新和重生，把基督徒塑造为基督的样子，使得人类恢复到了亚当夏娃堕落之前与上帝保持良好关系的情形，因而救赎了人类的原罪。此外，圣灵在救赎的过程中主要发挥着使人成圣的作用，这个作用在东方教会中尤为明显。麦格拉思认为西方教会在这一点上与东方教会有所不同，西方教会认为救赎是关系类型的，并非是主体论式的救赎论，意思是说西方教会非常强调圣子和圣灵在上帝救赎的过程中所扮演的重要而又所有区别的作用，而东方教会则是侧重三位一体上帝作为本体的整体性救赎，而不再细分三个位格是如何进行救赎的。这只是东西方教会对三个位格在救赎中所发挥作用的不同程度的侧重而已，东西方教会的救赎论绝非相排斥的两种救赎论。加尔文的救赎论可以很好诠释西方教会的观点，认为圣灵在救赎中扮演了重要的角色，是耶稣基督和信徒之间的桥梁和纽带，把二者联合了起来。

3. 圣灵引领基督徒的生活

圣灵与基督徒的生命密切相关，无论是在个人层面还是在基督教团契的层面都发挥着引领和规范基督徒生活的作用，既规范了基督徒的生活方式，也约定了基督徒灵性生活的内容。5世纪时的作家西里尔（Cyril of Alexandria）认为圣灵对于教会内部的团结也发挥着重要的作用，主要是在灵性生活方面使信徒产生了共同的认知和共鸣。尤其是在多元思潮泛起的当下，世界范围内的各大宗教之间的交流和对话成为主流，他们都在寻求一个对话的契机，一个对话的切入点和一个可以对话的内容，灵性生活因而就成为了各大宗教的共同关注点，因为每一种宗教都会提倡灵性生活，只是灵性生活的内容和方式各异罢了。

　　麦格拉思认为就基督宗教而言，圣灵对于引领和规范基督徒的生活内容和方式所发挥的重要作用还体现在一下两点。其一，圣灵在个体和集体的灵修中让信徒感觉到了上帝的真实临在，这一点在古典基督教作家和现代基督教神学家的著作中都会提及。其二，圣灵还能引导基督徒过着有德性的生活，这个功能弥补了律法的空白，因为律法无法保证人们的德性生活。麦格拉思还认为，灵性引领的不仅仅是个人的灵性生活，更能引领集体的灵性事工。自从梵二会议以来，天主教内部的神学家开始广泛讨论圣灵的见证作用，尤其是在维系教会的团结一致方面，他们常把教会称之为"嫉妒的身体与灵的殿堂"。[20]

第二节　麦格拉思论神灵的统治性

一、灵恩运动的复兴

　　麦格拉思首先探究了灵恩（charismatic）的词源，认为这个英语词源自于希腊词charismata，意为礼物或者恩赐，尤其是属灵的恩赐，这也是如今灵恩派基督徒所坚信的，认为上帝赋予了灵恩派信徒灵性的生命。麦格拉思还从历史学的角度探究了灵恩运动的发展历程，他认为虽然灵恩运动的历史渊源比较早，但是现代灵恩运动的发展可以追溯到20世纪初期查尔斯·帕拉姆（Charles Fox Parham，1873-1929）的布道。帕拉姆坚持说灵语，坚信洗礼之后还要进行圣灵的洗礼，这些信仰就成为五旬节派最具代表性的标志。[21]

　　就灵恩运动发展的历程而言，瓦格纳（C. Peter Wagner）的研究最具代表

20 Alister E. McGrath, *Christian Theology: An Introduction* (Fourth Edition), Oxford: Blackwell Publishing, 2007, pp.240-242.

21 [美]理查德·奎比道克思：《新灵恩运动：新五旬节派的起源、发展和意义》，纽约：道布尔迪，1976年版。

性。他把灵恩运动分为三个阶段，第一个阶段始于 20 世纪初期，主要特征就是说灵语，这一阶段也被视为古典五旬节派时期。第二阶段为 20 世纪 60 年代至 70 年代，这一时期的灵恩运动影响到了基督宗教的各大派别，包括基督教新教的主流派别和天主教，这一时期的特征是灵医以及灵恩实践。第三个阶段以约翰·温布尔（John Wimber）为代表，他格外强调上帝恩典的记号和奇迹（sings and wonders）。[22]

麦格拉思认为五旬节派和灵恩运动是 20 世纪基督教世界最重要的发展，灵恩运动以新约为依据，尤其是《使徒行传》中关于圣灵的记载，坚信现代基督教可以从中再次发现和重新重视圣灵的力量。麦格拉思同时也指出，重新意识到圣灵的力量以及再次重视圣灵临在的宗教体验也带来了一些问题，比如，引发了圣灵洗礼（Spirit-baptism）的本质之争；对于个人的信仰、个人的灵性生活以及维护教会的一统性而言，哪一个属灵的恩赐更为重要，等等。鉴于以上争论，五旬节派总体而言对传统神学持怀疑的态度，因为后者过于强调对基督教信仰进行理性的反思，而忽略了个人的宗教体验。[23]

福音派十分重视圣灵的作用，认为圣灵给信徒带来了重生，确保了耶稣基督的救赎得以成功实现。麦格拉思从圣公会的传统出发，认为圣灵把耶稣基督的救赎恩赐给了人类，赋予了人类生命，在召唤中把信徒和基督联合在一起。[24]《威斯敏斯特简明教义问答》的成书过程受到了加尔文的深刻影响，所以在加尔文的《基督教原理》中可以找到相似的论述，认为圣灵把关于上帝的知识通过启示的方式传递给信徒，并把这些真理封存在信徒的心中。

麦格拉思认为灵恩运动使得人们重新重视起圣灵的作用，尤其是圣灵的位格和事工。灵恩运动通过强调圣灵在基督徒灵性生活中的作用，再次激起了福音派的生命力和活力。但是与此同时，麦格拉思认为灵恩运动对圣灵的过度重视和某些做法，比如说灵语和奇迹般的医治效果等，也给福音派带来一些张

---

22 [美]瓦格纳：《圣灵的第三次浪潮》，密西根州：仆人，1988 年版。

23 Alister E. McGrath, *Christian Theology: An Introduction* (Fourth Edition), Oxford: Blackwell Publishing, 2007, p.81-82.

[英]阿利斯特·麦格拉思：《福音派与基督教的未来》，董江阳译，中央编译出版社 2004 年版，第 64-70 页。

[英]阿利斯特·麦格拉思：《基督教神学导论》（第五版），赵城艺、石衡潭译，北京联合出版公司 2017 年版，第 86-87 页。

24 《威斯敏斯特简明要义问答》第 30 个问答。参考出处 http://www.westminstershortercatechism.net/ 参考日期为 2018 年 5 月 14 日星期一。

力。主要表现为两个问题，其一是圣灵的体验到底能在基督徒个体灵性生活中发挥怎样的作用；其二是如何正确处理上帝的道和灵之间的关系。[25]

麦格拉思在提出这两个问题之后，并没有立即回答这两个问题，他只是简要的回顾了灵恩运动发展的大致历程。麦格拉思虽然十分强调圣灵的重要性，但是他并没有就圣灵展开详尽的探究，只是泛泛而谈。同样的，麦格拉思认为灵恩运动对于福音派灵性生活十分重要，但是也没有对灵恩运动展开详细的论述，只是在《基督教神学导论》、《基督教简介》、《福音派与基督教的未来》和《基督教的未来》等书中用了很短的篇幅，简明扼要地介绍了灵恩运动的发展过程，至于灵恩派神学的特点及其反思并未涉及。[26]

就道与灵之间的关系而言，麦格拉思认为灵恩运动有效地弥补了以道为核心的理智型神学传统，因为这种神学传统很可能不重视或者忽视基督徒个体的宗教体验，进而退化为理智型的宗教。但是以道为核心的传统神学同样也表达了对以灵为核心的神学传统的担忧，认为如果过度重视灵对个人的启示及其灵性生活经验，很可能会让那些不诚实不道德的基督徒有机可乘，进而脱离基督教真实的信仰和上帝的真理，甚至可能打着上帝对个人的直接启示而忽视圣经的权威性。麦格拉思认为如果这两种做法在一个合理的限度内着重强调自己的不同与特点，那么道和灵之间的关系就不会走向对立，唯独担心对道和灵的过分强调会使得这场争论走向极端。所以麦格拉思认为以道为理论基础的神学完全可以在基督徒灵性生活方面深入发展，而以灵为基础的神学仍然可以视圣经为信仰的来源并认可圣经的权威性。

鉴于灵恩运动对圣灵的格外重视，以及圣灵在福音派神学中的重要作用，下文将简要回顾灵恩运动的发展历程，之后概述福音派对于灵性的探究，最后将对灵恩运动从神学上做出一些反思，主要是概括灵恩运动的神学特点。由于麦格拉思本人并没与从神学上反思灵恩运动，但是麦格拉思本人的神学思想受到了巴刻的影响，所以本文将在此介绍巴刻是如何理解和总结灵恩运动的神学特点的。

---

25 [英]阿利斯特·麦格拉思：《福音派与基督教的未来》，董江阳译，中央编译出版社2004年版，第64-65页。

26 这个问题在巴刻的著作中得到了很好的探究，详见 J. I. Packer, *Serving the People of God: Collected Shorter Writings on The Church, Evangelism, The Charismatic Movement, and Christian Life*, Vancouver, British Columbia: Regent College Publishing, 2008, pp.57-158.

二、灵恩运动的特点

灵恩运动现在依旧处在进行之中，并且涉及到了基督教世界的每一个教派和分支，包括罗马天主教、东正教、圣公会以及那些非主教制教派，同时也涉及到了基督宗教的每一个神学家以及每一个神学领域。[27]灵恩运动也被称之为新五旬节派，就像是传统五旬节派一样，像野火一般迅速传遍了世界的每一个角落。灵恩运动强调圣灵的洗礼，是信徒在个人皈依并进行了传统洗礼之后再一次的灵性洗礼，信徒可以随时随地进行灵性洗礼。

灵恩运动发展到如今的阶段，已经基本独立于五旬节派而寻求自己的发展了，他们更倾向于使用另一个名字来称呼自己，那就是灵恩重生（charismatic renewal），抛弃了灵恩复兴（charismatic revival）这个名字。究其原因，奎比道克思认为新五旬节派在刚开始的时候把这场运动称之为灵恩复兴，预示在现代教会生活中恢复上帝的灵性恩赐。之后复兴这个词就被重生所替代，主要是为了撇清基要主义复兴之间的关系，同时也是为了强调，重生不仅仅是再次把属灵的恩赐带入教会，而是为了更加全面地把属灵的恩赐与基督教的灵性重生更加紧密地结合起来。[28]所以灵恩重生把自己视为再次进入早已失去的灵性世界，是圣灵的事工充满了活力和生命力，同时也深化了个体基督徒的灵性生命，进而使得整个基督教王国走向了复苏。[29]

灵恩运动是一场跨越宗派和传统的运动，它的神学主张相对于传统基督教而言并无二致，与福音派则保持了高度的相似性。灵恩运动十分重视三位一体的上帝、道成肉身、救赎的重要性以及圣经的权威性，所以仅从这几点看来灵恩运动确实是福音派在上个世纪最为重要的一场运动。但是这并不是说灵恩运动就完全不具有自己的神学特征，巴刻把灵恩运动的神学特征归纳为五点：个人对上帝、基督和圣灵的丰富体验、说灵语、属灵的恩赐、在圣灵中敬拜上帝、强调上帝重生的重要性。[30]

三、福音派的灵性危机

灵性在基督教信仰和实践两个领域发展迅速，而且灵性这个词汇已然成

27 Richard Quebedeaux, *The New Charismatics*, New York: Doubleday, 1976.

28 Richard Quebedeaux, *The New Charismatics*, New York: Doubleday, 1976, p.116.

29 J. I. Packer, *Serving the People of God*, Vancouver, British Columbia: Regent College Publishing, 2008, pp.111-112.

30 J. I. Packer, *Serving the People of God*, Vancouver, British Columbia: Regent College Publishing, 2008, pp.114-122.

为一个流行词汇，福音派也欣然地接受了这个词汇。在某些福音派神学家的眼里，灵性既代表着一个全新的发展方向，也意味着福音派在灵性上的干涸与无力。因为灵性这个词一开始就具有了对纯然精神的追求，带有与物质世界相反的意味。灵性不仅仅指的是人的精神世界，还包括人们的思维、情感、意志、想象和身体。[31]麦格拉思认为福音派的灵性坚持以圣经为中心，关注的是信徒和耶稣基督之间的救赎性关联，所以福音派眼中的灵性不是一种精准的神学体系，也不是某个宗派的利益诉求。福音派的灵性论关注的是信徒与耶稣基督在灵性生活中的一致性，是信徒因耶稣基督的救赎性死亡而产生共鸣，虔诚地进行信仰的实践，从而摆脱走向耶稣基督信仰所面临的困境。

以麦格拉思为代表的现代福音派神学家倡议回到基督教传统中去，寻找灵性信仰的素养，是因为他们意识到了福音派在获得了理智的制高点之后，福音派越来越倾向于从理智的角度分析归纳福音派神学及其信仰，这样就与侧重于强调个人信仰体验的人之间形成了一种张力。麦格拉思认为现代福音派的危机就在于缺乏一种充满生命力的灵性信仰，所以他认为非常有必要建立一种属于福音派的独特的灵性生命形式，既要忠实于福音，又要有能力去应付现代生活带来的压力。

麦格拉思认为福音派的危机具体表现在以下几个方面，其一就是缺乏属于福音派独特的灵性形式，即以圣经为依据和以耶稣基督的救赎为核心；以及缺乏相应的灵性实践，使得福音派灵性生命失去了生机，某些福音派信徒转向了天主教或者其他教派，因为他们能提供更好的灵性生活。其二就是过分依赖于某个充满个人魅力的福音传道者，这样做的劣势在于当这个人离开这个教会的时候，这个教会的信众就会随他一起离去，他们的灵性生活也就开始萎靡。其三就是现代福音派缺乏应对现代社会世俗文化的能力。面对日常生活中的压力，人们越来越焦虑，而福音派在面对这一现象时却显得无能为力，教会并没有制定措施帮助信众克服现代社会中的压力，这就是福音派在当下社会中缺乏魅力的一个直接原因。

麦格拉思说，福音传道可以造就一个基督徒，只有灵性才能使他继续保持成为一个基督徒。鉴于当下福音派灵性信仰的危机，麦格拉思认为福音派应该重新重视圣经、基督之死、个人皈依和传播福音对于福音派灵性生活的重要性。这样做可以不仅可以挽回福音派灵性枯萎的颓势，而且还可以使福音派教

---

31 [美]罗伯特·班克斯：《家庭教会和灵性》，《交流》第40期，第15页。

会不再依赖外在的因素，让福音派从内部焕发新的生命力。麦格拉思同时也十分乐观地表示，只要重视福音派所面对的危机和弱点，这些危机和弱点也可以转换为福音派的长处和优点。

麦格拉思之所以对福音派灵性生活持乐观的态度，是因为麦格拉思对福音派传统了然于心。在 17 和 18 世纪的时候，福音派的灵性生活是十分丰富的，这一时期被称为古典福音派灵性生活时期。这一时期的灵性生活要求信徒既要有闲暇时光又要有毫无压力的心境，这种理想化的灵性生活方式在现代社会中已然成为了一种奢侈品。葛培理曾经提议信徒每日查经，他认为如果失去了每天的精神食粮，那么很可能导致精神的饥荒，进而丧失灵性的生命力。尽管如此，葛培理所提倡的灵性生活方式在现代社会中依旧显得那么遥不可及。回顾福音派的历史，发现福音派反对把灵性生活实体化或者客观化，这样就可以避免把强化灵性生活的实践作为目的，因为这仅仅是实现灵性生活的手段而已。所以麦格拉思认为福音派灵性生活所要关注的重点应该放在人的行为和实践上，即，信徒和上帝的关系上。麦格拉思因而倡议福音派神学家有责任和义务去挖掘一些在现代社会切实可行的方式，既能符合福音派灵性生活所必须坚持的各项原则，比如，坚持圣经为依据、坚持耶稣基督的中心性、坚持个人的皈依和传播福音，又能符合现代社会的生活节奏。

麦格拉思认为可以从两个方面开展这项工作，其一就是坚持和重视人的因素，其二就是重视灵性在福音派神学教育中的作用。麦格拉思从自己的工作经验中总结道，很多人满怀信心和激情开始了福音派的灵性生活，但很快就转向了其他信仰，比如天主教和其他宗派，因为他们能提供更好的灵性生活，还能解决信徒在现代世俗社会中所面临的困境。天主教灵性生活之所以具有这么大的魅力，其原因在于天主教在重视灵性生活的神性之时还极为重视灵性生活中人性的因素。麦格拉思认为福音派可以向天主教学习这一点，强调人类的原罪，强调人类需要救赎的一面，这样做的目的是为了让福音派在灵性生活中重视人性的因素，不要因为强调耶稣基督在救赎中的重要作用而忽视人性的重要性。

麦格拉思说强调灵性生活中的神性和人性因素是必不可少的两个方面，不可偏颇。从麦格拉思这一观点中可以看到加尔文的影子，他在《基督教要义》中说人所拥有的智慧由两部分组成，那就是关于上帝的知识和关于人类自己的知识。所以基督徒的灵性生活也应该包括两个方面，那就是认识神和认识自己。巴刻的《认识神》一书就是福音派对这一观点最具代表性的诠释，而认识自己又与希腊德尔菲神庙前的警示名言"认识你自己"遥相呼应。麦格拉思同时还指出，福音派虽然拥有丰富的灵性生活的传统，但是这些都被遗忘了，教会在处理人和人之间的关系时变得软弱无力，福音派神学家和教会也不愿意处理信徒日常生活中遇到的琐事碎事，因而忽略了个人的宗教体验和生存处境。相比之下，福音派之外的教会却能较好地处理好这些问题，难怪福音派面临着危机，而某些灵性生活更具鲜明特色的教会人数却与日俱增。

麦格拉思认为重视灵性和福音派神学教育是挽回福音派的颓势的有效举措。纵观全球，灵性在福音派神学教育中并不受重视，只有维真学院有灵性神学教授席位，这仅仅是一个例外，更为普遍的现象是灵性教育在神学培训机构中长期处于边缘化的地位。此外，研究福音派灵性的相关期刊相对来说数目少，而且能发挥的作用也是十分有限的。针对这一现象，麦格拉思认为应该从福音派的传统中去寻找灵性资源，比如宗教改革、英国的清教徒运动，以及灵恩运动等等。

此外，麦格拉思认为还应该树立一个典范供人们进行效仿，并指导人们的灵性实践。福音派历来反对树立一个灵性生活的指导者为人们进行长期的灵性指导和训练，这样做的直接后果就是希望有人在灵性上进行指导的信徒转而投向了天主教的灵性世界，因为福音派始终没有意识到一个灵性经验丰富的长者对于那些渴望灵性指导的个体是多么的重要。麦格拉思认为十分有必要在全球范围内利用各种资源进行灵性指导和实践，或者在公开的场合宣扬福音派灵性的需求，比如开班培训班或者研讨班分享他们自己的经验、挫折和希望等。总之，麦格拉思认为现在亟需把灵性提上福音派的议程，直到解决了这个问题为止。

麦格拉思认为树立典范供人们进行灵性生活是十分必要的，这样的典范还应该具备以下四个特征。其一、这个典范应该以圣经为中心。以圣经为中心历来就是福音派首要的特色，位于福音派信仰的核心地位，但这还不够完善，还应强调福音派坚持以一种特殊的方法来阅读圣经。阅读圣经可以采取多种方法、立场和态度，比如可以采取批判性的阅读，或者灵修性质的圣经阐释等，但是这二者最终达到的效果是完全不同的。在灵修性质的圣经阐释中，阅读者期待上帝与之交流和共融，充满了期待去深思、冥想自己和上帝之间的关系，进而建立起与上帝之间信仰、信守的纽带关系。阅读圣经就是要让信徒找到一种符合自己的方法，让自己和圣经融合为一。

其二、这个典范应该重视对上帝的认识。加尔文认为认识上帝绝非一件中性事件，认识上帝会让人顺从和敬拜上帝，这是灵修性质的圣经阅读所带来的自然而然的结果。在灵修式的阅读圣经中，信徒通过冥想和祈祷加深了对上帝的认识，体悟信徒与上帝之间的关系，体验上帝的临在。

其三、这个典范应当建立在上帝自我启示之上。福音派利用了宗教改革时期的资源，重新强调了神学和灵性之间的关系。福音派认为二者之间的动态关系一方面可以防止灵性退化为以人为中心的，并以强化虔诚信仰为目的的外在的形式化的探求，这样就可以把灵性生活建立在可靠的上帝的自我启示基础之上。另一方面又可以制约神学向抽象化、理智化的发展，因为固化的神学会导致信徒远离虔诚，从而不再从个人的宗教体验去感悟上帝以及与上帝之间的关系。巴刻在《认识神》一书中强调了神学与灵性之间的关系密不可分，强调了灵性的圣经根源，反对主观主义者的自我中心论立场。

最后，这个典范应该重新发现灵性实践的重要性。麦格拉思认为，面对世俗文化的冲击，福音派信徒依旧被动地适应并接受了西方现代文化。他认为这会严重影响福音派信仰的有效性，因此有必要重新回顾福音派的传统，以期从中发掘有利于福音派当下发展的优良传统，并重新构建福音派信仰，以应对教会与世俗世界之间的张力。他还认为福音派最大的危险来自于自身灵性资源的匮乏，如果不采取积极措施，福音派运动将会是昙花一现。但是麦格拉思对此持积极乐观的态度，认为正是福音派现在所面临的困境才使得福音派内部充满了斗志，期待能够激发一种持久的探究历程，并最终克服和走出这一困境。福音派是灵性世界一个沉睡中的巨人，他所要做的就是醒过来！这样的景象，在麦格拉思眼中是多么的令他兴奋啊。[32]

---

32 [英]阿利斯特·麦格拉思：《福音派与基督教的未来》，董江阳译，中央编译出版社2004年版，第146页。

第五章　个人皈依的必要性

　　麦格拉思认为福音派灵性信仰的核心特征在于强调和突出个人信仰的重要作用，而这种个人的信仰体验是建立在耶稣基督的生、死和复活之上的，是个人与耶稣基督之间一种关系性的、个人性的对信仰的领受，不能仅从命题性的视角来理解信仰。正如马丁·路德所说的那样，信徒可以从神学的角度大谈救赎的本质，但是他很可能没有意识到救赎只有在耶稣基督里才能得以实现。所以说应当去体认上帝，而不仅仅是去认识和了解上帝，不能仅仅在书本中理解上帝，更应该是在与上帝的"相遇中"亲身体验上帝。詹姆斯·巴刻曾经说道，系统神学把关于上帝的启示真理概念化，似乎是号召人们以一种超然的、客观地、冷静而不动情感的方式去研究圣经，或者对之进行反思。巴刻对这样的做法深表怀疑，认为这样会在"神与神的观念"之间制造一条鸿沟，这样的话信徒就没法真正认识神。[1]麦格拉思认为巴刻代表了福音派是如何认识神的观点和方法，同时还明确告知人们使用超然独立客观地态度和立场是无法真正认识神的。[2]

　　以新正统神学为代表的主流神学在灵性上较为枯燥乏味，而虔敬主义强调一种活生生的个人性的信仰，这在某种程度上弥补了新正统神学在灵性信仰上的不足。同时，虔敬主义对于基督教福音派产生了深刻的影响，福音派的灵性根基恰恰就是突出了个人信仰的温暖与活力。麦格拉思认为福音派十分

1　[英]詹姆斯·巴刻：《系统灵性导论》，载《要点》1990年第一期（总26期），第2-8页。

2　[英]阿利斯特·麦格拉思：《福音派与基督教的未来》，董江阳译，中央编译出版社2004年版，第71页。

重视个人信仰的皈依体验，而这种皈依感并不非得是一种突发的骤变，或者非得是某个具体的重生的时刻。麦格拉思认为福音派所强调的皈依感突出的是圣灵的统治性，强调的是个人的一种活生生的信仰，看中的是此刻的皈依感。[3]而这种皈依感是与耶稣基督的生、死和复活密切相关的，只有在认识神（Knowing God 巴刻语；Knowing Christ 麦格拉思语）的过程中体认上帝，与上帝建立一种活生生的信仰，这种皈依感才会更加的真实可靠。所以要了解麦格拉思为何强调个人皈依，并把它视为福音派的六个特征之一，我们就必须要知道麦格拉思是如何论述基督论和救赎论（基督的事工）的。这样就可以宏观把握麦格拉思是如何体认耶稣基督及其救赎而达到个人皈依的。

> 我逐渐意识到我的信仰过于学术化了。说实话，这如同尘土一样枯燥乏味。我的灵性生活曾是那么的枯萎，我最不需要的就是这些干枯乏味的东西，但这又是当下很多人的主要食量。我需要更新和恢复我对福音的认知。我想为我的信仰而欢欣鼓舞，我想为了我对基督的爱而热血沸腾……然而这种方式却戛然而止了。那种带领我们通向基督、让我们信仰基督并使我们获得重生的东西都变成了目的本身。关于上帝的知识替代了基督的知识。这是个危险而糟糕的情况，这会让人的信仰变得虚弱且又脆弱，这种信仰并不是有效地建立在人与基督活生生的个人关系之上。[4]

以上文字原文翻译自麦格拉思的《认识基督》，他在此处把基督的位格和上帝的知识能够转变人的信仰的这一特征结合在一起，体现了麦格拉思本人灵性生命的历程，刚开始的时候他拥有上帝的知识，却缺乏热情，之后通过体认耶稣基督并与之建立了密切的个人关系。这段文字展示了麦格拉思转变为一个坚定地基督徒的心路历程，并如何从一个过于学术化的信仰走向了一种典型的福音派信仰，即把个人皈依与耶稣基督的生、死和复活紧密结合起来，从而体现了一种典型的福音派信仰之特征——坚持彻底的耶稣基督中心论。与此同时，麦格拉思虽然高度重视耶稣基督的位格，但是这不仅仅是出于学术的原因，而是因为他相信认识上帝不仅改变了个人的生活从而皈依上帝，更是因为认识上帝能够让人类更加完善和完满。

3　[英]阿利斯特·麦格拉思：《福音派与基督教的未来》，董江阳译，中央编译出版社2004 年版，第 73 页。

4　Alister E. McGrath, *Knowing Christ*, New York: Doubleday, 2002, pp.7-8.

第一节　麦格拉思论个人皈依与基督论

本文第三章第三节已经论述过麦格拉思论耶稣基督在启示、救赎、示范和圣礼中的重要意义，此处将论述的重点圈定为麦格拉思是如何评价耶稣基督在基督教神学中的重要地位，并依据新约记载是如何从对耶稣基督的各种称呼中挖掘福音派灵性信仰的圣经根源。在介绍完了麦格拉思的基督论之后，写作重点将会转向麦格拉思的救赎论，即耶稣基督是如何通过事工救赎人类，进而实现人类的皈依，这一部分的一个重要议题就是如何认识麦格拉思的基督论和救赎论是如何促进信徒的皈依的。

麦格拉思认为基督宗教与其他宗教最大的区别就在于基督宗教始终把历史的基督放在中心位置，而福音派更是强调耶稣基督的独特性和权威性，福音派最为突出的特征就在于耶稣基督的中心性。[5]麦格拉思认为耶稣基督的重要性源自耶稣基督的位格和事工，认为应该忠实于新约对于耶稣基督的描述，因为耶稣基督在圣经中向信徒自我启示。麦格拉思坚持基督的权威性与福音派所强调的圣经的权威性不仅没有相互冲突，而且还是密不可分的，因为圣经是获取耶稣基督及其救赎性知识的唯一源泉。麦格拉思这个观点受到了加尔文的影响，因为加尔文把这一点视为圣经的核心要义所在。所以在福音派看来，但凡出自圣经之外的有关上帝的知识都是不可靠的，其价值也是有待商榷的。

正是由于耶稣基督的独特性和权威性，麦格拉思详细地研究了耶稣基督的重要意义，这部分内容已经在本文第三章第三节进行了介绍，所以此处省略不谈。此处将要从一个较为宏观的角度概括麦格拉思是如何论述耶稣基督在整个基督教神学中的地位的。

一、耶稣基督在神学中的重要地位

基督论主要是对耶稣基督的身份，及其对基督宗教的信仰之重要性进行的研究，传统意义上认为基督的重要性主要体现在道成肉身和神人二性上，由于这两个教义的复杂性，麦格拉思认为人类的语言和思维根本无法真正认识耶稣基督，正如卡尔·巴特（Karl Barth）所说的那样，上帝的启示是不可能被束缚的，就像鸟儿不可能停在半空中一样，人们永远也不可能掌握（seize，理解）上帝启示的荣耀。但这并不意味着人类在上帝面前就无所作

5　Alister E. McGrath, *A Passion for Truth: The Intellectual Coherence of Evangelicalism*, Downers Grove, Illinois: InterVarsity Press, 1996, p.25.

为，在福音书作者看来，公元一世纪时候的基督徒见证了作为人的耶稣，基督徒进而又意识到上帝远非如此。耶稣为人类认识上帝提供了一个可能性，同时也让上帝为人所知、为人所识、为人所信。到了五世纪的时候，卡尔西顿定义把耶稣认定为"真神和真人"，即神人二性，这样就为人类认识上帝的临在开启了一扇窗户。

麦格拉思对基督论的研究主要是从两个视角，或者说是从两个时间段开始的。第一个视角是古典基督论，这个阶段始于教父对基督论的研究，止于中世纪基督论，探究了这个时间段内主要神学家的研究成果，还包括后来的神学家对这一阶段研究的主要论断，比如，查士丁、奥利金、阿里乌主义、亚历山大学派和安提阿学派、阿道夫·哈纳克对教父基督论演变的研究等等。麦格拉思研究基督论的第二个视角是启蒙运动对基督论带来的前所未有的冲击，对信仰和历史带来的一系列质疑，麦格拉思梳理了现代性对基督教信仰所带来的冲击和质疑，并且评估了这些冲击和质疑对基督论所带来的影响。[6]总体而言，麦格拉思认为耶稣基督的位格在基督教神学中处于核心地位，主要体现在以下四个方面，第一个方面是历史的视角，其余三个方面是神学方面的考量。

（一）耶稣基督是基督宗教的历史起点

麦格拉思认为耶稣基督就是基督宗教的历史起点，意思是指耶稣的降临使得基督宗教得以成立，如果没有耶稣基督也就不会有基督教，这是一个历史事实，也不会存在什么争议，但是该如何解释这一点却存在诸多争论。启蒙主义者认为拿撒勒的耶稣只不过是自然宗教的翻版，耶稣的言行并没有什么新意，而理性却能获得所有的真知灼见，包括耶稣基督带来的真理。理性主义者认为，如果上帝确实说了什么理性所不知道的东西的话，那也一定是非理性的、毫无价值的。利奇尔（Albrecht Benjamin Ritschl）虽然是德国自由主义新教神学家，但是他表达了与理性主义略有不同的观点，他认为耶稣基督给人类的生存处境带来了新意，这通常也是理性主义者所忽略的。利奇尔进一步指出，基督宗教作为一个历史的宗教具有一定的神学上和文化上的特征，这还得归因于拿撒勒的耶稣。

麦格拉思认为从历史的角度省视耶稣基督是十分重要的，因为基督宗教必须对耶稣基督的生、死和复活做出解答。基督宗教作为一个历史性的宗教，

---

6 Alister E. McGrath, *Christian Theology: An Introduction* (Fourth Edition), Oxford: Blackwell Publishing, 2007, pp.272-325.

必须应对一系列的以耶稣基督为中心的历史事件，而基督教神学也必须深思和反思这些历史事件。麦格拉思同时还认为，强调基督宗教以及耶稣基督的历史性对于理解圣经的重要性也有着不可估量的重要作用。麦格拉思也多次强调圣经的权威性和耶稣基督的中心性之间的关联，认为基督论和圣经的权威是相互关联的，即，圣经是有关耶稣基督知识的唯一权威出处。而圣经的权威性又得依赖于对这些历史事件的神学反思，历史事件和神学反思互为基础，相互依赖。通过耶稣基督人们可以获取上帝的知识，而关于耶稣基督的知识只能来自于圣经。这样，圣经的权威性就与耶稣基督在基督教神学中的中心地位紧密结合在了一起，这两点也正是福音派最为显著、最为重要的特征。

（二）耶稣基督启示了上帝

本章第二节已经对耶稣基督的启示性意义做了探讨，主要总结了麦格拉思对启示的四种分类。麦格拉思把启示分为四类：第一种类型是"作为教义的启示"（Revelation as Doctrine），意为上帝用超自然的形式把自己的启示信息传达给聆听者。启示的第二种类型是"作为临在的启示"（Revelation as Presence）。这一类启示与辩证神学关联密切，意为传达上帝在信众心中个人性的临在。上帝和上帝之爱只能通过上帝的自我给予（self-giving）才能被传达传来。布伦纳认为上帝在启示中不仅仅传达了信息，而且还传达了上帝自身的临在，这种亲自的临在是上帝与信众之间互动关系，是具有目的论性质的相互关系。启示的第三种类型是作为经验的启示（Revelation as Experience）。这一类型的启示极为强调个体的经验，认为通过个体的经验才能让上帝自我显示并为人所知。施莱尔马赫和利奇尔（A. B. Ritschl）是这一类型的支持者。启示的第四种类型是作为历史的启示（Revelation as History），这一类型的代表人物是潘能伯格（Wolfhart Pannenberg），他提出了"启示为历史"的论断。潘能伯格认为基督教神学建立在对寰宇皆知的历史的分析之上，历史本身就是启示。启示本质上是由上帝的行为所构成的历史事件。麦格拉思认为，潘能伯格对启示的看法带来了正负两方面的批判。从麦格拉思的立场看来，他非常欣赏和赞同潘能伯格关于启示为历史的论断，因为在他看来潘能伯格的这一立场突破了费尔巴哈和马克思主义对宗教的认知，让宗教回归理智。

麦格拉思强调上帝通过耶稣基督而启示性地临在，因为耶稣基督以一种特殊的方式让上帝为人所知，这也是基督宗教所独有的地方。麦格拉思引用了卡尔·巴特的观点来论证上帝启示性的临在。巴特说当圣经中提及上帝的时候，我们的注意力都被引向了耶稣基督，从始至终都是如此。英国著名神学家拉姆西（Arthur Michael Ramsey，1904-1988）表达了相似的观点，他认为承认耶稣就是上帝更重要的意义就在于承认了上帝就是基督。麦格拉思认为基督中心论的重要意义还在于让基督教神学意识到了在基督教的传统内，如果仅仅谈论上帝而不研究耶稣基督的位格和事工，那是绝对不可能的。[7]

（三）耶稣基督承担了人类的救赎

本文第三章第三节论述了麦格拉思是如何认识救赎和十字架的意义的，在此简要回顾一下麦格拉思对耶稣基督救赎的理解。麦格拉思强调，基督教救赎概念的独特性主要体现在两个方面，其一，耶稣基督的生命、死亡和复活是救赎的基础；其二，基督塑造了基督宗教独特的救赎形式。

麦格拉思从三个方面展开论述，并解释这两个独特特征。第一、救赎是与耶稣基督紧密相关的。二者的相关性是通过耶稣基督的被钉十字架和死而复活结合在一起的，在新约中有大量的隐喻描述人类被救赎的情形，而这些隐喻的核心就是耶稣基督。同样，二者的关联也是两千多年以来基督教神学的一个显著特征。耶稣基督通过被钉十字架和复活拯救了人类，或换言之，救赎的基础是耶稣基督的生命、死亡和复活。第二、耶稣基督塑造了救赎，意指耶稣基督为"被救赎的生命"提供了一种模式或者范式。单纯的效法基督并不能带来被拯救的生活，而这种认识被视为帕拉纠主义。主流基督教认为通过基督而达成基督徒的生活，需注意以下两点。其一是在成为基督徒之后，把基督视为人与上帝、人与人之间理想的关系模式，信徒把基督作为一个榜样进行效仿；其二是基督徒的生命是一个与基督相符合的过程，通过对上帝的信仰，信徒的外在生活越来越符合被救赎的生命。第三、救赎的时间维度。救赎不仅是指过去的时间维度，而且还指明了现在和将来这两个时间维度，救赎不仅仅是一个未来的希望，也不仅仅是指过去的一个拯救事件。救赎在时间的三个维度中都存在着，并发生了作用。救赎是过去已经发生了的、现在正在发生的和将来会发生的，这些变化在被救赎的生命中得以彰显。

麦格拉思对于救赎的一贯表述就是，耶稣基督的生、死和复活既是救赎的基础，也是救赎的唯一路径，是耶稣基督让救赎成为可能，这也是基督宗教救赎观与其他宗教不同之所在。

---

7 Alister E. McGrath, *Christian Theology: An Introduction* (Fourth Edition), Oxford: Blackwell Publishing, 2007, p.275.

（四）耶稣基督塑造了救赎的生活

麦格拉思认为耶稣基督不仅仅是救赎的基础，耶稣基督还为被救赎的生活树立了一个榜样，成为被效仿的楷模。麦格拉思在这里强调的是耶稣基督在灵修和道德两个方面对基督徒的生活带来的影响，认为作为典范的耶稣基督为基督徒提供了一个模仿的榜样，塑造了基督徒被救赎的生活形态。耶稣基督的重要性就在于不仅让这种生活成为可能，而且还是这种生活的决定性因素。

詹姆斯·丹尼（James Denney，1856-1917）认为耶稣基督在灵修和道德上有两个不足之处。第一个不足之处就是只把耶稣基督作为一个道德楷模；第二个不足之处就是把基督视为救赎的基础，进而救赎人性，这通常是福音派所持的观点。从福音派的观点而言，丹尼指出的第一个不足之处确实有可能会落入"道德典范理论"（moral example theory）之中，也可能会有帕拉纠主义的危险。这种观点最显著的特征就是把自己的理论建立在普世的道德价值（universal moral values）之上。而丹尼指出的第二个不足之处从福音派的观点来说确实难以成立，因为福音派就是要宣扬耶稣基督就是救赎的基础，尤其是耶稣基督生、死和复活成为救赎得以可能的绝对前提。丹尼之所以指出这两个不足是因为他提议要全面的理解耶稣基督在基督宗教信仰中的核心地位。

丹尼表述的不足之处在叙事神学（narrative theology）中得到了很好的补充。因为叙事神学非常强调耶稣基督在基督宗教信仰中的核心地位，正是圣经中对基督的叙述确立了基督的核心地位，尤其是基督对于道德和灵修典范性意义，塑造了信徒的信仰生活。

二、耶稣的身份

基督教神学一个基本的任务就是要明晰耶稣基督身份及其重要性。耶稣基督与其他宗教中核心人物的区别就在于一个问题，即，耶稣基督是谁，而这个问题的全部回答则是基督论所要研究的内容。如果说神学是要弄明白神是什么的话，那么基督论就是要研究清楚耶稣基督。关于耶稣基督所有的称呼都源自于圣经，尤其是新约，这也是基督论的理论根源。研究新约中耶稣基督称呼其目的就是为了研究明白耶稣基督身份，因为对于圣经的撰写者而言，名字就意味着身份，也意味着耶稣基督的言行以及遭遇。也只有认识了耶稣基督才能信仰上帝，进而皈依基督。通过分析新约中对耶稣基督的六种称呼，可以全面地展示耶稣基督六个称呼之下所具有的内涵，对于勾勒耶稣基督的形象进而增进对耶稣基督的认知是十分有益的。

福音派强调耶稣基督在基督教神学中的中心性地位。麦格拉思本人对于耶稣基督的研究可谓是浓墨重彩，他对基督论的研究在他整个神学研究中，无论是在历史神学中还是麦格拉思式的系统神学中，占据着绝对的核心地位。由于前文已经对麦格拉思的基督论做了较为全面的总结和概括，此处把写作的重点放在耶稣基督的六种称呼上，以期从称呼入手窥视耶稣基督的身份，进而认识耶稣基督的重要性，并丰富耶稣基督的形象，从圣经中寻找皈依基督的依据。

麦格拉思对耶稣称呼的研究具有两个显著特点，其一就是从词源学的角度研究每个称呼内涵演变的历程，同一个称呼在不同的时期所具有的内涵略有不同，正是由于这些内涵略微的变化，也带来了不少误解，因而在解读耶稣不同称呼的同时也会正本清源地阐释该如何正确认识耶稣的不同称呼及其所代表的不同涵义和重要性。第二个显著特点就是麦格拉思对耶稣称呼的阐释严格恪守圣经的记载，从每个称呼所在的原始语境中寻找其所代表的内涵。这种研究方法与福音派所呼吁的回到圣经中去，树立圣经的绝对权威的做法完全一致的。

（一）耶稣是弥赛亚

麦格拉思首先研究了基督（Christ）和弥赛亚（Messiah）这两个词在词源上的区别，尽管二者在新约中指的都是耶稣，但是二者在词源上略有不同，前者源自于希腊语，后者是希伯来语。两个词仅在新约中同时出现过一次（约 1:42）。弥赛亚这个词从字面翻译指的是"受膏者"（the anointed one），在旧约中受膏者指的是由上帝拣选的具有特殊能力的人，在《撒母耳记上》中国王通常就被视为由上帝涂膏的人（撒上 24：6），意为上帝指派的以色列人的王。

在罗马帝国统治以色列的时期，弥赛亚指的是大卫王的后裔，能够带领以色列人恢复大卫王时期荣耀的以色列民族的拯救者。这一时期以色列人的民族主义情绪高涨，极力要赶走外来的统治者，所以这一时期对弥赛亚降临的期待就更为浓厚，而耶稣就被视为拯救以色列人的救世主。麦格拉思认为此时的耶稣拒绝承认自己是这一意思层面的救世主，因为在圣经中根本就找不到耶稣任何暴力反抗罗马的言行，相反耶稣的教导直指以色列人不敬上帝，才会导致以色列人的民族灾难，就像巴比伦之囚一样。尽管在《马太福音》中记载了耶稣进入圣城耶路撒冷（太 21：1-11），人们也很容易联想到耶稣是以以色列民族解放者的身份来到耶路撒冷，但是耶稣马上就洁净圣殿驱赶殿中的商贩（太 21：12-17），麦格拉思认为此时的耶稣并没有准备好接受弥赛亚这一称号。直到彼得认耶稣为基督（可 8：27-30），耶稣还告诫他们不要告诉别人耶稣就是基督。麦格拉思对此也提出了自己的疑问，耶稣明明是以弥赛亚的身份来到圣城，为何马可非要强调耶稣并没有宣传自己就是基督这件事呢？在《马太福音》接近结尾时大祭司问耶稣是不是"当称颂者的儿子基督"的时候，耶稣回答道"我是"（可 14：61-62）。这是在罗马当局对耶稣施暴无效之后，耶稣才承认自己就是基督，麦格拉思认为这绝非政治救赎意义层面的弥赛亚，对耶稣这一身份的误解对犹太极端民族主义者产生了深刻的影响，似乎他们就是从政治救赎这一层面认识耶稣的身份的。[8]

麦格拉思认为新约在何种意义上使用弥赛亚一词情况比较复杂，对这些复杂现象的阐释也多受指责。鉴于弥赛亚这一称号在使用时带来的诸多争论，麦格拉思认为以下四种判断还是有一定道理的。第一、耶稣的支持者认为他就是一个潜在的政治解放者，团结以色列人摆脱罗马人的统治；第二、耶稣从未允许他的跟随者称他为弥赛亚；第三、即使是耶稣承认了自己就是弥赛亚，那也不是政治层面上的解放者，与奋锐党人和民族主义者所认为的那样截然不同；第四、耶稣并不是以色列人当时所期待的那位胜利者弥赛亚，因为耶稣的遭遇说明了这一点。[9]

麦格拉思认为弥赛亚这一称呼的重要性就在于通过弥赛亚建立起了耶稣与以色列人之间的联系，同时也是犹太教和基督教之间最为重要的纽带，这个重要性在当下依旧如此。同时麦格拉思也批评道，耶稣就是弥赛亚这一认知对于很多基督教作家而言已经变得越来越不重要了，教会与以色列之间的关联在希腊文化的冲击下也变得越来越淡薄了。教会人士对耶稣的认知偏向了神性和人性之间的关联，所以这将是下一个要讨论的话题。

（二）耶稣是上帝之子

麦格拉思对上帝称呼的研究严格恪守唯独圣经的原则，对这些称呼的解读必须依据圣经的记载，所以麦格拉思做出的结论或判断都会附有圣经原文出处。麦格拉思首先指出了"上帝之子"这一称呼在旧约中的内涵。在旧约中

8　Alister E. McGrath, *Theology: The Basics*, Hoboken, NJ: Wiley Blackwell, 2018, pp.62-63.

9　Alister E. McGrath, *Christian Theology: An Introduction* (Fourth Edition), Oxford: Blackwell Publishing, 2007, p.277.

上帝之子通常指的是超自然的人，比如"神的众子"（伯 38: 7）、"神子"（但 3: 25）。旧约中上帝之子还指即将要来的弥赛亚，比如"我要作他的父，他要作我的子"（撒下 7: 14）、"你是我的儿子，我今日生你"（诗 2: 7）。

麦格拉思认为新约中也延续了旧约中对上帝之子这一称呼的用法及其内涵，但是新约越来越强调这一称呼的专一性，即，上帝之子就是耶稣。麦格拉思同时还指出了这一称呼在现代语境中所面临的困境。其一就是如何区分耶稣作为上帝之子与信徒作为上帝的孩子。使徒保罗认为耶稣是上帝的亲生儿子，而基督徒则是上帝的养子。麦格拉思认为尽管二者都被称之为上帝的儿子，但是二者与上帝的关系是有着本质的区别的。《约翰一书》就详细区别了二者，耶稣被称之为"儿子"（the Son），而信徒则被称之为"儿女"（children）。其二就是女权主义视角下"上帝之子"所蕴含的男权主义倾向。有些读者认为"上帝之子"这一称呼让人难以接受，因为这个阳性词汇的排他性特征过于明显，所以有人建议用 child 替换 son，即"the child of God"。麦格拉思认为这样的做法诚然可以理解，但是这种替换可能会在理解新约时导致一些问题。对于保罗而言，所有的信徒无论性别都是上帝的孩子（sons of God by adoption），但是按照当时的文化传统只有男性才具有继承权，所以麦格拉思认为为了避免混淆以及保持对新约理解的一致性，他坚持使用"上帝之子"、"人子"、父与子（Father and Son）等概念。

麦格拉思认为上帝之子这个称呼在旧约中使用较为宽泛，上帝之子的内涵在旧约中基本等同于"隶属于上帝的"（belonging to God）的意思，比如在《出埃及记》中以色列人被称之为上帝之子、在《撒母耳记下》中大卫王及其后裔也被称之为上帝之子，当然在旧约中耶稣就是上帝之子是在词义内涵缩小的情况下专指耶稣了。[10]麦格拉思认为新约把上帝之子严格界定在耶稣与上帝之间的关系上，用一个关系模式来概括那就是"父与子"（Father-Son），但是这一模式会以多种形式呈现出来。第一种形式就是耶稣直呼上帝为 Abba，这是个阿拉姆语词汇意为"父"，常见于四部福音书中（可 14: 36; 太 6: 9; 11: 25-26; 26: 42; 路 23: 34, 46），麦格拉思认为这个称呼体现了耶稣与上帝之间一种尤为亲密的关系。第二种情况是福音书的作者要么把耶稣视为上帝之子，要么把上帝视为耶稣的父，这样的记载在四福音书中有多处记载（可

---

10 Alister E. McGrath, *Christian Theology: An Introduction* (Fourth Edition), Oxford: Blackwell Publishing, 2007, p.278.

1：11；9：7；12：6；13：32；14：61；15：39）。第三种情况是《约翰福音》中有两处用大量文字把耶稣与上帝之间的关系描述为"父与子"的关系模式（约 5：16-27；17：1-26）。这两处长篇记载格外强调"父与子"的意志与目的，说明在一世纪初期基督徒的眼中耶稣与上帝之间的关系极为密切。麦格拉思认为在新约中，无论是在福音书作者的眼中还是在一世纪基督徒的眼中，耶稣与上帝的关系总是独特而又十分密切。[11]

（三）耶稣是人子

人子与上帝之子二者表面的区别似乎在于前者强调了上帝的人性而后者则强调了上帝的神性，麦格拉思认为二者的区别远非如此简单，他认为旧约至少在三个层面使用了"人子"这个称呼，且在不同的圣经记载中表达了不同内涵。旧约中用人子称呼先知以西结，此外在《但以理书》中指一个末世论式的人物（但 7：13-14），他的到来意味着历史的终结和末日审判的到来。人子所使用的第二个层面就是用人子代表了人性的卑微与脆弱，正好与上帝或者天使的高尚和永恒形成鲜明对比（民 23：19；诗 8：4）。[12]第三个层面使用的意思与耶稣的人性密切相关，而新约对观福音书中也有类似的用法，麦格拉思认为旧约在这一点上为新约奠定了基础。但是学术界通常关注的是第一个用法，强调末世论、历史的终结以及末日大审判。

（四）耶稣为主

"你若口里认耶稣为主，心里信神叫他从死里复活，就必得救"（罗 10：9），这段经文中明确记载了"耶稣为主"，这成为基督徒信仰最直接、最坚定的信仰宣言，保罗也认为这是福音最本质的特征及宣言。麦格拉思在找到耶稣的这个称呼的圣经根源之后，立刻从词源上对"主"（Lord）进行了探究。他发现对"主"（Lord）具有很强的神学渊源，因为在英语中这个词通常被用来翻译希伯来语中专指上帝的四个字母（Tetragrammaton），而这四个字母相对应的英文则是"YHWH"，"Yahweh"或者"Jehovah"（引自詹姆士钦定版本）。因为旧约规定"不可妄称耶和华你神的名"（出 20：7），所以就用其他词汇来替代神的名，《七十士译本》（the Septuagint）中就是用了希腊语 kyrios

---

11 Alister E. McGrath, *Theology: The Basics*, Hoboken, NJ: Wiley Blackwell, 2018, pp.65-66.

12 [英]阿利斯特·麦格拉思：《基督教神学导论》（第五版），赵城艺、石衡潭译，北京联合出版公司 2017 年版，第 297 页。

翻译上帝之名，这个词从而就成为了称呼上帝的专有名词。

新约中继续使用该词指称上帝，证明新约作者都承认 kyrios 和 Lord 本身所具有丰富神学内涵，进而确认了耶稣与上帝的同一身份。在新约中可以找到多处记载证明这一论断，比如"无不口称耶稣基督为主，使荣耀归于父神"（腓 2：11）。旧约和新约之间联系紧密，二者使用共同的句子结构，暗示同时也是直接表达了耶稣就是上帝，比如在旧约中"万膝必向我跪拜，万口必凭我起誓"（赛 45：23），这段经文在新约中就变成了"叫一切在天上的、地上的和地底下的，因耶稣的名无不屈膝"（腓 2：10）。旧约中万膝必向上帝跪拜，在新约中万膝无不向耶稣屈膝，这种跨时空、跨文本的相同句式强烈地表达了耶稣与上帝之间身份认同，即"耶稣为主"。

（五）耶稣是救世主

耶稣是救世主这个概念只出现在新约之中，而旧约中不断重复和强调的信念则是上帝是救世主，也只有唯独上帝才能救赎。旧约《以赛亚书》中的先知们就不断提醒以色列人，只有上帝才能救赎以色列，别的神都不可能（赛 45：21-22）。但是在新约中，尤其是在《马太福音》、《马可福音》、《路加福音》、《使徒行传》和《希伯来书》中，一再强调的信仰就是耶稣就是基督，就是救世主。比如，救主在大卫的城里出生，这就是主基督（路 2：11）；这个取名耶稣，他要把自己的百姓从罪恶中救赎出来（太 1：21）；除了耶稣之外别无拯救（徒：4：12）；也只有在耶稣的带领下救赎才能实现（来 2：10）。

《马可福音》中的文士对于耶稣治愈瘫子并赦免了他们的罪深表怀疑，因为他们坚信只有上帝才能赦罪，除此之外别无可能（可 2：6-7）。依据麦格拉思的论证逻辑，唯独上帝才能赦罪和救赎，耶稣做到了，证明耶稣就是上帝、就是基督、就是救主。这是个三段论式的论证方式，大前提是只有上帝才能赦罪和救赎，小前提是耶稣赦罪并救赎了人类，结论就是耶稣就是上帝。这个论断对于一世纪的基督徒来说具有极其重要的意义，因为认主与认耶稣为主成为信仰的同一个内涵，这也让旧约很自然地过度了新约，同时还保持了二者在信仰对象上的一致性，保持了基督宗教信仰的一统性。

麦格拉思认为新约认定耶稣就是救主对于认识耶稣的救赎功能和身份具有重要的意义。[13]认定耶稣是救主，并且耶稣完成了上帝的赦罪和救赎的功能，

---

13 Alister E. McGrath, *Christian Theology: An Introduction* (Fourth Edition), Oxford: Blackwell Publishing, 2007, p.280.

说明耶稣有能力达成自己的许诺。把耶稣视为救主，而且耶稣能够并且救赎了人类，说明耶稣的身份与上帝是同一的。不仅如此，耶稣是救主更是体现了上帝的神人二性，因为耶稣做到了只有上帝才能救赎，这说明了耶稣的神性，而上帝道成肉身来到人间，并通过自己的生、死、复活救赎了人类的原罪，这说明了耶稣的人性。耶稣是救主对于信徒体认耶稣、强化对上帝的信仰具有重要的作用，不仅拉近了信徒与上帝的信仰距离，更是身体力行亲自体悟到了上帝救赎的真谛。

（六）耶稣是上帝

麦格拉思引用雷蒙德·布朗（Raymond Brown）的结论，认为新约中至少有三处把耶稣直接称为上帝。第一处在第四部福音书的开篇，"太初有道，道与神同在，道就是神。这道太初与神同在"（约1：1-2）；第二处同样是在《约翰福音》中，耶稣向多马（Thomas）显现，多马信主耶稣说到："我的主，我的神"（约20：28）；第三个出处在《希伯来书》开篇的一段赞美诗中，把耶稣称之为上帝，"神啊，你的宝座是永永远远的"（来1：8）。麦格拉思说这三个记载对于确认耶稣就是上帝有着十分重要的意义。因为新约作者也是在以色列一神论的背景下成长起来的，他们极为反对多神论，但是新约作家依旧把耶稣称之为上帝，是因为他们认为耶稣就是上帝，这在当时的新约作家当中已经达成了共识。

新约中有多处文本明确表达了耶稣就是上帝（约1：1；1：18；20：28；罗9：5；多2：13；来1：8-9；彼后1：1；约壹5：20），新约中以下出处间接指明了耶稣就是上帝，比如太1：23；约17：3；加2：20，弗5：5；西2：2；帖后1：12；提前3：16。麦格拉思说，如果按照这种一一列举的研究模式，可以把耶稣基督所有的称呼进行一次细致的分类、举例，但是这样做的也有不可取之处，那就是有可能导致对耶稣的研究走入"只见树木不见森林"的怪圈，因为这会让我们无法全面认识耶稣的称呼以及新约中对耶稣的描述所蕴含的真谛，即，在旧约中关于上帝的见证在新约中以耶稣的形式再次展现，不仅证明了旧约和新约之间的过渡衔接的核心要素就是耶稣和上帝，更是见证了耶稣就是上帝。

麦格拉思总结道，新约中对耶稣为主的记载主要可以归纳为两大类，其一就是表明了耶稣身份，其二就是记录了耶稣的言行。耶稣的言行及成就依赖于耶稣的身份，而耶稣的身份说明了耶稣的言行及其成就。所以耶稣所有的称呼向人们展示了一副宏观图景，不能只看其中某一个称呼，而应把耶稣的六个称呼统一联系起来，这样才能认识一个内涵丰富、思想深刻、端庄威严上帝形象。[14]

三、麦格拉思论个人皈依与耶稣基督之间的关系

麦格拉思认为基督宗教与其他宗教最大的区别就在于耶稣基督始终处于信仰的核心地位，正是由于耶稣基督中心性特征，福音派格外强调耶稣基督的权威性和独特性，而耶稣基督的中心性也成为了福音派最具代表性的特征。福音派坚信耶稣基督的权威性来自耶稣的位格和事工，即，源自于基督论和救赎论。麦格拉思进而指出福音派应该极力恪守新约中对耶稣基督的描述，甚至可以表现出强烈的反世俗文化的倾向，因为西方文化强调个人自由，可以按照自己的意志创造一个属于自己的世界，而麦格拉思之所以强调在这一点上基督徒可以表现得激进些，是因为福音派运动是在耶稣基督的权威和主导下开展的。[15]麦格拉思认为耶稣基督的权威性完全来自于圣经的启示，而非某个人的臆想和建构，而且这个权威性是建立在耶稣的生、死和复活的基础之上的。为了说明耶稣基督在福音派中的重要地位，麦格拉思从启示、救赎、示范、圣礼、宣教五个方面论证了耶稣基督的重要性，这部分内容已经在前文论述过，此处不再细说。[16]通过这五个方面的论述麦格拉思总结道，上帝通过耶稣基督自我启示，而耶稣基督则是福音派坚实的根基和评判标准。麦格拉思认为基督论在福音派神学和灵修学中占据着重要的作用，既让福音派神学保持了理智上的一致性，又让福音派聚焦于福音传道和灵修反思，对于福音派而言，谁是耶稣基督这个问题贯穿于福音派神学的始终。

福音派对耶稣基督位格的重视，必然也会重视上帝对于福音派灵修学的重要意义。耶稣基督救赎了人类，同时也向人类启示了上帝。麦格拉思认为认识上帝必然会导致对上帝的崇拜并顺从上帝，这也是虔诚研习圣经带来的自然结果。[17]麦格拉思曾说道探究人类的身份和成就离不开上帝，要想知道我们是谁、我们为什么是这样的就必须先知道谁是上帝，所以认识上帝就是亲历上

---

14 Alister E. McGrath, *Theology: The Basics*, Hoboken, NJ: Wiley Blackwell, 2018, p.68.

15 Alister E. McGrath, *A Passion for Truth: The Intellectual Coherence of Evangelicalism*, Downers Grove, Illinois: InterVarsity Press, 1996, p.27.

16 麦格拉思论述耶稣基督的重要性的第五个方面将在本文第六章进行论述。

17 [英]阿利斯特·麦格拉思：《福音派与基督教的未来》，董江阳译，中央编译出版社2004年版，第131-132页。

帝的大能，体认上帝就是为上帝而改变。麦格拉思认为上帝就像是一股强劲的推动力，可以改变任何体认上帝之人，体认上帝会让人自主地祈祷、顺从上帝、皈依上帝、并期待永生。[18]

麦格拉思相信关于上帝的知识可以改变人类的生命，同时对于福音派灵性生命具有不可估量的作用。关于上帝的知识不仅确立了圣经的权威性，因为圣经是关于上帝的知识的唯一权威出处；而且还确立了基督论在基督教神学中的地位，因为上帝的神人二性在耶稣基督身上得到了完美的体现。在宗教改革的传统中，大多数神学家都很关注上帝的知识和关于人性的知识，二者在基督徒的灵性生活领域相交，并称为关注的焦点。巴刻的《认识神》就非常关注这个主题，他不仅研究上帝是谁，更是要弄明白对于信仰者个体而言上帝意味着什么，上帝又能给他们什么，按照巴刻的思路，认识神就是爱神、敬神、荣耀神。麦格拉思在评价巴刻的这本书时写道，巴刻的策略首先是让读者理解一个真正的上帝，然后让他们把对上帝的认识应用到他们的生活中去，最终的结果就是读者变成了信徒，进而爱神。[19]

麦格拉思十分重视基督论，因为他坚信耶稣基督的独特性和权威性。而与基督论密切相关的"关于上帝的知识"对于麦格拉思而言并不仅仅是一个学术研究，更是一种意义重大的灵性生活，从他的信仰历程中就可以得到证实。他相信认识神（knowing God）不仅让人信主，而且还让人性得以完满。关于上帝的知识和信主的生活成为福音派灵性生活极为重要的因素，这也是皈依上帝的必由之路。在了解麦格拉思的基督论及其与个人皈依之间的关联之后，如何认识耶稣的事工，即救赎论，对于个人皈依有着何种作用成为下一部分所关注的重要内容。

第二节　麦格拉思论个人皈依与救赎论

麦格拉思从传统的基督论出发，认为耶稣基督的生、死和复活改变了世界。被创造的世界秩序和人类落入了混乱不堪的状况之中，变得面目全非。那个创造了世界的上帝应该有所作为去改变这一现状，恢复原有的社会秩序，救

---

18 Alister E. McGrath, *Spirituality in an Age of Change: Rediscovering the Spirit of the Reformers.* Grand Rapids: Zondervan, 1994, p.49.

19 Alister E. McGrath, *Christian Spirituality: An Introduction*, Oxford: Blackwell Publishing, 1999, p.171.

赎论就是要恢复人类与上帝之间的良好关系。救赎论的中心是耶稣基督，是世界的拯救者。麦格拉思对这个认知进行了深入的阐释，并对耶稣基督在神学中的重要作用进行了研究。[20]之后麦格拉思将从福音派的角度对救赎论进行解读，主要从两个方面进行探究，即，如何理解拿撒勒的耶稣基督就是救赎的基础的，以及耶稣基督的救赎所采取的形式。

有些神学家认为耶稣基督的死和复活重新塑造了人类和世界，并分享了上帝的生命；有些神学家认为应当保持救赎论的理智成分，应该把基督视为一个道德典范，引导和启发信徒。在对耶稣基督的身份进行探究之后，麦格拉思把讨论的中心转移到了耶稣基督的事工上来，因为耶稣基督的身份和耶稣基督的事工是基督论不可分割的两个方面，就像是一个硬币的两面一样。

麦格拉思就是沿着这个思路继续前行的。麦格拉思首先归纳了基督宗教对拯救的看法，认为基督宗教救赎论的基础是耶稣基督的生、死和复活，也正是耶稣基督才塑造了拯救的独特形式，而这种救赎具备了三个时间维度，含括了过去、现在和将来。麦格拉思进而研究了拯救的基础就在于基督的十字架，这部分主要探究的是拯救是如何可能的，尤其是拯救与历史的耶稣有什么关系，再就是如何理解拯救本身。麦格拉思列举了十字架所代表的四种意象，即，作为牺牲、胜利、赦罪和上帝之爱的十字架是如何让拯救变得可能的。接下来麦格拉思将要探讨的就是从历史神学的角度总结归纳基督拯救的模式。以下部分将详细介绍麦格拉思对拯救模式、拯救的分配和拯救的范围的研究。

一、拯救的模式

马丁·凯勒（Martin Kähler）曾提出过一个问题，基督仅仅是让一个不可改变的情形变得广为人知，还是开创了一种全新的情况？就救赎论而言，这个问题可以转换为以下考虑，基督的十字架说明了上帝的拯救意愿，还是仅仅在开始的时候让拯救变得可能？上帝的十字架是拯救的要素，亦或仅仅说明了拯救的意愿？麦格拉思认为后者的观点受到了启蒙运动的影响，把十字架仅仅是为是一个超越时间的历史象征。尽管约翰·麦奎利（John Macquarrie），莫瑞斯·怀尔斯（Maurice F. Wiles）两人支持这一观点，但是柯林·嘉顿（Collin Gunton）则认为如果认为十字架并非是拯救的要素，那么就有可能导致"道德典范理论"（moral example theory）或者主观救赎论（subjective doctrines of

---

20 详见本章第一节。

salvation)。麦格拉思认为基督不仅仅是向人类启示了某些重要的东西，更为重要的是基督为人类完成了某些重要的事情，要不然拯救就不可能实现。[21]

麦格拉思多次强调拯救这一概念的复杂性，曾分别使用了 exceptionally 和 enormously 两个副词修饰 complex，这不仅是修辞上的强调，更是实事求是的表述，麦格拉思从历史神学的角度梳理了不同时期、不同处境中对救赎的不同理解就可以证实救赎论的复杂程度。麦格拉思认为从不同侧面和角度理解拯救对于不同时期的基督宗教而言都具有特殊的吸引力，也就是说，每一种理解方式都与其所在特定环境密切相关，这也体现了最近神学研究的趋向，那就是极为强调基督宗教信条的处境化（contextualization）以及以信徒为导向（receptor-orientation）的理念。

基督的福音是在特殊的情景当中宣扬的，拯救就是要在这些具体的情景当中体现处境化的倾向和努力，即，要把拯救融入到具体的语境当中去。对于那些被压迫者而言，福音就意味着解放；对于身负罪恶的人而言，福音就是赦罪、就是赦免。在这些具体的情形之中，福音就是要传给处在不同语境中的人，因而拯救同时也是以受体为导向的（receptor-oriented）。麦格拉思认为只要是在正确理解拯救本质的范围内，对拯救不同的理解以及不同方面的强调都是可以接受的。从历史的角度来讲，拯救的概念因不同的文化处境而彼此之间略有不同，正如潘能伯格（Wolfhart Pannenberg）所呼吁的那样，不能把基督论只是建立在救赎的功能之上，而且还应该建立在拿撒勒的耶稣的历史之上。文章下一部分将要梳理不同历史时期、不同文化处境中对拯救的不同理解，多样性的拯救模式也证实了麦格拉思对拯救复杂性的判断。

麦格拉思首先总结了新约中保罗对拯救意象的认知。保罗书信通常是在有争议的情况下向信徒解释信仰问题，同时鼓励信徒把这些解决方案应用到自己的信仰中去。保罗书信中一直在思考的问题就是基督的死给信徒到底带来了什么，按照这个思路，麦格拉思总结了保罗所使用的四个拯救意象。"得着儿子的名分"（adoption）（罗 8：15，23；加 4：5）这个意象认为信徒与耶稣基督分享了同样的继承权和荣耀；"称义"（justification）常出现在《加拉太书》和《罗马书》中，保罗认为信徒因信进入上帝的恩典之中（罗 5：1-2），称义就是与上帝建立正确的关系，或者在上帝面前成为义人；保罗用"救赎"

21 Alister E. McGrath, *Historical Theology: An Introduction to the History of Christian Thought*, West Sussex, UK: Willey-Glackwell, 2013, p.230.

（redemption）这个意象指的是基督的死确保了信徒不再做律法和死亡的奴隶，信徒获得了自由，甘愿做上帝的仆人；保罗认为"拯救"（salvation）包括治愈和解放等含义，具有过去（罗8：24）、现在（林前1：18）和将来（罗13：11）三个时间维度，麦格拉思认为这对于从末世论的角度理解拯救具有重要意义。[22]保罗书信中所涉及的拯救意象是阐释救赎论的圣经基础，也是麦格拉思所提倡的处境化的阐释基本出发点。麦格拉思总结了自1700年以来基督教神学中对拯救意象的最具代表性的阐释，试图证明拯救意象不仅种类繁多而且极为复杂，而且各种阐释之间也相互交融。

"神化"（deification）这个观点在早期教会较为流行，常见于阿塔纳修和卡帕多西亚教父的著作中，如今是东正教神学不可或缺的概念，在现代东正教神学家洛斯基（Vladimir Lossky）的神学思想中占据重要地位；

"在上帝面前称义"（righteousness before God）在十六世纪路德阐释因信称义时发挥着重要作用，这个影响一直保持到了十八世纪，虔敬派（Pietist）和启蒙运动主义者对"被赐予的义"（imputed righteousness）表示了怀疑，从而导致虔敬派转向了圣洁（holiness）、启蒙运动强调了道德律令，主流的新教神学家也不太愿意使用称义这个意象了；

"与基督合一"（union with Christ）是教父救赎论的重要内容，认为信徒和基督可以达到合一，这一概念在宗教改革时期路德和加尔文神学中得到了较好的发展，但仅有加尔文把这一意象视为主要的拯救模式，而加尔文主义者则把这一意象发展为一个核心思想，认为信徒与基督分享了上帝的义；

"道德的完满"（moral perfection）是启蒙主义者所持的观点，认为宗教就是要提升人类的道德水准，耶稣就是一个符合上帝意志的、道德生活的导师，这些通过理性也能获得；

"个人的圣洁"（personal holiness）是西方教会较为强调的观点，认为十字架是个人圣洁的基础，约翰·卫斯理认为信徒的圣洁基于基督的事工，通过圣灵影响信徒的圣洁；

"上帝的意识"（consciousness of God）是施莱尔马赫所持的观点，他反对仅从理性的道德的层面去理解基督宗教，认为应该在上帝的意识这个范畴内认识人类的救赎，而拿撒勒的耶稣就是上帝意识的原型，让信徒在信仰的范

---

22 Alister E. McGrath, *Christian Theology: An Introduction* (Fourth Edition), Oxford: Blackwell Publishing, 2007, p.350.

围内获得拯救；

"真实的人性"（genuine humanity）受到了二十世纪存在主义和当时非人性化的文化倾向的影响，认为救赎就是要重新发现和恢复真实的人性；

"政治解放"（political liberation）盛行于拉美解放神学中，极为强调救赎的政治内涵，试图沿袭圣经旧约所采取的方式在社会、政治和经济等领域达成对人类的拯救；

"灵性的自由"（spiritual freedom）这个意象源自基督是胜利（Christus victor），即，基督的死和复活战胜了那些奴役人类的邪恶力量，早期教父把这些力量视为客观而真实的存在，但是启蒙主义者认为这是过时的迷信，保罗·蒂利希（Paul Tillich）重新阐释了这一观点，把拯救视为战胜奴役人性的主观性邪恶力量的胜利，教父时期客观的邪恶力量变成了此时的主观性邪恶力量。[23]

二、罪、拯救、基督与皈依

罪的基本内涵就是让人类与上帝分离，而拯救就是打破障碍恢复人与上帝之间的和睦关系，罪与拯救的焦点就是基督的死和复活（太 27: 51。那么罪与拯救之间的关联是如何通过耶稣基督而拯救了了人类呢？尼古拉斯·卡贝西拉斯（Nicholas Cabasilas, born ca. 1322）认为基督的死挽救了人类的三种困境：短暂而有限的人性、罪恶的本性、作为终极命运的死亡。卡贝西拉斯认为耶稣基督道成肉身进入了人类，进而改造了（transform）人类的本性；基督被钉死在十字架，因而战胜了罪；基督死而复活从而战胜了死亡。通过这三件事情，基督排除了人类回归上帝的障碍，与创世者和拯救者共享荣耀。与这模式略有不同的另一种阐释认为基督在拯救人类的过程中同时发挥了三种职能：先知（太 21: 11；路 7: 16）、祭司（来 2: 17；3: 1）和国王（太 21: 5；27: 11）。这三种职能在旧约中都有展现，并被视为是对基督拯救人类时所发挥的职能的最佳概括。基督是先知，像摩西一样能够直面上帝（申 17: 15）；基督是国王，就像大卫王一样拥有了上帝的子民，用正义和慈爱统领他们（撒下 7: 12-16）；基督是祭司，洗涤了信徒的罪。麦格拉思认为

---

23 Alister E. McGrath, *Historical Theology: An Introduction to the History of Christian Thought,* West Sussex, UK: Willey-Glackwell, 2013, pp.231-232.
Alister E. McGrath, *Christian Theology: An Introduction* (Fourth Edition), Oxford: Blackwell Publishing, 2007, pp.349-354.

东方三博士（the Magi, or Wise Men）给基督带来的三个礼物黄金、乳香、没药象征着基督这三种职能（太 2: 1-12）。这一观点在查尔斯·霍奇（Charles Hodge，1797-1878）那里得到了进一步发挥，他认为堕落的人类需要一个拯救者，像先知那样引领信徒、像祭司那样救赎和调解信徒、像国王那样统治和保护信徒。[24]

基督宗教的救赎论与基督的死、复活密切相关，这一点就可以区别其他宗教中的救赎概念，以及世俗语境中对救赎的理解；基督宗教救赎论的另一个特点就是基督为被救赎的生活提供了一种模式或者范式，正是有了基督才会有基督宗教的存在。主流基督宗教认为基督徒的生活之所以变得可能是因为基督塑造了典型的基督徒的生活方式，这一判断可以从两个方面展开。其一，基督徒的生活方式就是信徒对基督不断效仿的过程。一旦成为基督徒之后，信徒就把基督视为上帝与人类之间良好关系的典范，并积极模仿这种关系。这种观点强调人类应当承担与基督所树立的榜样保持一致的责任。其二，基督徒的生活就是不断与基督趋于一致（being conformed to Christ），即，基督徒外在生活方式、基督与信徒内在的良好关系二者要保持一致，这也是信仰基督的一个必须亲历的过程。路德和加尔文就是这一观点的支持者，他们认为圣灵让信徒的灵性生命得到了重生，进而让信徒与基督趋于一致。

这两种皈依基督的路径分歧在帕拉纠主义与奥古斯丁之间早就存在了。前者认为上帝让人类的道德变得完美，这似乎意味着人类具备使自己完美起来的能力，比如效仿基督，或者严格恪守旧约信条，因而拯救就成了人类努力与成就的结果。但是奥古斯丁则认为拯救就是上帝的恩典，有罪的人通过自己的努力是无法获得的。人类道德的提升和灵性升华并不是拯救的前提条件，相反，而是拯救的结果。奥古斯丁把善行视为上帝恩典的结果，在获得上帝恩典的过程中并不需要人类的善行。这个讨论一直持续到现在，信徒是否能够通过效仿基督进而与基督趋于一致？还是上帝通过恩典帮助信徒进而与基督趋于一致？麦格拉思认为后者更多地体现了新约的原则，因为帕拉纠主义者有可能会把基督宗教降格为道德主义，从而让基督宗教失去了灵性生命。[25]

24　Alister E. McGrath, *Theology: The Basics*, Hoboken, NJ: Wiley Blackwell, 2018, pp.98-99.

25　Alister E. McGrath, *Theology: The Basics*, Hoboken, NJ: Wiley Blackwell, 2018, pp.102-103.

第三节　麦格拉思论基督论与救赎论之间的关系

拯救是如何实现的，进而如何理解这种拯救，这两个问题在基督教神学史上被不断地讨论着，只是在不同时期回答不尽相同了罢了。教父时期主要关注的是基督复活战胜了死亡；中世纪关注的则是拯救在道德层面的含义；现代基督教神学延续这一讨论，此时关注的是基督论与救赎论之间的关系。基督的位格与基督的事工二者之间的区别已经不再是关注的重点，相反，二者之间不可分割的关联才是现代基督教神学研究的重点。基督论与救赎论就像是一个硬币的两面，成为不可分割的合一了。麦格拉思认为有两个原因导致这一发展。

其一，受到了康德认识论的影响。康德认为只有通过物自体（thing-in-itself）的影响或者效果才能认识物自体，如果把这个认识论模式应用到基督的身份和重要性上，就会发现基督的身份（基督论）与基督对信徒的影响（救赎论）密不可分。这一观点受到了利奇尔（A. B. Ritschl）支持，他认为把基督论和救赎论分割开来是不合适的，因为本性和属性是事物的决定性因素，只有通过事物对人们的影响，人们才会把事物的属性视为事物的本质。[26]其二，基督的各种称呼与其所代表的拯救内涵之间的紧密关联被广为认可，正如潘能伯格所说的那样，把基督论和救赎论割裂开来是不可能的，因为救赎论让人们不得不去思考基督论，比如拯救是如何通过基督变得可能的。

麦格拉思认为基督论与救赎论在神学的层面是密不可分的，但是在实际操作的层面他还是把二者分散在不同的章节进行研究，主要是出于教育的目的和限于篇幅的原因。麦格拉思对基督论和救赎论的研究主要出现在《基督教神学导论》、《历史神学》、《神学要义》（*Theology: The Basics*）等著作中，而这些书面向的是学生，属于教材类著作，所以在研究基督论与救赎论时仍然延续了历史神学的研究方法，把基督论和救赎论发展演变的历史描绘得格外细致，一目了然。

麦格拉思认为个人皈依是福音派的六个特征之一，但是他并没有拿出多少文字来论证这一判断，仅仅是在《福音派与基督教的未来》一书中用四页的篇幅大致勾勒了个人皈依的必要性，但是这本书是麦格拉思演讲的录音整理稿，算不上学术著作，所以麦格拉思并没有对个人皈依展开深入细致的研究。

---

26 Alister E. McGrath, *Historical Theology: An Introduction to the History of Christian Thought,* West Sussex, UK: Willey-Glackwell, 2013, p.221. 原文参见 Albrecht Ritschl, *Christian Doctrine of Justification and Reconciliation*, 1874.

但是作为福音派的区别性特征，个人皈依必定有其神学基础，通过梳理麦格拉思的著作，基督论与救赎论成为了个人皈依的神学渊源。只有深入认识基督（基督论）及其事工（救赎论）之后，信徒才会有灵性生命的重生，才会深刻体会基督的生、死和复活对于皈依基督的重要意义。

麦格拉思极力主张个人皈依的必要性，认为皈依基督是信徒与上帝之间一种个人性的历程，是个人与上帝的亲身相遇，而对神学的研究也必然不会是一种超然于宗教的研究，必然会涉及到个人的皈依，而麦格拉思的个人信仰历程也证明了这一点。但是麦格拉思很快就发现了福音派灵性信仰的干涸，虔敬派也就是在这一点上弥补了主流神学的枯燥乏味。麦格拉思欢迎葛培理式的人物对于宣扬福音所做的积极贡献，但是麦格拉思在此处并没有对虔敬派、灵恩运动和葛培理做系统研究，因而在研究个人皈依这一部分内容时就不再深入研究这些内容，尽管它们对于本节主题个人皈依具有很好的补充作用，可以打牢福音派倡导个人皈依的神学根基。麦格拉思在研究福音派第五个特征的时候，即福音传道的优先性，这些内容才会再次被提及，这也是本文第六章的研究内容。

第六章　宣扬福音的优先性

麦格拉思认为在皈依基督之后，基督徒会期待着分享这种重生的体验，并主动传播福音。福音派强调宣扬福音的重要性，但是这种曾经被主流教会所鄙视的做法如今却被视为未来基督教会中不可或缺的重要内容。麦格拉思认为福音派重视宣扬福音是出于以下四个方面的考虑。其一、出于对个人信仰需求的关注，关于这种信仰的一系列问题就被提了出来，包括信徒对于这种信仰的发展前景的责任问题也被提了出来；其二、福音派宣扬基督，把基督视为主（Lord），那么基督徒去拓展上帝的国度就成为顺理成章的事情了；其三、为了忠实于圣经，那么就必须严肃对待圣经中宣扬基督的记载；最后，出于体认基督的无限喜悦，福音派极其期待与他人分享这种喜悦。[1]

麦格拉思本人对宣扬福音充满了激情，他曾在一段自述中写道，一个同事问他是否真的相信福音传道，他反驳道，他不仅仅是相信，而是完全依赖于它。麦格拉思认为福音传道不再是怪人、宗教狂热者所热衷的，那些善意的大学生也热衷于福音传道，这已经是教会的灵性生命、传教以及教会福祉不可或缺的一部分了，福音传道对于麦格拉思而言是极为令人振奋的日常事务了（refreshingly normal）。[2]麦格拉思认为福音传道就像是邀请他人步入信仰成为一个基督徒一样简单的事情。[3]

1　[英]阿利斯特·麦格拉思：《福音派与基督教的未来》，董江阳译，中央编译出版社2004年版，第74页。

2　Alister E. McGrath, "Starting Where People Are," in *How Shall We Reach Them*, ed. Michael Green and Alister McGrath, Nashville: Nelson, 1995, p.4.

3　Alister E. McGrath, *Explaining Your Faith*, Grand Rapids: Baker, 1995, p.15.

第一节　麦格拉思对福音传道的研究

尽管麦格拉思在情感上十分强调宣扬福音的重要性，但是从麦格拉思的所有著作中基本找不到大段系统论述福音传道的段落，仅仅是在《福音派与基督教的未来》，*A Passion for Truth: The Intellectual Coherence of Evangelicalism*, *Explaining Your Faith*, *How Shall We Reach Them* 和 *Intellectuals Don't Need God* 五本书中涉及到了宣扬福音的内容，而且还是泛泛而谈并没有展开论述。所以尽管麦格拉思把宣扬福音作为福音派的第五个显著特征，他也仅仅是追随了巴刻的认识路线而已，并没有按照系统神学的模式展开研究，所以要想像归纳福音派前四个特征那样整理麦格拉思对福音传道的论述，确实有些巧妇难为无米之炊的尴尬。本文将从麦格拉思有限的文字中尽力总结麦格拉思对福音传道的认识，所以在这部分呈现的总结将会是碎片化的整理，无法体现系统化的认知。

一、耶稣基督对宣扬福音的重要性

麦格拉思的神学思想极其强调耶稣基督在基督教神学中的作用，麦格拉思神学可以被视为是以基督为中心的神学建构。在强调福音派的神学特征时，麦格拉思虽然是沿袭了巴刻的结论，但是在他论证福音派信仰的合理性时，他首先突出的就是耶稣基督在福音派神学中的独特性地位。[4]麦格拉思从耶稣基督的启示意义、救赎意义、示范意义和在圣礼神学中的意义等四个方面论证了耶稣基督在福音派神学中的地位，[5]鉴于论文结构的需要，本文把耶稣基督在福音派神学中的第五个作用放在这里论述。

麦格拉思认为耶稣基督对于宣扬福音具有重要意义（kerygmatic significance），因为在麦格拉思看来宣扬福音就是向世界宣扬耶稣基督，这也是理解耶稣基督的位格和地位的一个不可忽视的环节。新约具有强烈的宣扬基督的倾向，认为福音传道就是宣扬基督，正如马丁·凯勒（Martin Kähler）所说的那样，真实的基督就是那个被宣扬的基督，而被宣扬的基督就是信仰的基督。[6]

4　Alister E. McGrath, *A Passion for Truth: The Intellectual Coherence of Evangelicalism*, Downers Grove, Illinois: InterVarsity Press, 1996, pp.25-117.

5　这四个重要意义已经在本文第三章第三节展开了论述。

6　Alister E. McGrath, *A Passion for Truth: The Intellectual Coherence of Evangelicalism*, Downers Grove, Illinois: InterVarsity Press, 1996, p.47. 原文参见 Martin Kähler, *Der Sogenannte Historiche Jesus und der Geschichtliche, Biblische Christus*, ed. E. Wolf, Munich: Kaiser Verlag, 1953, pp.40-45.

耶稣基督就是宣扬福音的内容，比如在保罗的福音传道中主要是宣扬基督的位格（加1：16），以及被钉死在十字架上（林前1：23；15：12）。在《哥林多前/后书》中只有一处提及上帝的福音（the gospel of God），而提及基督的福音（the gospel of Christ）则多达五次，这似乎可以证明在保罗看来宣扬基督就是宣扬福音，二者是可以替换的。总体而言，在新约初立的时代宣教就是宣扬基督的死、复活和升天，通过这样的宣教，耶稣被视为主、基督和救主，这也就成为了新约所强调的宣扬福音的聚焦点。

福音派把新约宣扬福音的维度内化为自己的显著特征，把它作为福音派的世界观。在麦格拉思看来福音派坚持宣扬福音其实就是基督论的必然要求，因为如果耶稣基督就是救主，就是世界的主，那么宣扬基督是福音就成为水到渠成的事情了，所以宣扬基督也就成为信徒和教会从内而外的必然逻辑，因为信仰基督所以才要宣扬福音。[7]

二、启蒙运动对宣扬福音影响

麦格拉思强调宣扬福音的优先性，在做牧师期间他亲力亲为传播福音，充满了激情，但这并不意味着他就是个盲目、无知、仅凭激情宣扬福音。他认为福音派在理智上是一致的，可信的，可行的，同时还清醒地意识到了福音传道所面临的困境。他认为启蒙运动所带来的世界观和理性主义思潮对福音传道带来了深刻的负面效应。他认为把圣经所蕴含的真理与启蒙运动宣扬的真理等同起来是对真理的曲解，因为福音传道就是要宣扬和赞扬上帝和福音这一真理的可信性（trustworthiness）。[8]

麦格拉思认为福音派在面对理性主义的冲击时是脆弱的。在启蒙主义者看来福音传道就是让人相信福音就是真理，而这个真理就是逻辑正确性（propositional correctness），而福音传道关注的则是福音的认知性真理以及对福音的个人性的体认，所以在麦格拉思看来福音派和启蒙主义者最根本的分歧就在于对"真理"的不同理解。新约中记载了耶稣"就是道路、真理、生命"（约14：6），麦格拉思认为圣经真理与笛卡尔所定义的真理存在根本性的差别，而后者发挥着越来越重要的作用，面对这种冲击，麦格拉思认为福音

7　Alister E. McGrath, *A Passion for Truth: The Intellectual Coherence of Evangelicalism*, Downers Grove, Illinois: InterVarsity Press, 1996, pp.47-48.

8　Alister E. McGrath, *A Passion for Truth: The Intellectual Coherence of Evangelicalism*, Downers Grove, Illinois: InterVarsity Press, 1996, p.177.

派应当重新发现圣经真理的丰富源泉及其独特性。

麦格拉思认为如果把圣经真理仅仅视为宣扬基督教教义正确性，那么这种福音传道是有缺陷的，这会给理性主义和形式主义敞开道路，给基督教信仰的生命力和活力带来致命伤害。这样的话信仰仅仅就是对教义的逻辑前提进行确认而已，这样就会让基督教信仰与耶稣基督的位格之间失去了动态的关联，这对于基督教信仰是致命的，因为在基督徒看来耶稣基督就是真理。麦格拉思极其重视《约翰福音》中对耶稣就是真理的记载，因为这段经文不仅表明了基督本身就是真理，而且任何认为真理不具备个人性（personal）的观点在福音派看来都应当受到质疑的。

新约层面的"真理"并不是一个抽象而纯粹的客观概念，而是一个个人性的感悟，涉及到理解真理的人以及被真理所理解的人，以及他们因重生而体验到的真实存在感。正如克尔凯郭尔（Kierkegaard）所说的那样，认识真理就是被真理所认识。所以麦格拉思呼吁重新发现圣经中对真理的认知，进而把宣扬福音从被断章取义的世俗化的"真理"概念中解放出来，尤其是要格外重视圣经真理的契约精神的取向（the covenantal dimensions）。如果把宣扬福音仅仅视为对福音客观真实性的宣讲，那么这将会是个极大的误解，因为宣扬福音就是要宣讲耶稣基督的位格及其事工。上帝是爱，宣扬福音就是要宣扬这个客观真理，与此同时也会收到一个主观性的回应，即，一个虔诚的聆听者发自心与灵（heart and mind）的回应。而理性主义的真理观在麦格拉思看来缺乏这样的能力，无法唤起人内心的认知和皈依，仅能在大脑内部认可这种真实性，完全不具备基督教真理所带来的情感和重生。在麦格拉思看来如果仅从逻辑认知的角度去认识上帝就是真理，那么在这种认知下进行的宣扬福音的活动将会是毫无创造性的，而且还会给福音传教带来极大的伤害。而正确的做法则应该是把宣扬福音视为向全世界全方位地宣扬和展示耶稣基督，在这个意象的指引下信徒才会焕然一新获得重生。

麦格拉思赞同克尔凯郭尔的观点，认为真理影响了人们的内心存在（inner being），如果神学仅仅是触动了大脑而不是心灵，那么这种神学就不是真正的神学。所以他们俩都认为真理并不是对逻辑前提真确性的重复和回应，而是一个个人化的认知过程、涉及个人内心对真实存在的终极探究，这个真理就写在新约之中，基督就是真理。而启蒙运动带来的理性主义对这个真理的认识带来了巨大的冲击，逻辑和实证成为圣经真理不得不面对、不得不解决的难题。福音派把耶稣基督作为宣扬福音的核心内容，把耶稣基督作为真理和福音进行宣教，如果基督就是福音不是真理，那么福音派，乃至整个基督宗教所宣扬的福音将会是一个海市蜃楼，不仅不是真实的存在，而且其存在的根基将会被彻底颠覆，所以麦格拉思以一个护教者的身份、以一种护教学的研究模式系统梳理了历史上的护教学，以及在启蒙运动之后教会所面临各种挑战和冲击下，教会该如何宣扬福音，这才是麦格拉思所研究的重点。

第二节　麦格拉思的护教学

尽管麦格拉思把福音传道视为福音派的一个重要特征，但是他大多数著作的重点在护教学（apologetics），并把它视为福音传道的前步骤（pre-evangelism）。[9]在麦格拉思看来福音传道（kerygma）与护教学（apologetics）既相互关联又相互区别。麦格拉思认为护教学就是要捍卫福音的真理和魅力，而福音传道就是邀请个人走向信仰。他认为护教学就是帮助信徒理解什么是基督宗教、为什么它充满了魅力、其意义何在等问题，因此护教学就是为信徒走向信仰解疑答惑，是一封宣扬福音的邀请函。

麦格拉思对基督教护教学的研究主要集中在 *Explaining Your Faith* 和 *Intellectuals Don't Need God and Other Modern Myths* 这两本书中，现将这两本书的要旨作简要概述。麦格拉思认为基督教护教学的历史悠久，可以追溯至新约时代，那时候的基督徒就开始应对各种批评和误解。尽管那时候的护教对于当时的历史具有不可替代的作用，但是时过境迁之后，那时候的护教模式在现代语境中有些脱节，而且当时的护教所产生的结果对于当下捍卫基督教信仰没有那么强的关联。而护教学的教科书也仅仅是复述当时的历史，缺少对现代护教需求的回应。时代变迁之后护教的方式、护教的具体内容、护教所面临的外部环境都与传统意义上的护教有所不同。传统意义的护教可以仅通过理性和知性的思辨就可以完成，但是现代意义上的护教与传统护教学有所不同，它并不是大脑对基督宗教魅力的机械的应对，而是要在这个日益世俗化的世界中确保基督徒的声音持续为人所知。

麦格拉思并不是要否定传统的护教学，他在肯定传统护教学的同时反思

9　Alister E. McGrath, *Explaining Your Faith*, Grand Rapids: Baker, 1995, p.15.

了几个尖锐问题，比如，为什么还有那么多非基督徒？为什么基督宗教对于很多人而言依旧缺乏吸引力？为什么不去聆听教会之外的声音而任由其滞留在教会之外呢？麦格拉思认为不管他们是否进入了教会还是拒绝了教会，这都与传统护教学脱不了干系。产生这一现象的原因何在呢？麦格拉思从历史的角度出发，认为历史通常会在基督教会与政治、社会压迫之间找到一些并不能让人满意的关联。世俗的文化总会去反对福音，认为在世俗的文化语境中做个基督徒是让人难以接受的，因为作为一个基督徒就要采用一些列与世俗文化不相符的价值体系，二者是相互矛盾无法共存的，这样基督徒就成为了其生存语境中的他者。麦格拉思认为尽管这样的观点并不学术，也缺乏智性的依据，但是就是这种"非"理性意义上的论断给基督教信仰带来了巨大的冲击，并歧视、敌视基督教信仰。所以，为了摆脱传统护教学所面临的困境，解决信仰当下所面临的挑战，一种新的护教学就成为了时代的需求。

传统护教学用亘古不变的答案回答亘古不变的问题，犹如一潭死水，似乎与现代社会中的辩论毫无关联，麦格拉思认为产生这一结果的原因在于传统护教学采用了过于学究化且又被社会所边缘化的路径。而当下捍卫信仰的阵地早已发生了变化，要使传统护教学重新焕发活力，所采取的方法也必须是创造性的、立竿见影的。麦格拉思提出护教的科学必须佐以护教的艺术。麦格拉思再次强调他并不是要抛弃或者否定传统护教学，他是弥补传统护教学在当下语境中的短板，换一种新的方式为信仰辩护。他所采用的方法不限于一种护教理论、不限于一种护教方式、也不限于某一个护教家的观点，他是要在现代社会中运用传统的护教资源和神学资源为人们的信仰做最合时宜的辩护，体现时代的需求和特色。同时也激励读者去思考如何基于自身的需求为自己的信仰辩护。这样，麦格拉思就从传统的以事件为中心的辩护方式（an issue-based apologetics）转变为以人为中心的护教方式（a people-based approach），他坚持认为一个负责任的护教学必须把福音和聆听福音的人作为护教的基础，一个无视人类个体需求以及其所在处境的护教学将不会取得任何效果。所以护教家必须把活生生的人置于现代世界之中，建立二者之间的关联，这样的护教才不会是海市蜃楼，才不会是悬于空中的抽象存在。麦格拉思所倡导的护教家首先是一个聆听者的形象，他要把传统护教学的资源与人的需求相关联，并采用个人所能接受的方式引导他捍卫自己的信仰。

　　麦格拉思自己也承认这是一项非常艰巨的工作，既要全面掌握基督教的传统，又要有同情心去聆听，又要采取恰当的方式让信徒接受自己的宣讲，同时还要让信徒明白你所说的内容，进而产生共鸣。在麦格拉思看来护教需要创造性，而不能照本宣科，有效的护教需要智力和宣教智慧的支撑，护教不是要赢得争辩，而是要获取人心。[10]

---

10 Alister E. McGrath, *Intellectuals Don't Need God and Other Modern Myths: Building Bridges to Faith Through Apologetics*, Grand Rapids: Zondervan, 1993, pp.8-14.

第七章　基督徒团契的重要性

　　麦格拉思把基督徒团契视为福音派最为核心的本质特征。他曾经提出福音派具有六个特征，圣经的权威性、基督的中心性、皈依的必要性、宣扬福音的优先性、圣灵的统治性和基督徒团契的重要性，前四个特征是他在总结其他福音派作家时总结出来的，这主要是受到了大卫·贝冰顿圣经主义、十字架中心主义、皈依主义和行动主义观点的影响。[1]虽然麦格拉思福音派特征六要素说受到了巴刻的影响，[2]但是麦格拉思坚持认为圣灵的统治性和基督徒团契的重要性是他自己的独特见解。[3]在麦格拉思看来，作为基督身体的教会是基督徒团契最为重要的一种形式，基督徒团契对于福音传道和灵性生命的成长具有不可替代的作用，是基督徒集体灵性生活最为重要的载体。尽管每一个不同的福音派忠实于某一种具体的教会，但是这并不意味着福音派赞同某一种单一的、特定形式的教会学理论，并把它作为整个福音派的统一教会论。福音派具有超宗派性的特征，这让福音派在面对具体的教会论时坚持开放而多元的立场，这种特殊立场的教会论是以新约作为其依据的。在麦格拉思看来，浸信会福音派、卫理公会福音派或者长老会福音派，这些不同的福音派分支之间并没有什么不和谐的地方，因为福音派本身就是一种趋势，而非基督宗教的某一

1　David W. Bebbington, *Evangelicalism in Modern Britain: A History from the 1730s to the 1980s,* London and New York: Routledge, 2005, pp.2-17.

2　[英]阿利斯特·麦格拉思：《福音派与基督教的未来》，董江阳译，中央编译出版社2004年版，第48页。

3　Larry McDonald, *The Relationship between Theology and Spirituality in the Writings of Alister E. McGrath,* Dissertation of Southeastern Baptist Theological Seminary in 2003, p.111.

个具体的新派系。福音派的教会论具有坚实的圣经依据，并强调基督在宣扬福音时的中心性作用，同时又不要求把某一个具体的教会论作为整个福音派规范性的标准，这与传统的教会论形成了鲜明的对比，下文将按照麦格拉思历史神学的思路梳理福音派教会论的形成过程，以期更好地展示麦格拉思是如何认识福音派教会论的发展历程及其特征的。

第一节　麦格拉思对教会论演变历程的研究

教会学（ecclesiology）是研究教会教义的神学。在历经各种社会和政治环境变迁之后，教会学试图为一个经历了几千年发展与变化的机构（institution）提供一个合理性的论证。麦格拉思指出早在基督徒认真系统地反思教会是一个什么样的机构之前，教会作为一个历史上的机构早就已经存在了。所以从理论上反思教会的身份和呼召就必须跟随"教会是信仰的团契"这样一条认识路线，而研究基督教对教会的理解就是要明晰教会是如何发展和生存下来的。麦格拉思的研究路径依旧是历史神学的研究方法，试图宏观地展示教会论的历史演变过程。福音派视域下的教会论首先必须是源自圣经的，并以基督为中心的，所以麦格拉思的研究路径的第一个切入点就是整理圣经中教会论的模式。[4]

一、圣经中记载的教会论模式

麦格拉思认为要研究教会论首先必须研究圣经中对信仰团契起源的记载，除此之外还要研究信仰团契的本质特征及其身份。教会强调自身与以色列人在历史和神学两方面的延续性，那么该如何通过圣经旧约的记载去认识以色列人对自己身份的反思，尤其是如何认识自身与教会之间的关系呢？麦格拉思引用布鲁格曼（Walter Brueggemann）的观点，把旧约中对以色列人探索和保持自身身份的历史分为三个阶段。第一个阶段始于以色列民族形成时期直至扫罗统治时期（约公元前 1250-前 1000 年），这一时期的以色列还没有圣殿、祭司、先知，而以色列人对自己民族的认同主要是通过以色列的历史而凝聚在一起的。在第二个时期（公元前 1000-587 年）圣殿及其祭司在信仰领域为以色列人提供了合法的统治依据，而国王则是以色列人世俗的统治者，与祭司一起委身于相同的宗教信仰，进而形成了统一的宗教观和价值观。得益于知

4　Alister E. McGrath, *Christian Theology: An Introduction* (Fourth Edition), Oxford: Blackwell Publishing, 2007, p.391.

识阶层的贡献，《箴言》让整个以色列民族在知识的层面具有一席之地。先知为以色列在重要的历史节点代表着上帝指引着以色列人。这样，以色列在祭司、国王、知识分子和先知的合力下，以色列人的民族特性和民族身份得以形成，上帝选民的身份在以色列人经历后数千年的历史变迁之后依旧得以保持。第三个身份模式阶段始于巴比伦之囚回归之后，这一时期的以色列统一王国不复存在，民族身份在外敌统治之下很难保持，而普世文化对以色列人的信仰带来了巨大的冲击，所以以色列只能通过与历史上的以色列建立联系才能寻回以色列人的身份。

麦格拉思研究教会论首先从旧约对以色列人身份的记载入手是要强调以色列人从历史和神学两个角度探究到了自己的身份，并把这一身份贯穿在以色列民族发展的始终。为了更好地衔接新约中所强调的教会与以色列人之间的延续性，麦格拉思总结了新约中教会神学的多种模式，这体现了麦格拉思福音派神学最具特色之处，即始终坚持圣经的绝对权威，任何神学必须符合圣经的记载。麦格拉思认为对教会论的研究首先必须恪守圣经，以圣经中体现的教会论模式作为教会论发展的起点、根基和模板。所以麦格拉思无论是在总结早期教会论的发展、分析多纳图主义之争、早期基督教新教教会论还是在分析进入二十世纪以来教会论新的发展，都始终坚持圣经的原则，尤其是他从历史神学的角度省视教会论的演变历史，但凡不符合圣经的教会论都会被排斥在他的教会论之外。下文将展示麦格拉思所总结的新约教会论模式。

麦格拉思从新约中归纳出了五种教会论模式，分别是作为上帝子民的教会、作为救赎团契的教会、作为基督身体的教会、作为仆人的教会和作为圣灵团契的教会。新约中所体现的这五种教会论模式分别具有不同的内涵，作为上帝子民的教会强调的是教会与以色列人之间的延续性，并分享与亚伯拉罕之间立约之应许（罗 4: 1-16；加 3: 6-18）。教会被称之为上帝的子民就像上帝在旧约中称呼以色列人一样，二者具有强烈的类比关联（彼前 2: 9）。作为救赎团契的教会强调的是教会是对上帝救赎事工的回应，并向全世界宣告上帝的救赎事工。这一教会论模式体现了新约对宣扬福音的重视，强调教会就是要做盐做光（太 5: 13-16），并让万民皈依上帝，作上帝的门徒（太 28: 19）。作为基督身体的教会主要体现在保罗书信中（林前 12: 12-31），信徒的信仰及其洗礼被视为进入基督身体的保证（罗 6: 3-5）。作为仆人的教会这个意象主要体现了新旧约之间通过契约而强化了二者之间的延续性，在旧约中上帝把以色列人当做仆人，而在新约中呼召教会服务上帝。保罗把这个意象阐释得十分清楚，他宣扬基督为主、并为信徒做仆人（林后 4：5）。作为圣灵团契的教会强调圣灵在教会中的临在和事工，而圣灵让教会作见证。保罗认为圣灵的临在是上帝新时代降临的标志，并带来上帝之国，圣灵则是个人得救以及教会使命的印记（弗 4：30）。麦格拉思所总结的新约中的五种教会模式在新约中并没有完整的阐释，这给教会学之后的发展留下了极大的自由的成长空间，同时也为以后不同模式教会学之间的争论留下了可能性，因为但凡能在圣经中找到一丝依据的教会学都不能被否认，都有其存在的合理性，所以这也是教会学复杂的症结所在，下文将按照麦格拉思的思路评析各种教会论模式。

二、教会论的演变历程

在基督教大公教会成立的最初五个世纪中，教会并没有去阐发基于圣经的各种教会论模式，因为当时教会所面临的社会处境，主要是来自罗马帝国的迫害，让它无暇顾及此事。这一时期人们对教会的认识主要集中在如下几点：第一，教会是一个属灵的团契（spiritual society），教会取代了以色列人成为了上帝的子民，这一点符合新约中第一种教会学模式，即教会是上帝的子民，这种教会学模式强调了新旧约之间的延续性；第二，所有基督徒在基督内成为一体，这点强调了基督徒的普世性成分，教会是超越了民族、种族和国界的基督徒的集合，这一点体现了新约教会论的另一种模式，即教会是基督的身体，信仰和洗礼是信徒进入基督身体的保证；第三，教会是基督教教导的知识宝库，信徒关于上帝和耶稣基督所有的知识主要源自于教会，尽管圣经是关于上帝知识的唯一源泉，但是在当时的条件下，平信徒无法自己在教会之外从圣经中独自获取关于上帝的知识，而强调平信徒与上帝的直接交流那也是到了宗教改革时期的事情了；第四，教会聚集了世界范围内所有的信徒，并让他们的信仰更加坚定，更加圣洁，这也体现了新约中教会论模式，比如教会是救赎的属灵团契，是信徒的仆人，因为教会以一个仆人的姿态把信徒都聚集起来就是为了拯救他们，让他们的灵性生命变得更加的坚定和圣洁。

以罗马为中心的西部教会被迫开始思考教会论，尤其是教会的本质和身份（nature and identity），多纳图主义争论对于这一时期教会论的发展起到了推波助澜的作用，而在回应多纳图主义的过程中逐渐形成了以奥古斯丁为主的主流教会论，关于二者的争论和分歧将在本章下一部分探究，这里仅展示奥古斯丁的教会论。奥古斯丁认为教会是一个混合体（mixed body），充满了圣人和罪人，他引用了麦子和秕子的比喻说明他的观点（太 13: 24-30）。奥古斯丁采用了末世论的视角，认为要把教会中的圣人和罪人分开必须要等到时间的终结，而这个时间并不是历史中的时间，而是发生在上帝自己的时间之中，即历史终结的那一刻，人类自身不能替代上帝做出甄别圣人和罪人的决定。所以教会不可能只包括圣人，因为人有原罪，教会因基督而成圣、变得圣洁。奥古斯丁的教会论影响深远，成为中世纪教会论的金桂玉律，不曾受到质疑，这一权威教会论一直持续到了马丁·路德和加尔文时期。

十六世纪是反思教会本质和身份的一个关键时期。马丁·路德对教会论的理解突出了上帝之道的重要性，他认为哪里被上帝之道所征服并皈依上帝哪里就是教会，所以在路德看来上帝之道之于教会的重要性就体现在上帝之道的征服功能上，而征服的具体体现就是宣扬福音，让那些皈依上帝之人进入基督的体内，所以教会是信仰的团契。路德的教会论佐证了那句名言，即哪里有上帝之道哪里就有信仰；哪里有信仰哪里就有真正的教会。在路德看来如果人类的集会不是建立在宣扬上帝之道的基础之上，那么这个集会绝对不能称之为教会，这个可见的机构必须是宣扬上帝福音的才能被视为教会，而这个福音必须和使徒所宣扬的福音保持一致。麦格拉思认为路德的教会论是一个过渡性的举措，论证了当时基督教新教教会为什么从大公教会分离出去，而路德认为回归大公教会是迟早的事情，所以没有必要发展一种全新的新教的教会论。这也导致了基督教新教早期缺乏一个系统的教会论，这个任务就落在了约翰·加尔文的身上。

加尔文认为一个真正的教会应该具有以下特征：必须宣扬上帝之道；必须正确实施圣礼。鉴于罗马天主教并没有落实这两点，所以福音派就有了充分的理由离开罗马天主教会，进而形成自己全新的教会论，即只要是坚持宣扬上帝之道和正确实施圣礼，无论其外在的、可见的教会采取何种形式，只要是符合圣经传统的，都可以被视为是符合基督教新教教会论的。因为在外在的可见的教会形式之下，只有真正的教会才会坚持宣扬福音和正确实施圣礼。加尔文对教会论的另一个重要贡献在于他区分了可见教会与不可见教会，这部分内容将在本章下一部分详解。

麦格拉思发现二十世纪重燃了对教会论的兴趣，可能是受到了普世运动的影响，也可能是受到了梵二会议（the Second Vatican Council，1962-1965）的影响。他发现二十世纪对教会论的探究主要是围绕着公元一世纪的神学家安提阿的伊格纳修（Ignatius of Antioch）的名言展开的，即哪里有基督那里就是大公教会。麦格拉思依据这句名言把二十世纪对教会论的认识归纳为三类：基督通过圣礼而临在、基督通过上帝之道而临在、基督通过圣灵而临在。

天主教会在梵二会议前就开始讨论基督通过圣礼而临在，吕贝克（Henri de Lubac，1896-1991）、泽梅尔罗特（Otto Semmelroth，1912-1979）和卡尔·拉纳（Karl Rahner）对此都发表过类似的见解，最终梵二会议肯定了基督通过圣礼而临在这个对教会论的新认识，麦格拉思认为这也是梵二会议对教会论发展做出的最大贡献。对教会论的这一新认识具体表述在《外邦人之光》（Lumen Gentium）这个申明之中："教会，在基督内，就像是一种圣礼——是一个标志和一种工具，即，与上帝共融，与全人类合一。"[5]这里需要说明的是，梵二会议并不认为教会就是圣礼，原有的七种圣礼也得以保留。梵二会议的这种表述真实的含义是"教会像圣礼"，这个表述试图把教会是由上帝之道构成的与教会是一个看得见的实体二者结合起来。梵二会议对教会论的新认识其实在奥古斯丁的"看得见的道"的思想中就早已有表述。麦格拉思认为梵二会议再次重申教会通过圣礼而临在对二十世纪教会论的发展影响颇为深远，体现了天主教神学家神学溯源的倾向，即试图把教父时期就已经取得广泛认可的教会论引入到二十世纪神学中来，以期在不同的世纪赋予古老神学以新的活力，以满足人们对教会论不同认知的需求。但是这种类似于嫁接的方法似乎有不妥之处，因为教父时期和二十世纪是两个完全不同的时代，社会背景和文化差异让"基督通过圣礼而临在"不可能简单地搬进二十世纪教会论之中。与此同时，基督教新教神学家还表达了另一种担忧，认为这种认知缺乏圣经的基础，似乎也没有给宣讲神学留下太多的空间。[6]

基督通过上帝之道而临在是基督教新教对于教会本质的理解，认为基督的临在源自宣扬上帝之道。加尔文认为教会的本质特征就在于宣扬上帝之道和正确地实施圣礼，他把教会的这两个特征与基督的临在联系起来，认为基督在哪里，哪里就是教会。加尔文的教会论在卡尔·巴特那里得到了进一步的发挥，巴特强调了教会的宣扬福音的功能，布尔特曼也表达了类似的观点，福音宣教的主旨在二十世纪教会论中依旧占据着重要的地位。巴特认为教会是宣

---

5 Alister E. McGrath, *Christian Theology: An Introduction* (Fourth Edition), Oxford: Blackwell Publishing, 2007, p.402.

6 Alister E. McGrath, *Christian Theology: An Introduction* (Fourth Edition), Oxford: Blackwell Publishing, 2007, p.404.

扬上帝之道的团契，是宣扬上帝在基督里为人类所做出的救赎事工。巴特的教会论同时还体现了三位一体的精神，以圣父、圣子和圣灵为切入点，从动态的角度去理解教会的本质。巴特认为教会不是基督在空间和时间上的延伸，而是与基督合而为一，在基督的呼召下，被基督委派前去服务这个世界，基督通过圣灵而临在于教会。

基督通过圣灵而临在是对伊格纳修名言哪里有基督哪里就是大公教会的第三种阐释。基督通过圣灵而临在强调的是圣灵在构建教会时所发挥的作用，圣灵是基督临在不可或缺的因素。在巴特的教会论中，圣灵发挥着重要作用，在探究教会的身份时巴特的基督论格外强调圣灵的突出贡献。他认为圣灵赋予教会以力量，使得教会得以重生，通过圣灵把基督在十字架上的救赎与教会紧密结合起来，这样上帝的子民就可以与基督同在了。麦格拉思认为巴特教会论突出圣灵在构建教会时的突出作用，可以确保不再仅从世俗的角度去理解教会的身份和使命。巴特的这个观点在莱昂纳多·柏夫（Leonardo Boff）和约翰·齐齐拉斯（John Zizioulas）那里得到了进一步的发展，但是二者的教会论略有不同。柏夫代表了西方教会对三位一体的理解，尽管他强调圣灵的作用，但是他的神学依旧是以基督为中心的；齐齐拉斯代表了东正教会的理解方式，他的神学根基是卡帕多西亚教父对圣灵的理解。柏夫认为教会是基督的灵性身体，因此绝不会被限制在任何既有的体制之中，柏夫这是在批判把教会视为机构的观点。柏夫认为当信徒意识到了耶稣基督救赎的呼召，聚集在一起形成团契，表白自己的信仰，庆贺末日大审判时的自由，试图依据耶稣基督的方式而生活的时候，教会就形成了。麦格拉思认为柏夫对教会的定义与福音宣教式的理解教会之间具有很强的相似性，而齐齐拉斯对圣灵理解则与此有所不同。[7]齐齐拉斯引用《哥林多前书》第12章的内容支撑自己的观点，认为保罗似乎也是支持圣灵在构建教会时的重要作用。齐齐拉斯认为教会过去是由耶稣基督构建的，但是现在却是由圣灵所建构的。

第二节　麦格拉思论福音派教会论的特征

尼西亚信经宣称基督徒信仰"一个圣洁、大公的使徒教会"（one holy,

---

7 Alister E. McGrath, *Christian Theology: An Introduction* (Fourth Edition), Oxford: Blackwell Publishing, 2007, p.405.

catholic apostolic church)，麦格拉思把这句话中的四个关键词，即一个、圣洁的、大公的、使徒的，视为教会的四个特征（notes, or marks），同时这四个关键词也成为了福音派教会学最为核心的主题。为了更好地理解福音派的教会论，下面将逐一展示麦格拉思论福音派教会论的四个特征。

一、一个教会

教会的合一性是教会论较为关注的问题，也是个充满争议的问题，即如何理解教会所宣称的在理论上的合一性与现实中多种教会并存的事实之间的张力。神学家致力于解决后者的多元性与前者的合一性之间的冲突，以下四种途径就是解决这一问题的尝试。梵二会议之前的天主教会坚持一种霸权主义的立场，宣称只有一个经验的（empirical）教会，而只有这个可见的（observable）教会才是真正的教会；第二种途径区分了经验的教会（the empirical church）与理想化的教会（the ideal church）之间的不同，麦格拉思认为尽管这种途径隐约有些加尔文可见教会与不可见教会的影子，但是这种柏拉图式的途径在主流教会中的缺少支持者；麦格拉思认为末世论的途径与加尔文的可见教会与不可见教会之间的相似性更加的显著些，因为末世论认为教会的合一性与目前暂时的多元性之间的冲突将会在末日大审判中终结；而把教会的发展史比作一个大树的比喻在德国虔敬主义和英国圣公会中得到了发挥，把教会视为一个生物有机体的途径不再强调不同教会之间机制上的不同，而是把各种教会形式统归到一个教会中，把这些多元的教会形式视为一棵大树上众多的树枝。

麦格拉思认为受到普世主义运动的影响，近些年许多神学家试图重新恢复教会合一性，他们在伊格纳修的名言中找到了灵感和依据，即哪里有基督，哪里就是教会。他们认为教会的合一性的关键在于基督，而不是从历史的、文化的和社会学的角度来省视教会的合一性，所以教会的合一性并不是体现在教会机制的统一性，而是神学认知的统一性，比如孔汉斯（Hans Küng）认为教会合一性的根基就在于上帝在基督里的救赎。同时孔汉斯也指出为了适应当地文化，合一的教会也会衍生出一些地方性的教会，这与教会的合一性在于基督的救赎并不矛盾，因为教会的多元化是教会合一性的前提。[8]麦格拉思认

8　Hans Küng, *The Church*, trans. by Ray and Rosaleen Ockenden, London: Search Press, 1978, pp.273-274.

为英国圣公会就是一个很好的例证，圣公会对某些可能带来分裂的教义保留了很大的自由空间，比如预定论，同时还与基督宗教基本信仰保持一致，这样圣公会并没有成为一个全新的宗教，而是保留在基督宗教的大家庭内，只是它采用了特殊的方式，在具体的历史语境中宣扬福音。圣公会的发展历程表明教会的合一性毋庸置疑，但是同时也要顾及教会对方不同环境的适应性问题。

福音派教会发展的历程也证明了孔汉斯的这个观点。福音派在现代教会中的迅速发展证明了教会的合一性与教会的多元性之间并不存在冲突。福音派是一个超宗派的潮流，不是某一个宗教派别，不会受限于任何一个具体的教会机制之中，所以福音派可以在主流的教会中普遍存在，包括天主教会。而某一个具体的福音派，比如圣公会福音派，路德宗福音派，甚至天主教福音派，并不意味着福音派就会制定某个具体的教会论神学。麦格拉思认为也正是福音派没有制定一个具体的、具有区别性的教会学神学，才使得福音派可以适应并适用于任何形式的教会论之中，他进而指出教会的合一性并不在于教会的组织系统，而是在于对宣扬福音的共同认同。[9]

二、圣洁的教会

就像教会的合一性与现实的多元性二者之间的张力一样，在教会的圣洁性与现实的罪恶性之间也存在着张力。那么该如何理解教会的圣洁与基督徒的罪这二者之间的张力就是这一部分所要涉及的主要内容。关于教会的圣洁，尤其是教会领袖的道德问题成为多纳图主义与奥古斯帝之间的争论的核心问题。多纳图主义认为由于教会领袖面对压迫时把教会的书籍上交给官方，任由其破坏教会，他们屈服于外在的世俗力量，这样人就不再适合做教会的领袖，由他按立的主教因而也就玷污了教会，不再具有合法性。这一事件的起源就是阿普唐加的费力克斯（Felix of Aptunga）按立凯西利安（Caecilian）为迦太基的主教。这一举措引起了迦太基人强烈的离心力，分离教会的势力在奥古斯丁抵达非洲时比原教会的势力大了许多。

多纳图主义者认为教会领袖的堕落败坏了大公教会的整个圣礼体系，因为由堕落的人所主持的圣礼不可能再是圣洁的，圣礼的圣洁性已然被道德败坏的人所玷污。因此应该用道德完美的人替换这些道德败坏的人，因为这些人

9　Alister E. McGrath, *Christian Theology: An Introduction* (Fourth Edition), Oxford: Blackwell Publishing, 2007, pp.411-412.

在受到压迫和迫害的时候信仰坚不可摧。多纳图主义者还坚持给那些已经施洗的人再次施洗，并且要重新任命那些由道德败坏的教会领袖所按立的主教。麦格拉思认为多纳图主义不可避免地会导致分离主义。而奥古斯丁则回应道，他对教会圣洁性的理解具有更为坚实的圣经新约基础，他用基督徒的有罪性来回应多纳图主义者对教会圣洁性的质疑。奥古斯丁认为教会并不一定必须是一个纯洁的身体（a pure body），或者是一个由圣徒构成的团契，而是一个由圣徒和罪人共同构成的混合体（a mixed body），他用的稗子比喻（太 13：24-31）来说明教会是一个混合体。奥古斯丁采用末世论的视角判定善与恶会在时间终结之时被分辨开来，而不是在具体的历史之中，同理，教会中的圣徒与罪人也要等到末日大审判时被分辨开来，是在上帝的时间之中历史终结之时，而非由人类在历史中取代上帝之职代为区分。所以，在奥古斯丁看来教会在人类历史之中由圣徒和罪人构成，到了历史的终结之时教会就会变成一个纯然而圣洁的教会。奥古斯丁进而指出，教会的圣洁不在于教会成员的圣洁性，而在于基督。教会的成员因为原罪的存在因而不可能是圣洁的，而教会的圣洁只能由基督赋予。

教会的圣洁性在教会论的发展史上争论不休，麦格拉思总结了四种认识教会圣洁性的路径。第一种就是以多纳图主义和再洗礼派为主的分离主义，二者都赞同教会成员的经验性的圣洁，坚决把那些违背公认标准和教会圣洁性的人排挤出教会。有些中和论者认为应该区分圣洁的教会和有罪的信徒，但是这样做还会引发另一个棘手的问题，那就是没有信徒的教会是否可能。第二种认识教会圣洁性的途径采取了末世论的视角，认为目前存在的教会和它的成员一样充满了罪，但是在末日大审判的时候教会就会变得圣洁了，这一观点的支持者主要是奥古斯丁和托马斯·阿奎那。第三种中途径致力于探究圣洁（holy）的含义，麦格拉思认为圣洁一词在英语中和道德（morality）、神圣（sanctity）、纯洁（purity）相关，圣洁在新约中含有被拣选出来服务上帝的含义。第四种途径试图从旧约中寻找相关解释，认为圣洁一词在旧约中指的是由上帝区分开的人或事，而新约则把圣洁的内涵缩小，仅限于圣洁的人，认为人乃是圣洁的，原因在于人听从了上帝的呼召进而致力于服务于上帝，皈依了上帝。麦格拉思认为教会和圣洁二词在词的内涵上是共通的，因为教会含有听从上帝呼召之意，而圣洁指的是由于上帝的呼召，信徒与世俗的世界区别开来。麦格拉思认为教会的圣洁主要指的是呼召教会及其成员的那一位，即基督。教会与世俗世界之间的区别主要是为了见证上帝的恩典和救赎，所以教会的圣洁主要是从神学层面进行认识的，而不是道德的层面，教会的圣洁就是要分享上帝的荣耀与生命。[10]

三、大公的教会

麦格拉思对教会的大公性（catholic）或曰普世性（universal）的研究始于对 catholic 一词的词源探究。经研究他发现 catholic 一词在现代英语具有较大的歧义，尤其是在宗教学领域之外这个词会带来一定的迷惑性。比如一看到 Roman Catholic 一词就会立刻想到罗马天主教，就像看到 Eastern Orthodox 就会想到东正教一样。其实经过词源探究发现 catholic 一词在时代的变迁中其内涵在不断地演变之中。为了避免歧义和混淆，基督教新教教会建议把尼西亚信经经文"one holy catholic and apostolic church"中的 catholic 一词替换为 universal（普世性），认为这样就比较容易理解了。

麦格拉思发现 catholic 一词源于希腊词 kath'holou（整体、全部），后来这个希腊词变成了拉丁词 catholicus（普世的，总体上的），这个词的含义保留在了英语 catholic 一词之中，意为广泛的，大众的。在较为古老版本的圣经中 catholic epistles 指的是所有的基督徒，而不仅仅指保罗书信中的罗马教会或者哥林多教会。尽管在新约中 catholic 这个词还不具有"全体性，全部的"（totality）的意思，但是在随后的发展中这个意思逐渐成为了 catholic（大公性）的内涵，而第一次采用这个词条的人是安提阿的伊格纳修（Ignatius of Antioch），他的名言"Where Jesus Christ is, there is the catholic church"就首次采用了 catholic（大公性）一词的含义。在二世纪的时候 catholic church 指的是与地方会众（local congratulations）并存的普世教会，但是这个词义在四世纪的时候就变了，专指罗马帝国唯一合法的教会，即以罗马为核心的大公教会，到了五世纪的时候, 地中海区域变成了基督宗教的世界, 这时候 catholic church 又具有了"包括全世界的"这层含义。麦格拉思总结说 catholic church（大公教会）词义的演变历经了三个重要阶段，一个是指普世的、无所不包的教会；另一个指的是神学为正统的，与分离主义（schism）和异端（heresy）相对；最后一个指的是遍及全世界的教会。

---

10 Alister E. McGrath, *Christian Theology: An Introduction* (Fourth Edition), Oxford: Blackwell Publishing, 2007, p.413.

在中世纪时对 catholic church 内涵的理解主要是源自于耶路撒冷的西里尔（Cyril of Jerusalem）和托马斯·阿奎那。前者认为可以从四个角度去理解大公性：遍及世界每一个角落的、包涵所有信仰内容的、包括每一个人在内的、可以治疗人类的每一种罪恶的。[11]而阿奎那则是从地理学、人类学和普世性三个方面进行阐释的。[12]到了十六世纪宗教改革时期教会的大公性和合一性得到了破坏，基督教新教改革者认为教会的大公性不在于教会的体制层面，而在于教义。他们认为尽管新教从大公教会分裂出去了，但是他们在保持基督宗教的核心信仰和普世性方面与原有的大公教会保持了严格的一致性，认为历史的延续性、教会机制的一致性应该退居第二性，首要的还是要保持教义忠实于原有的大公教会。所以宗教改革者剔除了一些虚假的不符合释经的做法和信仰，而在教义教导方面则与使徒教会保持一致。随着普世运动的兴起以及梵二会议的影响，catholic 一词所蕴含的古老含义"整体性"（totality）再次进入人们的视野，地方教会和一些宗派性的教会被视为普世教会的代表（representations），或曰地方教会和一些宗派性的教会体现了（embody）普世教会。正如孔汉斯所说的，如果只有一个教会，那必是普世的；如果这个教会是普世的，那么就一定是一个教会。[13]

四、使徒的教会

"使徒的"（apostolic）一词在圣经新约中并不是指教会，它的原义是指源自使徒的，或者与使徒有关联的。使徒与教会最本质的关联就在于教会是建立在使徒的见证之上的，新约就是在这一关联的基础上使用"使徒"（apostle）一词的，使徒指的是由基督任命的人，专门宣讲上帝之国的福音，使徒还指见证基督复活的人，或者基督向他亲自显示的人。麦格拉思认为宣称教会是"使徒的"意味着这是在强调福音的历史根源，使徒把教会和基督有机的联结起来，进而继续宣扬福音，这样教会的宣教使命也得以延续。[14]

英语神学对教会的使徒性这一特征的研究主要是受到了斯威特（H. B. Swete，1835-1917）影响，并把他的观点视为英语神学的官方见解。斯威特认

---

11 Cyril of Jerusalem, *Catechetical Lecture XVIII*, pp.23-26.

12 Thomas Aquinas, *In symbolum Apostolorum*, p.9.

13 Hans Küng, *The Church*, trans. by Ray and Rosaleen Ockenden, London: Search Press, 1978, p.303.

14 Alister E. McGrath, *Christian Theology: An Introduction* (Fourth Edition), Oxford: Blackwell Publishing, 2007, p.416.

为教会的使徒性（apostolicity）在于三点：教会是由使徒在这个世界上建立的；教会必须恪守使徒的教导；教会要继续推进使徒的宣教事工。[15]麦格拉思认为斯威特的观点代表了维多利亚时代后期对教会特征的讨论，他的观点对圣公会带来了深刻的影响，这个影响甚至超出了圣公会的范围，被其他教会所接受。麦格拉思认为斯威特的观点并没有解决所有的疑问，比如，教会与使徒在历史上的延续性是否能保证这个教会在体制上就具有使徒性呢？天主教和东正教表示肯定，而基督教新教则表示质疑。[16]

---

15 H. B. Swete, The Holy Catholic Church: The Communion of Saints, A Study in the Apostles' Creed, London: Macmillan, 1915, pp.44-48.

16 [英]阿利斯特·麦格拉思：《基督教神学导论》（第五版），赵城艺、石衡潭译，北京联合出版公司 2017 年版，第 444 页。

第八章　麦格拉思对当代思潮的回应

　　本文从第二章到第七章介绍了麦格拉思福音派神学的特点，分别从圣经的权威性、基督的中心性、圣灵的统治性、个人皈依的必要性、宣扬福音的必要性和基督团契的重要性六个方面展开了详细的论述。这六部分是麦格拉思福音派神学最为核心的思想，是麦格拉思整个神学建构的基础。本章所关注的重点是麦格拉思如何从福音派的立场来认识后自由主义神学、后现代主义和宗教多元主义对福音派的冲击，以及福音派如何回应这些现代哲学思潮。麦格拉思对这三个领域的认知基本上代表了福音派对现代文化的基本立场和回应，具有很强的代表性。同时，这部分研究无论从立场观点还是论述过程都是比较学术化的，具有强烈的现代西方哲学基础。如果说本文第二章至第七章对麦格拉思神学的分析体现了福音派神学的内在的逻辑严密性和学术性的话，那么本章从麦格拉思对现代哲学思潮的回应中证明福音派神学的生命力活力依旧。麦格拉思对现代哲学思潮的回应并不是要否定这些思潮，而是从学理的角度寻找到回应这些思潮的根基，这也是麦格拉思要在学术界重新树立福音派神学学术地位的重要举措。

第一节　福音派与后自由主义

　　从自由主义过渡到后自由主义这是一个非常复杂的过程，不同的学科从不同的领域出发做了大量而又系统的研究，比如经济学、文学、艺术、哲学和神学等等。本文仅从神学的角度对自由主义与后自由主义、现代性与后现代主义、多元主义等社会思潮展开探究。所以本文不会系统地梳理这些思潮的发展演变历程，仅从神学的领域出发，探究现代哲学思潮对神学的影响，以及福音派神学对这些现代思潮的回应。在本章首先要涉及的就是后自由主义思潮。要明晰后自由主义与福音派神学的共鸣之处，首先要明晰自由主义神学的主要观点和立场，这样才能更好地理解后自由主义神学对自由主义神学的反叛，以及这种反叛是如何恰合了福音派神学的主张。

一、麦格拉思对自由主义的批判

麦格拉思从两个方面批判自由主义，一是交代了他把自由主义作为研究重点的原因、二是如何认识自由主义及其对福音派神学的威胁，下将从这两个方面概述麦格拉思是如何批判自由主义的。[1]

（一）麦格拉思批判自由主义的时代背景

麦格拉思认为研究自由主义在当下任然具有现实的意义。对自由主义神学的研究早已不再是热点和重点领域，但是麦格拉思反其道而行之，认为研究基督教神学与自由主义，尤其是自由主义所提倡的普世文化、普遍的人类经验、普世宗教以及否定基督教信仰特殊性的这一立场之间的相互关联，对于更好地理解反对自由主义的立场，以及更好地理解福音派神学内在的一致性和特殊性具有不可忽视的作用。

麦格拉思认为自由主义威胁到了福音派神学的整体性及其身份问题，[2]因为后者把基督宗教之外的权威带入了基督宗教之内，并让世俗的价值观和世界观在基督宗教内部广为流传。不仅福音派批判自由主义，后自由主义也是对自由主义的反叛，认为自由主义在理智上是错误的，所以在麦格拉思看来二者就具有了一定的共性，在批判自由主义的某些立场和观点上找到了一些共识。

麦格拉思把福音派对现代思潮的回应的第一个重点放在后自由主义上有着深刻的历史原因。后自由主义神学自上个世纪八十年代出现开始就成为了西方基督教神学的重要研究领域，在耶鲁学派的大力倡导下，以汉斯·福瑞（Hans Frei）和乔治·林贝克（George Lindbeck）等人为代表的神学家把后自由主义神学带入了国际视野，英国学术神学受到的影响十分深刻。麦格拉思作为当代英国乃至世界福音派神学家的新生代代表，是在这样的学术氛围中成

1　Alister E. McGrath, *The Making of Modern German Christology*, Oxford: Basil Blackwell, 1986.

2　麦格拉思这个观点受到了马辛（J. Gresham Machen）的影响，详见 J. Gresham Machen, *Christianity and Liberalism*, Grand Rapids, MI: Eerdmans, 1994.

长起来的，所以他敏锐地发现了后自由主义神学对福音派神学的深刻影响，所以研究二者之间的交集及其相互影响就成为了麦格拉思研究的重点。

麦格拉思认为后自由主义最为显著的特点就是对现代性的彻底否定，认为自由主义所提倡的启蒙理性、普世宗教和世俗文化均是错误的，或者是人类所杜撰的。麦格拉思引用普莱彻（William C. Placher）的观点，把后自由主义神学的特点概括为三点，即，叙事（narrative）作为圣经阐释的重要性、圣经释经学对于阐释人类经验世界的重要性、人类语言的重要性。[3]麦格拉思认为对人类经验基础性作用的批判标志着对后自由主义神学对自由主义神学的逃离，同时麦格拉思还引用麦金泰尔（Alasdair MacIntyre）的观点，认为后自由主义再一次强调了基督宗教信仰的独特性地位，借以反叛自由主义同质化的倾向（homogenizing tendencies）。[4]

（二）自由主义神学的特征与困境

麦格拉思认为自由主义最为显著的特征就是它的适应主义（accommodationism），即，自由主义坚持认为应该重新表述或者诠释基督宗教的传统教义，以便使之符合时代精神。自由主义认为随着时代的进步，哲学、社会学和宗教学等领域的研究也在向前推进，不应该把这些人文社科思想束缚在过去的传统之下，而应该把基督宗教的教义从传统中解脱出来。鉴于自由主义打破传统，提倡创新的立场，自由主义通常比较敌视任何形式的个殊主义（particularism），比如基督宗教的神启等概念。自由主义认为宗教应当建基于普遍的人类文化与经验之上，出于这个认知，自由主义在批判个殊主义的同时，对福音派的批评也是十分尖锐的，尤其是极为反感福音传道活动，把这些传道行为视为神学的种族主义，或者基督教帝国主义。[5]

麦格拉思在批判美国自由主义神学时指出，自由主义神学具有两个显著特点，其一是避免提及基督宗教传统的特殊性、其二就是把自由主义神学建立在人类的普遍存在这一共性之上，这与麦金泰尔所说的把个体从传统的偶然性和特殊性中解脱出来如出一辙。自由主义神学采取了基础主义（foundationalism）

3　William C. Placher, "Paul Ricoeur and Postliberal Theology: A Conflict of Interpretations", *Modern Theology*, Vol. 4, 1987, pp.453-456.

4　Alasdair MacIntyre, *After Virtue*, 2nd edn., Notre Dame, IN: University of Notre Dame Press, 1984.

5　Alister E. McGrath, *A Passion for Truth: The Intellectual Coherence of Evangelicalism*, Downers Grove, Illinois: InterVarsity Press, 1996, p.122.

的路径，要为宗教寻求一个普世的基础，这样人类的普遍经验（Schubert Ogden的观点）与西方文化（Gordon Kaufman 的观点）就成为自由主义神学自身得以成立的基础。

在批判完自由主义神学这一实用主义的理论基础之后，麦格拉思进一步指出自由主义神学在学术上和文化上并没有什么值得一提的贡献。自由主义神学强调基督宗教与其所处的思想文化背景相关联的重要性，并把这一个观点视为自由主义神学对当代基督宗教独特的贡献。麦格拉思反驳道，这种观点在托马斯·阿奎那的著述中就有发现，因此这并不是自由主义神学的独特贡献。而以普兰廷格（Alvin Plantinga）与沃尔特斯托夫（Nicholas Wolterstorff）为代表的关于"信仰与理性"的辩论，也不能被视为自由主义神学的贡献，因为这两位学者并不是自由主义神学的代表，顶多被视为"经典的改革派"，他们的理论来源是约翰·加尔文。所以，在麦格拉思看来自由主义神学并没有为这个时代和基督宗教做出过什么特别的贡献。那么自由主义神学又能为这个时代提供些什么呢？奥克肖特（Michael Oakeshott）认为自由主义神学是由一些状语规则搭建起来、毫无目的的、非宗教性的相互联结。[6]这也印证了德沃金（Ronald Dworkin）的判断，即，自由主义的优势并不在于它积极倡导道德以及生命的目的，而在于它拒绝提倡任何一种生活方式。[7]与此同时，自由主义神学也表现出了相似的立场，拒绝承认福音宣教的优先性地位。麦格拉思悲观地表示，除非自由主义神学坚信耶稣基督的福音，否则将很难判断出自由主义神学的未来及其走向，同时自由主义神学也会被教会和社会所遗忘。

既然自由主义神学前景不堪明朗，那么自由主义神学的出路又在哪里呢？麦格拉思认为这个时代的文化特征证明启蒙主义已经结束，尤其是其所提倡的理性主义和对普遍基础主义的探求在后现代的文化语境中、在个体灵性生活的领域，人们对其的信仰已经坍塌。但是启蒙主义的影响却还未完全褪去，面对福音派神学和后自由主义神学的围攻，一些自由主义神学家依旧在尝试恢复启蒙运动以来的理性主义和基础主义在基督教神学内部的影响力，以斯塔克豪斯（Max L. Stackhouse）和麦肯（Dennis P. McCann）为代表的神学家试图复兴"公共神学"，即，一种描述上帝实在（reality）的一种方式，认为

6　Michael Oakeshott, *On Human Conduct*, Oxford: Clarendon, 1975.

7　Ronald Dworkin, "Liberalism", S. Hampshire (ed.), in *Public and Private Morality*, Cambridge: Cambridge University Press, 1978, p.217.

无论是在各种各样的思想体系之中还是在商品与服务的市场之中，上帝的意志在理智上是完全合理的。[8]

　　麦格拉思认为宣扬公共神学需要一个庞大的受众，尤其是在这个世俗化日益加剧的社会中，世俗社会很可能成为公共神学的舞台背景，因此需要找到一种方法使得公共神学在世俗语境中依旧具有理智上的合理性。但是麦格拉思发现公共神学的提倡者并没有找到这个合理性，而是简单地做了如下推理，即，既然基督教神学的语言和价值观是在历史中建构的，那么世俗文化的语言和价值观就不受基督教神学的语言和价值观的影响。这个推论的核心要义就在于它把真理、正义和爱视为超越时代语境的抽象理论，认为这三者是放之四海而皆准的。麦格拉思认为这个推理有三个缺点，其一这个观点把真理、正义和爱视为一种抽象的存在，麦格拉思认为必须把这三个概念放在具体的语境中和具体的事物上，这样才会使这三者充满了活力；其二这个观点事实上是已经屈服于世俗文化了；其三，这个观点忽略了一个事实那就是启蒙运动已经结束，世俗文化和语言是放之四海而皆准的观点早已不再成立。麦格拉思进一步指出，建构公共神学的任务极为严肃，不能轻易地把过时的普世文化价值观作为建构公共神学的基础。真理、正义和爱依赖于具体的语境才会有具体的含义，不同的社会、文化和语境都会有不同的解读。麦格拉思认为自由主义已然失去了话语权，无论是在教内还是教外。既然自由主义的时代语境结束，那么后自由主义又能发挥什么样的作用呢？后自由主义与福音派又有何交集呢？下文将做概要简述。

二、后自由主义与福音派的交集

　　后自由主义从理智和文化等领域向自由主义发起了严厉的挑战。自由主义所提倡的共同的人类经验、全能的理性、宏大的叙事等议题要么被视为人类经验的杜撰，要么就是人类理性的白日梦。宗教与文化这一主题曾被自由主义者视为基督宗教非个殊主义的普遍基础，现如今也被视为虚假的建构，只不过是逻辑推理的一种方式罢了。麦格拉思认为后自由主义带来的最大的变革莫过于当基督教神学关注、探究、证实基督教个殊主义的时候，不会再被视为颐指气使的帝国主义行径。

8　Robert Benne, *The Paradoxical Vision: A Public Theology for the Twenty-First Century*, Minneapolis, MN: Fortress, 1995.

（一）后自由主义对基础主义的批判

批判后自由主义的自由派批评家指出，后自由主义从价值与理性的普世准则中退出意味着后自由主义落入了信仰主义与部落文化的藩篱。麦格拉思认为从自由主义对后自由主义的批判中可以得知，自由主义并不承认启蒙主义已然结束，世界通用语、普遍的人类经验都成为虚假的意构，不再可信。后自由主义宣告了启蒙运动的终结，而自由主义依旧在尝试寻找一个绝对的坚实的基础，不敢面对这个不再相信它的世界，所以它们宁可生活在过去，缅怀过去的往昔。尽管后自由主义者抛弃了那些普世的规范和价值，但是自由主义者依旧沉湎于世界通用语之类的温馨乡愁之中。[9]麦格拉思为后自由主义辩护道，如果指责后自由主义放弃了世界通用语（universal discourse）就好比虐待一个不再相信圣诞老人的儿童。麦格拉思把自由主义的这些观点和主张视为一种幻景（illusion），但是正是这种幻景，它极易变得具有压迫性。后自由主义重提基督宗教的独特性就是对普世性这一幻景的反叛，同时还表明了基督教信仰独特而真实的品质。后自由主义的这一主张与福音派强调基督教信仰的独特性不谋而合，而下文将要对自由主义所依赖的基础主义展开批判，这也成为后自由主义与福音派交集的又一个重要契合点。

对自由派基础主义的批判是后自由主义的一个重要内容。自由主义神学试图把自己的理论根基建立在某些哲学概念或者共同的人类经验之类的概念之上，并把这种做法视为自己的使命。自由主义神学首先分析人类的知识、文化和经验，然后为基督教神学和公共话语寻找到一个普遍的基础。这种做法的典型代表就是保罗·蒂利希（Paul Tillich），他的护教学关注并使用了大量的圣经之外的非基督宗教元素。后自由主义批判自由派基础主义，否定其作为基础和前提的基础主义的必要性，把圣经之外的和非基督宗教的因素排除出基督教神学之外。后自由主义的这种立场和观点，非常契合福音派的立场，二者均赞同把圣经之外的前提性因素排除出基督教神学。此外，后自由主义重新强调圣经的重要性，把圣经作为基督教神学和生命的唯一的规范性源泉，在这一点上福音派似乎找到了一个盟友。

后自由主义和福音派的契合点与卡尔·巴特的观点较为一致，巴特担心来自圣经、教会和传统之外的因素在基督教神学内部盛行，很可能会束缚和贬低

9　Alister E. McGrath, *A Passion for Truth: The Intellectual Coherence of Evangelicalism*, Downers Grove, Illinois: InterVarsity Press, 1996, p.123.

基督教神学，使得基督教神学的公信力下降。麦格拉思也承认，福音派也受到了启蒙运动的影响，尤其是传统的普林斯顿学派（the Old Princeton School），尽管如此这并不能否认护教学尝试在福音与人类经验、理性和文化之间寻找一个交点、共同点的尝试。因为在向世俗的听众展示和解释基督宗教信仰在理智上也是一致的、可信的时候，就不得不使用一些圣经之外的专有术语和概念。福音派与自由主义的区别就在于，后者把世俗主义变成了基督宗教可以信赖的。相反，后自由主义采取了调和的方式去阐释基督宗教，比如，采取了一些中性的术语和概念，这样就不会使世俗的术语和概念成为福音的前提条件，这样就与福音派保持了一致的立场，并把基督宗教视为世俗主义可以信赖的一种信仰。

（二）后自由主义重拾基督教神学的个殊主义

麦格拉思认为当今学术界对基督宗教独特性的接受度越来越高，尤其是随着启蒙运动的结束，强调基督宗教独特性的禁令也随之解除。后自由主义承认基督宗教的独特性，尤为尊重基督宗教传统的独特性，并把基督教神学视为表达对基督宗教信仰的独特语法。保罗·赫默尔（Paul Holmer）就是持这种观点的典型代表。他认为基督教神学的任务就是去发现圣经内的规则，比如说敬拜、提及和谈论上帝的方式等，而不是去揭示圣经之外的规则。赫默尔认为自由主义的一个最基本的错误就在于试图重新阐释、或者重新表述圣经中的概念。麦格拉思认为这会让圣经迎合时代精神，而这种和谐并不是真正的和谐，只会让时代精神束缚圣经，并不会为上帝赢得时代精神。[10]后自由主义认为神学应该建立在圣经基础之上，神学只是去发现并表述这种早就已经存在于圣经内部的独特范式。那么神学是否仅仅只是关乎信仰的语法，即，基督教话语的规则呢？麦格拉思认为后自由主义过于关注纯粹文本之内的问题，似乎不太在意神学与外部客观现实之间的关系，这是福音派对后自由主义最大的关切。

林贝克就是这种后自由主义观点的典型代表，他的观点在他的《教义的本质》一书中有详尽的叙述。麦格拉思认为这本书有很多优点，其中之一就是再次提出基督宗教的特殊性，这一点在他所提倡的基督宗教普世运动中显得格外重要。意识到这个重要性之后，麦格拉思决定从分析林贝克的观点入手，进

---

10 Alister E. McGrath, *A Passion for Truth: The Intellectual Coherence of Evangelicalism*, Downers Grove, Illinois: InterVarsity Press, 1996, p.135.

而说明后现代主义与福音派神学之间的关系。二者既有交集，也有分歧。麦格拉思指出林贝克仅仅提供了一种研究计划，这是一种探究神学问题的框架，因而并没有给出具体的结论。而福音派则极为重视结果，通常是通过结果来判断神学研究路径的可靠性。麦格拉思批判林贝克尽管还有时间沿着自己的路径得出具体的结果，但是遗憾的是林贝克并没有把自己的研究向前推进，这也是麦格拉思批判林贝克的切入点，下文将详细叙述林贝克对福音派的批判以及麦格拉思对林贝克的回应。

三、后自由主义与福音派的争锋

福音派与后自由主义的交集主要出于反对自由主义的共同立场，尤其是反对自由主义所提倡和依赖的基础主义；同时福音派非常赞同后自由主义对个殊主义的强调，尤其是强调基督宗教传统的特殊性，因而二者似乎是有着共同基础和利益的盟友。但是二者毕竟还是有差别的，这集中体现在后自由主义者林贝克对福音派的批判，同时麦格拉思作为福音派的代表也对林贝克教义的本质学说展开了批判。[11]在本文第二章圣经的绝对权威这一部分，已经对林贝克的经验—表达模式（The Experiential-Expressivist Theory）做了简要分析，在这里本文的关注点将会是林贝克关于教义本质的另一种学说，即，认知—命题模式（The Cognitive-Propositional Theory），下文将以林贝克这个学说为出发点，对后自由主义与福音派的争锋展开论述。

（一）麦格拉思对林贝克的批判

林贝克把基督教教义的本质归为三类，分别是认知—命题模式（The Cognitive-Propositional Theory）、经验—表达模式（The Experiential-Expressivist Theory）和文化—语言模式（The Cultural-Linguistic Theory）。[12]林贝克把经验—表达模式视为自由主义神学的观点和立场，因为后者把宗教体验视为基督教神学的基础和源泉；林贝克的认知—命题模式把教义视为指示性的命题（informative propositions）或者是对客观实在的真理性宣言（truth claims about objective realities）。[13]认知—命题模式与福音派的关联较为密切，尤其是在上

---

11 Alister E. McGrath, *The Genesis of Doctrine*, Oxford: Blackwell, 1990, pp.14-34.

12 George Lindbeck, *The Nature of Doctrine*, Philadelphia: Westminster, 1984.
   Alister E. McGrath, *The Genesis of Doctrine*, Oxford: Blackwell, 1990, pp.14-34, 136-161.

13 George Lindbeck, *The Nature of Doctrine*, Philadelphia: Westminster, 1984, p.16.

个世纪六十年代以卡尔·亨利为代表的新福音派的兴起时期，认知—命题模式在福音派神学的阐释过程中发挥了重要的作用。亨利在反驳新正统神学时格外强调神启的指示性内容，而这些内容又是以命题的方式呈现出来的。

麦格拉思认为认知—命题模式并不能全面揭示基督教神学的全貌，也不能客观地评判圣经中启示这一主题的复杂性，因为在福音派看来神启与教义同时具有认知性、指示性和经验性的维度。林贝克仅仅批判教义的指示性层面，而忽视了教义的经验性层面，并把二者割裂开来，尽管林贝克本人并不是故意这么做的，也没有意识到他的做法给福音派所带来的冲击。

林贝克认为应该拒绝或者否定基督宗教教义的认知—命题模式，因为这种模式是为意志论的（voluntarist）、唯理智主义的（intellectualist）和直译主义的（literalist），他甚至批评那些以认识—命题模式理解宗教的人，认为他们把莫名的不安全感和天真无邪结合在了一起。[14]麦格拉思认为林贝克的错误在于把教义的认知层面和经验层面对立起来，没有认识到二者是教义的不同、也是不可缺少的维度。麦格拉思认为基督教教义的认知维度是基督教宗教体验的框架和基础，基督教教义的认知—命题维度就像是人的骨架支撑着宗教体验，让它充满了血与肉。

麦格拉思进一步指出教义为阐释和批判宗教体验提供了一个概念性的工具（conceptual apparatus），即，对宗教经验的初步评判发生在概念的领域，之后再基于圣经叙事和教义，宗教体验才会以一种全新的方式被省视。以这种独特的视角去省视宗教体验，宗教体验就与圣经叙事和教义相关起来，这样宗教体验就被赋予了全新的意义。尽管本文第二章"圣经的绝对权威"分析了林贝克的经验—表达模式（The Experiential-Expressivist Theory），认为宗教体验作为神学确定性的基础不够充分，但是这并不是全面否定宗教体验在神学阐释中的作用，相反，宗教体验从存在主义的维度阐释了基督教信仰的核心作用。比如，十字架神学就指出有必要从神学上阐释宗教体验。总之，麦格拉思认为神学的认知性维度在福音派神学内占据着十分重要的地位，让基督教教义发挥着重要的作用，并为更加充实地理解宗教体验提供了重要的路径。

林贝克的文化—语言模式（The Cultural-Linguistic Theory）把宗教视为塑造整个生活与思想的文化、或语言的框架和媒介。[15]麦格拉思评价这个模式时说

---

14 George Lindbeck, *The Nature of Doctrine*, Philadelphia: Westminster, 1984, p.21.
15 George Lindbeck, *The Nature of Doctrine*, Philadelphia: Westminster, 1984, p.33.

道，林贝克的文化—语言模式受到了文化人类学家克利福德·格尔茨（Clifford Geertz）以及维特根斯坦（Ludwig Wittgenstein）的影响。林贝克把维特根斯坦语言游戏作为类比对象，把宗教比作语言，并把宗教教义比作语法规则；此外，林贝克把宗教视为一种文化框架或者媒介，他们能够创造出某种特殊的词汇，而这种词汇还先于内在的体验。麦格拉思认为这种观点尝试着去揭示教义的本质，其实它想探究应该是教义内在的一致性，即，教义系统内的一致性，就像语法规则规范了语言一样，教义也在规范着宗教。

麦格拉思指出这种模式会带来一定的疑惑，比如，受教义调节与规范的文化—语言传统是如何产生的？林贝克并没有给出明确的答案，从《教义的本质》一书中可以推论得知，林贝克仅仅简单地用"自有之"（given）回答了这个疑问。语言自然而生，那么宗教是否也是自然而生，或者说，宗教是源自人类的洞见，还是源自上帝的自我启示呢？麦格拉思认为林贝克的文化—语言模式还能导致其他疑问，比如，基督教教义从何而来？基督教的语言回应了什么问题？语言之外的实在（extra-linguistic reality）试图要描绘一幅什么样的景色？麦格拉思认为福音派在广义上与林贝克可以达成一致的立场，但是福音派希望林贝克能够走得更远。所以福音派对后自由主义的批判主要集中在后者对语言系统之外的实体认识不够充分，这也将是福音派对后自由主义批判的主要切入点。

（二）福音派对后自由主义的批判

在批判后自由主义之前，麦格拉思首先承认了它具有三个优点，这是后自由主义与福音派得以达成共识并展开对话的前提。麦格拉思认为，其一，后自由主义强调了基督宗教的独特性，并拒绝与美国自由主义一起批判福音真理的身份问题；其二，后自由主义坚持圣经作为基督宗教思想和价值的最高源泉；其三，后自由主义坚持耶稣基督的中心性地位。这三个问题涉及到了基督宗教的三个核心问题，即，教义是否仅仅是规范神学系统内部一致性的"语法规则"，亦或除此之外还能解释某种真理；再有就是圣经作为基督宗教思想源泉的唯一性以及耶稣基督在基督宗教内部的中心性地位。这三个问题是麦格拉思福音派神学最为核心的内容，这三个部分已经在本文前几章做了详细叙述。现把这三个问题分别与林贝克、豪尔沃斯（Stanley Hauerwas）和汉斯·福瑞（Hans Frei）三位后自由主义典型代表的思想结合起来展开论述。

1. 福音派坚持基督宗教的真理性

保罗·赫默尔（Paul Holmer）认为神学关注的是在描述上帝时所涉及的圣

经内部的规则问题。他认为并不是神学创立了这些规则，而是自然而然（given）就存在圣经之中的。这样，神学并没有揭示什么圣经之外的真理性等问题，而是仅仅展示了圣经中既有的东西，就像语法规范着语言那样，语法本身并没有揭示语言之外的什么东西。赫默尔的思想对林贝克产生了重要影响，林贝克认为神学关注的是如何表达和探究基督宗教信仰系统内部层面的东西，这一点和施莱尔马赫的观点有些相似，他认为教义神学是教会内部关于教义的知识。[16]从以上三人关于神学所关注的内容来看，他们三人均认为神学关注的是教义在表达信仰时候的充足性问题，即，宗教词汇是否能够充分地表达宗教情感，所以教义是描述性的，主要关注的是神学系统内部的一致性问题。

林贝克的文化—语言模式并不关注基督宗教习语是否指代任何外在的事物。正如语言在文化与语言学的世界范围内发挥功效一样，教义关注的是基督教习语的内在规范性，确保教义的内在一致性。在某种程度上林贝克似乎在暗示作为基督教语言语法的神学不再把上帝视为独立的实体，也不再宣称自己是关于上帝的真理。[17]林贝克自己也宣称神学并不做真理性的判断或宣言，即，对于上帝以及神学与上帝之间的关系不做对与错的判断，仅仅表述上帝以及神学与上帝之间的关系。这似乎是在保持价值判断中立的立场，仅仅是保留了神学叙事的能力，就像是语言的表述性功能一样，只陈述事实，不做价值判断。

麦格拉思认为林贝克的这种观点把真理降格为内在的一致性，神学只规范表达上帝的方式，不对这种表述做真理性判断，这样，宗教就像是语言，神学就是规范性的语法，这种观点这与福音派关于真理的观点相去甚远。麦格拉思认为宗教确实要做真理性判断。如果要把宗教与语言做个类比的话，那么这种类比模式是有局限性的。福音派对后自由主义的批判也是集中在这一点上，即，后自由主义把真理的概念降格为内在的一致性，而不做价值判断。福音派并不否认某个系统内在的一致性，但是总有一个系统它既有内在的一致性又表达了与外在世界的相关性。正如基督宗教一样，不仅阐释了耶稣基督的身份，并表达了对耶稣基督信仰的语法的一致性，还表达了耶稣基督作为救世主这一真理性的宣言。神学表达了福音的真理，同时还要尽可能地表达耶稣基督的身份及其重要性。对于福音派而言，上帝的自我启示是神学得以成立的基础，也是价值批判的基础。福音派坚持认为神学必须关注上帝的真理性问题，

16　F. D. E. Schleiermacher, *Brief Outline of the Study of Theology*, Richmond, VA: John Knox, 1966, p.71.

17　D. Z. Philips, "Lindbeck's Audience", *Modern Theology*, vol. 4, 1988, pp.133-154.

这种真理性的宣言也许会采取叙事的方式（真理的直接宣言），也可能采取教义的模式（把叙事变成概念模式）。无论何种模式，无论是基督宗教语言系统内还是系统之外，都会做真理性的宣言，这就是福音派所坚持的，无论是在语言游戏系统内还是系统外，基督宗教的真理必须同时得以表达。那就是说，基督教神学必须准确地、前后一致地表达上帝身份与目的的真理。[18]

2. 福音派坚持圣经的权威性

福音派认为神学系统的内在统一性极为重要，因为它表述了上帝及其整个信仰体系内在的合法性，同时在教义的语法规则之外做出真理性的判断，这是整个基督教神学得以成立的基础，因为他揭示了信仰上帝的真理性认知。麦格拉思认为福音派的这个判断必须建立在圣经的基础性、权威性地位之上。后自由主义与福音派在这一点上能够达成共识，同时福音派对后自由主义所坚持的和所理解的圣经权威可能带来的后果表示了担忧，这将会是下文所要探究的内容。

后自由主义坚持圣经的权威性，这一观点的典型代表是豪尔沃斯（Stanley Hauerwas），他强调圣经在塑造基督宗教信仰和价值观时的重要性。教会和团契接受和认可圣经的权威性，圣经为前者提供了规范性原则，这样的历史慢慢传承下来。麦格拉思认为这种关系模式有可能导致教会和世俗社会之间的张力，同时还会引起一些疑问，比如，圣经的权威从何而来，为何耶稣基督具有中心性地位等。后自由主义对这些疑问似乎总是从文化的、历史的和契约性的角度进行解答，这也就成为了福音派批判后自由主义的地方，后者认为后自由主义所坚持的圣经权威性并没有完全建立在神学的层面之上。对福音派而言圣经的权威性并不在于基督教社团是否认为圣经具有权威性，而在于圣经本身自有的权威性，以及圣经所要表达的信仰层面的内容，比如启示等。

此外，麦格拉思认为后自由主义所坚持的圣经的权威性具有一定风险，因为其过于强调圣经文本而忽略了耶稣基督的中心性地位。福音派认为圣经之外也有真实性的存在，比如在基督内被拯救的体验。过于强调圣经文本的重要性有可能忽略或者模糊耶稣基督的中心性地位。同时，后自由主义把基督宗教类比为语言，教义类比为语法规则，这种类比方式也存在一定的威胁，即有可能切断基督宗教与耶稣基督之间的关联。麦格拉思自己也承认，对后自由主义

18 Alister E. McGrath, *A Passion for Truth: The Intellectual Coherence of Evangelicalism*, Downers Grove, Illinois: InterVarsity Press, 1996, pp.153-154.

的这种批判只是建立在对其理论理解和推论的基础之上，得出的结果是预判性性的，代表的是一种可能性，而不是一种事实判断。这也和麦格拉思本人十分强调耶稣基督的中心性分不开的，他是从他的福音派神学的立场批判后自由主义，本身也是带有强烈的个人认知的主观性成分。这也是他强调福音派学术性的出发点和最终归宿点相一致的，因为他要把福音派古板、保守、非学术型的标签撕掉，重写贴上学术性的标签，为福音派正名。

3. 福音派坚持耶稣基督的中心性

豪尔沃斯和福瑞把圣经视为基督教生活和思想的规范，这时候耶稣基督中心性地位的合法性问题就显得格外重要。那么关于耶稣基督的叙事的权威性又是从何而来呢？豪尔沃斯和福瑞像林贝克一样并没有给出确定的回答，给读者的印象是这种权威性自然而然就存在了。福音派坚持耶稣基督的中心性地位，这与后自由主义所强调的不谋而合，但是这也是福音派对后自由主义批判的切入点，毕竟后自由主义所坚持的耶稣基督中心性在福音派看来不够充分，也不够纯粹。

麦格拉思选择福瑞作为后自由主义的代表，以耶稣基督的中心性为切入点，展开对后自由主义的批判。他发现福瑞关于耶稣基督在释经学中的作用的描述十分的模糊，语言也是十分的晦涩，立场也不是那么明确，所以麦格拉思对福瑞的批判是抱着"尝试"，或者"试一试"的较为谦逊的方式开展的。[19] 麦格拉思认为福瑞探究耶稣基督的作用所采取的路径与利奇尔（Albrecht. B. Ritschl）较为相似，后者认为耶稣基督在信仰团契内的重要性在于历史的层面，即，以耶稣基督为核心的基督宗教信仰的特质超越了时空，被逐渐传承下来，变成了传统。而这种传统更多的是经验的和历史的，是由历史中的耶稣基督所体现出来的。麦格拉思认为这种观点虽然强调了耶稣基督在历史中的重要性，似乎忽略了耶稣基督的本体论意义。

艾米尔·布伦纳（Emil Brunner）严厉地批判了利其尔的观点，他认为耶稣基督在信仰团契内的重要性并不体现在历史中。福音派在这一点上与布伦纳保持了一致的立场，认为福瑞并没有清晰地表明耶稣基督的中心性地位到底主要体现在最初的历史文本中，还是体现在当下的具体语境中，其历史性和本体论的依据并不明确。所以福瑞自己说道，新约故事仅仅只是关于拿撒勒的

---

19 Alister E. McGrath, *A Passion for Truth: The Intellectual Coherence of Evangelicalism*, Downers Grove, Illinois: InterVarsity Press, 1996, p.157.

耶稣，不论这是杜撰的亦或是真实的。[20]尽管福瑞的这个观点强调了耶稣基督的重要性，但是他把历史与信仰彻底割裂开了，这就很难、或者无法评价拿撒勒的耶稣在神学中的重要性了，因为历史与信仰变得不相关了。

福瑞过于轻视历史在信仰中的作用，尤其是拿撒勒的耶稣对于基督教神学以及信仰团契的重要作用，福音派不仅对此表示了深深的忧虑，还着重强调新约在学术层面的重要意义。新约的重要性不仅体现在它内在逻辑的一致性，更是对拿撒勒的耶稣在历史中的重要性的郑重告白。

麦格拉思在总结福音派与后自由主义之间的关系时指出，二者现阶段还处在对话阶段，这是二者关系的初级阶段，有待进一步的提升。同时他认为后自由主义并不是一个完整的理论体系，尚处在一个研究和探索的阶段，他很期待后自由主义能够不断自我完善，这样二者的对话才会更加深入和直接，也会更加的具有批判性和建设性，这对于学术探究和教会的发展都具有十分重要的作用。总体而言，麦格拉思对后自由主义充满了信心与期待。

第二节　福音派与后现代主义

后现代主义是一个十分复杂的研究领域，就像它的前身现代性一样，很难对其做全面系统的概括，所以本文在研究福音派与后现代主义的关系时不会对现代性和后现代主义的缘起、发展史、内容、影响、代表性人物的主要思想等方面展开论述，而是以现代性和后现代主义对福音派造成的冲击为主轴，具体分析现代性和后现代主义的哪一个因素对福音派带来了什么样的冲击，以及福音派是如何应对这些影响的。

麦格拉思认为启蒙运动最大的特征就是宣扬人类无所不能的理性，依据人类理性就可以知道关于上帝和道德所有的知识。超自然的神启就被弃之如敝履，上帝也不过是一个普通的宗教老师，告诉人们通过常识就能获取的知识，理性统治了神性。启蒙理性的确给基督宗教带来了巨大的冲击，让很多神学家不得不接受启蒙运动带来的世界观，并适时地改变基督宗教。[21]后现代的兴起宣告了启蒙运动的结束，这是麦格拉思一直坚信的观点，在他的著述中反复提及。他认为后现代兴起的直接原因就是对人类理性信心的坍塌，而后现代

20 Alister E. McGrath, *A Passion for Truth: The Intellectual Coherence of Evangelicalism*, Downers Grove, Illinois: InterVarsity Press, 1996, p.159.
21 Leslie Houlden, in J. Hick ed., *The Myth of God Incarnate*, London: SCM, 1977, p.125.

对启蒙运动的批判可以归纳为以下两点：其一，启蒙运动的根基就是错误的，比如人类的理性；其二，启蒙运动导致人类历史上一些骇人听闻的事件，比如斯大林的大清洗和纳粹的集中营。

麦格拉思非常重视基督宗教的特殊性，他所宣扬的个殊主义在他的福音派神学中占据着重要的地位，他批判启蒙运动否定个殊主义。他认为启蒙运动就是要致力于建立客观的科学、普世的道德与法律，但是这些最终都成为梦幻，启蒙运动主义者所提倡的普世性的东西最终都变成了种族中心主义（ethnocentric），而个人的自由也逃脱不了历史与文化的限制。麦格拉思对启蒙运动持非常严厉的批判性立场，在概括完启蒙运动及其特征之后，他把注意力转向了启蒙运动对福音派所带来的影响，这将是下文的主要内容。

一、启蒙运动对福音派的影响

麦格拉思宣称启蒙运动已经结束，但是启蒙运动的影响并没有立刻消失，而是在慢慢地失去对福音派的影响。理性也不再像以前那样具有神学不得不依赖的洞察力，但是这并不意味着理性对于神学而言不再重要。拒绝理性至高无上的绝对性地位并不意味着否认理性在神学中地位和角色，仅仅是要把理性放在适当的地位，发挥适当的作用而已。至于什么样的地位和角色，这是福音派所要探讨的。

麦格拉思研究启蒙运动给福音派带来的影响依旧沿袭了历史研究的传统，按照时间线索，依据主要人物的思想及其影响力，把启蒙运动的影响聚焦在理性主义思潮如何逐渐侵入福音派神学的思想之中，并由这些神学家把理性主义置于神启的绝对权威之上，甚至成为阐释上帝和圣经的主要依据和途径。麦格拉思引用常识哲学作为启蒙理性的代表，经由苏格兰哲学家维泽斯布（John Witherspoon）引入当时的新泽西学院，并在之后的普利斯顿学派的发扬光大之下，理性主义思潮被福音派的神学家吸收并把这种影响力引入世界范围，这也就成为麦格拉思所判定的福音派受启蒙运动影响的典型案例。[22]

麦格拉思批评这种未加批判就把理性主义的思维方式引入福音派神学，尤其是源自老的普利斯顿学派的观点，他们极为推崇用理性去批判启示的真理。麦格拉思指出这样做的危险性在于不仅把圣经降格为神学条例的密码本，

---

22 麦格拉思指出，Archibald Alexander，Benjamin B. Warfield，Carl F. H. Henry 等人的思想受启蒙理性的影响最为深刻，而他们正是福音派神学的典型代表。

更在于通过堕落的人类理性去批判启示的真理，这是福音派绝对不能容忍的。麦格拉思认为现代福音派不会跟随十六世纪后半叶福音派理性主义（evangelical rationalism）的路径，后者为了让神学在文化上变得更加容易接受，更加可信，引用圣经之外的规范去评判圣经的见证。

相似的做法在德尔图良（Tertullian）的时代就已经出现，德尔图良指出这样做是危险的，不能把福音建立在人类的理性之上。在这里麦格拉思虽然没有直接批判把希腊哲学引入神学的做法，但是他坚定地否定的是把圣经之外的任何东西作为评判神学的标准，同时也极力反对为了迎合世俗的文化而改变教义教条。他严厉批判卡尔·亨利的做法，认为如果福音派继续沿着他的路走下去，那么就不可避免地用堕落的人类理性去评判上帝的启示，或者让人类理性成为上帝启示的基础。尽管这样做可以暂时让基督教护教学在已然接收启蒙理性的世界中变得容易一些，但是麦格拉思认为这绝非福音派应该走的路，他认为福音派应该规避基础主义，用自己的方式保护好神启的完整性，宣扬让圣经回归圣经。[23]

尽管启蒙运动结束了，但是它所带来的影响将会继续存在。麦格拉思认为启蒙运动将在圣经的本质、灵性、护教学和福音传道四个方面继续影响着福音派，下文将简要概述这些影响。麦格拉思发现在福音派内部有一种倾向，把圣经仅仅作为基督教教义的源泉，而忽视或者否定了圣经在叙事层面的意义，即，把圣经的意义降格为在语法和逻辑上合理的命题表述，麦格拉思认为这种认识受到了老的普林斯顿学派的影响，尤其是霍奇和沃菲尔德的学说体现了启蒙运动对福音派的影响。福音派意识到这一点之后开始清除启蒙运动的残余，试图回归圣经的本质，即让圣经回归圣经。

麦格拉思发现了福音派的另一个倾向，那就是用当下理解圣经的方式去理解灵性，而当下的方式则是指受到了启蒙运动影响的理解方式，强调理性主义的作用，着重文字与思想的阅读，强调理解圣经文本的历史背景以及对于当下的意义。麦格拉思呼吁恢复传统的理解灵性的那种真实的方式，比如乔纳森·爱德华兹（Jonathan Edwards）和卫斯理兄弟，他们用极富个人情感和想象力的方式理解圣经。而启蒙运动则让福音派用一种冷漠的、不相干的、理性的方式去理解圣经和灵性。所以麦格拉思再次呼吁清除（purge）福音派中的

---

23 Alister E. McGrath, *A Passion for Truth: The Intellectual Coherence of Evangelicalism*, Downers Grove, Illinois: InterVarsity Press, 1996, pp.170-173.

理性主义（rationalism），[24]恢复个人关系性的、带有个人情感和想象力的方式去理解圣经中的灵性。既然是恢复传统的、真实的理解圣经和灵性的方式，那就意味着还有很多工作要去做，还有很多过失要去弥补，麦格拉思对此表现出了积极乐观的态度，认为福音派可以重拾过去的体悟灵性的方式，这对于福音派而言是十分重要的。

至于护教的问题，某些福音派同意在启蒙运动所提倡的普遍的人类理性的范畴内展开护教，但是这种理性的护教仍然会有很多问题。比如把洛克所提倡的每个人都同意什么是合乎理性的这一断言作为基督宗教信仰的基础，就会带来两个问题。其一是认为基督宗教的吸引力完全在于人类的理性；其二，这种普世性的假设脱离了福音派宣教的具体语境，尤其是在全球化的语境之下，福音派的传播已经超出了传统的英语国家。即便是在这些英语国家内，现代性早已让位于后现代主义，所以，麦格拉思认为在启蒙运动所提倡的人类的普遍理性的范畴内展开护教是行不通的，尤其是不能把圣经之外的东西，比如已经失去生命力的启蒙运动，作为基督宗教信仰可靠性的批判标准。麦格拉思因而提倡福音派应该用新约重新塑造宣教的方式，并依此作为典范而推广，同时他还警告说如果福音派继续容忍未经批判就把圣经之外的价值观和假设作为福音传教的基础，那么这将会是非常危险的，对于福音而言也是非常有害的。

启蒙运动对福音派的第四个影响是福音传教。宣扬福音在启蒙运动世界观的影响下显得格外脆弱，二者的分歧主要在于如何理解福音的真理。在启蒙运动看来，宣扬福音就是用理性认知的方式让人相信福音是真理，这种真理在逻辑推理上采取的是命题认知模式。福音宣教在这种认知模式下关注就是对福音真理的认知是否符合理性，这种笛卡尔式的真理认知在福音宣教中就成为了衡量真理的标准。麦格拉思并不反对福音真理在于认知性真理，但是他认为福音真理还有个人性的层面。因此他提倡恢复圣经真理的独特性和丰富性，宣扬福音就是要宣扬和赞扬上帝和福音的可依赖性。耶稣基督在新约中不仅宣告了真理，而且自身就是真理，真理在新约中不是抽象的或者完全客观地，而是个人性的，融入了个人对上帝和福音的个人性认识，反映了个人内心对福音的渴望和激情，所以麦格拉思说只是触及了大脑而非心灵的神学绝非是真正的基督教神学。

---

24 purge，这个词的感情色彩很重，前苏联斯大林时期的大清洗在英文中用的就是这个词。

二、福音派对后现代主义的批判

麦格拉思认为很难对后现代主义下一个准确而全面的定义，就像很难定义现代性一样，主要原因在于它们所提倡的内容过于宽泛。尝试着概括这些内容所具有的一些特征是一个比较实用的方式。麦格拉思把后现代主义概括为具有文化的敏感性，没有绝对的、固定的基础，乐于接受多元化和分歧，严肃地思考人类思想的情境性。从以上麦格拉思的概括中可以看出，用传统的定义界定的方法很难全面而准确地概括出后现代主义的内容、特征，它的内涵过于宽泛，而外延同样难以把握。麦格拉思为更加直观地解释清楚现代性和后现代主义之间的关联，他罗列了一组词：

现代性 Modernism: 目的 Purpose、设计 Design、等级 Hierarchy、中心 Centring、选择 Selecion

后现代主义 Postmodernism: 游戏 Play、偶然性 Chance、混乱 Anarchy、弥散 Dispersal、结合 Combination

麦格拉思认为第一组词表明主体可以做到的事情，比如分析、命令、控制和掌握等；第二组词表明主体无法下命令或者控制某些事情，就让事情处在它原有的状态。从这两组词的对比中可以看出，后现代主义对于多元主义和相对主义具有一种天然的倾向性。这种思想在以索绪尔为代表的结构语言学家的理论中体现为能指与所指之间任意性的关联，这意味着"词与意"之间确定的、绝对的关系模式终结了，文化传统成为了能指和所指结合的重要节点。

麦格拉思概括后现代主义的主要特征，并结合索绪尔语言学的重要理论，是为了阐释基督教神学在多大程度上受到了二者的冲击，尤其是基督教护教学的方式受到了什么影响。他认为护教学是比较敏感的，受到的影响也是最大的。在后现代的语境中，护教学面临的最尖锐的疑问就是当真理自身都变成了一个被贬低的概念，那么基督教护教学如何为信仰的真理辩护呢，而且价值多元给人们提供了更多的选择，为何要选择耶稣基督呢？后现代主义对待真理的态度就是"真理就是没有真理！"在后现代主义者看来，耶稣基督的真理在于有人相信这是真理，而不是耶稣基督就是真理。所以在后现代的语境中，真理是什么的问题在讨论之前就已经被抛弃了。

在概括总结完后现代主义的大致特征之后，麦格拉思开始了对后现代主义的批判。后现代主义普遍厌恶探讨真理，认为真理要么是虚幻的要么就是一种压迫。后现代主义认为世界是由处在永恒变动之中的碎片构成的，世界并不是一个统一的、稳定的和连贯性的整体，所以很难在这个世界中保持前后一致。如果非要这么做，那么这种做法不是压迫就是虚幻，而且更是一种思想上的法西斯主义。大众的整个生活有可能也是建立在幻想与欺骗之上，这种压迫、虚幻、欺骗并没有得到矫正，而是继续被视为一种信仰，一种他们所认为正确的信仰。大众对这种信仰抱着开放和容忍的态度，不再去追究真理的问题，这在麦格拉思看来是一种思想上的肤浅和道德上的不负责任。他认为对待真理的态度应该是发自内心真实的认同、服从和接受，即，先要愿意聆听，然后作出判断，再决定是否接受。他认为对待真理就是要积极探索、宣告真理，并依据真理行事。所以，当后现代主义宣称真理就是没有真理的时候、真理就是一种压迫（法西斯主义）的时候、真理和其他信仰一样并无二致的时候、或者真理对某个人而言是正确的，但是真理本身并不正确的时候，麦格拉思表示了自己的担忧。他认为应该设立一定的评判标准来决定什么是可以接受的信仰，什么是不能接受的，否则后现代主义只会是毫无批判力的、天真的设想，给政治上的独裁和道德上的无良留下了可能的发展空间，这一点也是后现代主义最为脆弱的一点。[25]

麦格拉思最后在总结福音派与现代性、后现代主义之间的关联，尤其是后者对前者的冲击以及前者对后者的回应时说道，福音派在面对不同世界观的冲击时体现了一种很强的韧性与一致性。现代性试图证明整体性（totalization）的合法性，而后现代主义则要证明这个世界并不是统一的，而是碎片化的。在面对二者的冲击时，福音派之前的做法是采用现代主义的做法去应对现代主义对福音派的冲击，并采用现代主义的方式方法为信仰辩护。麦格拉思认为这段历史已经结束了，现在是清除福音派内部现代主义残留的时候了，因为让基督福音之外的东西成为宣扬福音的重要依据将会是十分危险的。随着现代性影响力的逐渐消退，福音派需立即调整为信仰辩护的方式，这也将是福音派最亟待解决的问题。

第三节　福音派与宗教多元主义

多元宗教并存的现象并不是一个新奇的现象，自保罗在欧洲传教伊始就已经存在了，只是那个时候的宗教多元主义并没有现在这样成为一个热点问

---

25 Alister E. McGrath, *A Passion for Truth: The Intellectual Coherence of Evangelicalism*, Downers Grove, Illinois: InterVarsity Press, 1996, pp.189-192.

题，究其原因还在于当今文化与与政治的原因，尤其是在人权、平等和多元文化等思想的映照下就成了不能视而不见的议题。作为福音派神学家，麦格拉思的护教学代表的不仅是福音派对宗教多元主义的立场和观点，更是整个基督宗教世界的一惯性立场。他认为宗教多元主义对基督宗教最大的冲击就在于为基督宗教信仰独特性辩护的时候，并不意味着否认其它宗教信仰，而这在基督宗教之外的人看来，为基督宗教辩护就等同于鄙视其它宗教。那么，福音派是如何看待宗教多元主义，并适时为福音辩护呢？麦格拉思认为首先要澄清对宗教多元主义的认识，其二就是要在宗教多元论的视野下彰显和突出基督信仰的独特性，而这个独特性就在于以耶稣基督的生、死和复活为核心的救赎观。下文将按照这个思路展开，介绍麦格拉思对后启蒙时代基督宗教信仰独特性的辩护。

一、麦格拉思对多元宗教主义的理解

自由主义政治学认为应该平等对待所有的宗教，但是麦格拉思认为这个政治上的平等性很难与神学上的相似性简单划等号。不同宗教之间需要平等对待，需要相互尊重，但这并不意味着不同宗教之间的差异性就被勾销了，对于宗教多元性的理解还得勇于承认和强调自己宗教的独特性。为了避免误解，麦格拉思在展开他的观点之前首先表明了自己探究宗教多元主义的态度和立场。他承认多元论者的关注点是有理且很重要的，绝对不能轻视他们的观点和立场。麦格拉思对宗教多元主义的批判是建立在尊重问题本身、尊重提出问题的人之上的，也很尊重多元论者对于基督宗教救赎论的道德关切。[26]在明确表明自己的问题意识和解决问题的态度和立场之后，麦格拉思首先开始介绍他对多元主义的认识。

麦格拉思引用纽比金（Lesslie Newbigin）的观点，认为多元主义可以分为两种类型，即，作为事实的多元主义现象和作为意识形态的多元主义认知。[27]麦格拉思认为前者自基督宗教产生以来就面临着这个现象，这也是也不争的事实，而且多元主义对福音传教并没有带来什么实质性的冲击，因为基督宗教就是在各个时代和地域空间的多元文化中逐渐发展壮大的。麦格拉思认为如

26　Alister E. McGrath, John Hick, etc., *Four Views on Salvation in a Pluralistic World*, Grand Rapids, Michigan: Zondervan Publishing House, 1995, p.152.

27　Lesslie Newbigin, *The Gospel in a Pluralistic Society*, Grand Rapids, Eerdmans, 1989, p.1.

果非要说有所影响的话，那么就是让基督宗教更加的专注于新约。但是基督宗教历史上对多元主义包容开放的态度自十九世纪末期、二十世纪初期以来变得过于专注于基督宗教自身，而逐渐忽视了与基督宗教之外的其它宗教之间的关联、及客观的评判。这时候的宗教多元主义对于很多英美的神学家而言无非就是基督教新教的一个新形态而已，不同的宗教无非就是基督教新教与罗马天主教之间的张力罢了。麦格拉思批判西方神学家忽略了日常生活中已然是事实的宗教多元现象，这样的后果就是基督教神学并没有受到多元宗教的影响，而且建构多元宗教对话的路径和模式多被西方神学家、或者深受西方神学影响的人所掌控，这就成为外界批判基督宗教霸权主义行径的重要口实。这一点在如何理解和定义什么是宗教的问题上显得格外明显。

弗雷泽在《金枝》中写道最难莫过于给宗教下个每个人都能接受的定义，这似乎是不可能的。麦格拉思认为比给宗教下定义更难的是弄清楚是谁在制定规则定义什么是宗教、什么不是宗教，这是一个思想话语权的问题。他认为宗教和文化交织在一起，无法给宗教下一个完美的定义，现行的宗教定义多是基于基督宗教的内涵和外延，并以此为标准定义什么属于宗教，什么不属于宗教。这样的定义模式带有强烈的西方模式，很容易把基督宗教之外的其它宗教归类为非宗教，这就是宗教霸权的另一个体现。所以，麦格拉思认为探讨宗教多元论首要的就是去除西方文化对宗教定义的偏见。对于每种宗教所体现出来的不同点应给与充分的尊重和承认，并抵制简化论者把所有宗教简化为同一内涵与特征的行为。麦格拉思认为宗教多元论者最致命的错误就在于把所有的宗教简化为一种模式，更有甚者把宗教分为高等级宗教，比如基督宗教，这在麦格拉思看来就是帝国主义行为，带有极强的侵略性。所以他呼吁一定要尊重各种不同的宗教，但是，尊重是基于不同宗教的相似点还是差异之处呢，麦格拉思给出了自己的认识。

麦格拉思认为要尊重不同的宗教，就是要承认并尊重各宗教的不同点，而不是基于各宗教之间的被简化了的共同点。这种尊重首先是相互的，以便更好地从对方的视角相互理解；再者就是要避免一个认识误区，即，所有的东西都是一样的。他认为对话意味着尊重，并不代表观点一致。麦格拉思批判多元论者的对话路径就像是柏拉图的对话，所有的人都在谈论一个实体。同时他还批判盲人摸象的典故，提出了质疑，如果国王和大臣也是盲人，那么这个典故还会成立吗？那个批判者如何才能知道别人所知道的仅仅是局部、某一部分，而评判者却知道事物的整体呢？这个评判的依据和合法性从何而来呢？如果谁说基督宗教看到了整体，而其它宗教仅仅看到了某个局部，那么这种观点无异于帝国主义的行径。麦格拉思认为应该用怀疑的眼光去评判这种观点，因为这种观点缺乏经验性的论据，也很难证实或者证伪。

麦格拉思进而指出宗教对话的基础不是基于不同宗教之间被简化了的共同点，而是基于不同宗教之间的不同点，只有尊重这些不同点，真正的宗教对话才会变得可能，否则就是不实诚，这在学术界和道德界都是无法接受的，在麦格拉思看来尊重不同并不是犯罪。对话的基础是尊重不同点，并不是为了某些政治利益才通过对话抹杀不同宗教之间的不同点，那么基于不同点的对话有没有必要通过对话和对方达成一致的看法和信仰，对话的意义又在哪里呢？麦格拉思认为对话的重要性就在于通过对话加深了对彼此的了解，同时，对话又像是牛虻一样敦促自我省视、自我批判，去发现自己信仰依据的不足之处，尤其是圣经基础不够充分的传统和观点。福音派也很欢迎这种基于尊重彼此间不同点的对话模式，他们认为这可以敦促福音派继续自我省视，促进教义的进一步发展。从这里可以发现麦格拉思对于多元宗教视野下的对话持欢迎的态度，尊重真正的不同，寻求真正的宗教理解。

在表明对多元宗教对话的认识之后，麦格拉思把核心重点放在了尊重彼此之间的不同点上，那么基督宗教之所以和其它宗教不同，其核心区别又在哪里呢？麦格拉思认为答案就在福音派的救赎论。下文将在多元主义和宗教对话的语境中考察福音派的救赎论的独特性，这也是麦格拉思所宣扬和坚持的基督宗教独特性的具体表现。

二、福音派救赎论在多元宗教中的独特性

在本文第三章已经探讨了麦格拉思对基督宗教救赎论的认识，他强调救赎的基础是耶稣基督的生、死和复活。在这里重提救赎论在多元宗教及其对话中的独特性同样也是基于耶稣基督的生、死和复活的基础性作用。麦格拉思欢迎多元论视角下的宗教对话，但是他强调的重点在于突出各种宗教的差异性，而非为了政治的和文化的目的而把各种宗教简化为一些共同特征。在这样的语境下，如何才能凸显基督宗教的独特性呢，麦格拉思把关注点放在了救赎论上。

救赎这个词和概念在其他宗教和语境中都会出现，但是所代表的内涵各异，救世主这个概念也同样如此。耶稣基督作为救世主拯救人类，他与其他宗

教和语境中的救世主及其救赎又有何区别呢？麦格拉思认为耶稣基督救赎最突出的特征就在于新约强调上帝通过耶稣基督实现了救赎。但是多元论者并不赞同基督宗教过于强调耶稣基督在整个信仰体系中的中心性地位，而是宣扬要用一场哥白尼式的革命在上帝和耶稣基督之间打入一个楔子，把上帝与耶稣基督分割开来，把关注的焦点仅仅集中在上帝，同时忽略耶稣基督。这在福音派看来是无法接受的，所以在继续探讨耶稣基督在救赎中的重要作用之前，十分有必要澄清福音派的观点和立场，那就是救赎的基础是耶稣基督的生、死和复活，耶稣基督的中心性地位绝对不容否认。多元主义者认为宗教对话就是要达成观点一致，把所有的宗教归类为某一些共同点，这种简化论的做法应用在基督宗教中就是建议仅仅强调上帝，而弱化耶稣基督。传统的基督宗教一直反对这种同质化的做法，否认各种宗教中的"神"（God）为同一个神，即，同一个名称下的内涵完全不同。如果仅用神这个概念取代基督宗教中的上帝、耶稣基督，可能会在神学阐释上难以解释的通，比如道成肉身和三位一体。但是对于多元论者而言，应该抛弃道成肉身和三位一体的教义，因为它们过于强调了耶稣基督的中心性地位，在他们看来道成肉身就像是一个神话可以抛弃，上帝通过耶稣基督而彰显自我亦可以抛弃。福音派认为这是绝对不可以的，因为正是三位一体的教义彰显了上帝的身份，凸显了上帝、耶稣基督的独一无二的特殊性。在论述完福音派对上帝的理解之后，麦格拉思开始论述耶稣基督在救赎中的重要性。

福音派认为一个有意义的宗教对话首先必须承认耶稣基督是基督宗教信仰中最独特的因素，基督教神学带有强烈的基督中心论的色彩就是这个独特性的最好见证。新约明确表达了基督中心论的思想，认为正是耶稣基督带来了救赎，耶稣基督就是救赎的直接证明。但是这些简明的宣言式的论断在约翰·希克（John Hick）看来只不过是基督宗教的一家之言罢了，在他看来所有的宗教都有一个共同的救赎论范式，即，救赎—解放—启蒙—成功。在某些比较中立的人看来，没必要非得把所有宗教的救赎模式归为一类，因为每一个宗教对救赎的理解以及如何被救赎都有不同的理解。而在麦格拉思看来无论是对救赎这一概念的理解还是如何达成救赎，其理解和途径必然是不同的。基督宗教的救赎论关注的是上帝及其子民对救赎独特的理解，即，在基督里并通过基督达成救赎（Salvation in and through Christ）。麦格拉思再次强调救赎只有依靠耶稣基督的生、死和复活才能实现，救恩是按照耶稣基督的形象来塑造的。

尽管麦格拉思并不否认不同宗教对救赎的理解存在某些一致性，但这只是为了论证显得不那么的武断，而他真正想要表达的还是在不断地重复和强调基督宗教救赎论的独特性。他认为尊重不同是十分必要的，同时还要抵制把所有的救赎归类为一种模式的做法。为了更加凸显基督宗教救赎论的特殊性，麦格拉思强调了以下五点。其一，基督宗教对救赎的本质、基础和方式有着特殊的理解，即，以基督论为核心的救赎论。其二，基督宗教是唯一一个按照基督宗教救赎论提供救赎的宗教，麦格拉思自己都承认这句话过于笨拙，其实他想用维特根斯坦的思想表明，任何救赎都需要在具体的语境中才能完美表达救赎的含义，不同的生活方式给予了词汇独特的含义，在基督宗教的语境中，救赎就是以耶稣基督为核心，基于耶稣基督的生、死和复活才能实现。其三，对于基督教会之外的人来说，基督宗教的救赎论也是真实的、具有吸引力的，因为基督宗教的福音宣教面向的整个世界。第四，个人对福音和救赎若有所回应，那么就变成了教会中的一员了。这句话的意思不是说就会成为某个具体的教会、或者某个具体的教派中的一员，而是说耶稣基督在哪里，哪里就是普世教会。第五，教会之外无拯救，但是麦格拉思引用迦太基的西普里安的经典名言想强调的是救赎与信徒之间无法割断的关联，任何人只要接受了基督宗教的救赎论那么他实际上就是教会内的成员了。[28]

麦格拉思总结道，强调和突出基督宗教救赎论的特殊性并不是要贬低、否认其它宗教中的救赎、拯救、救恩的思想，相反他承认其它宗教中都有救赎的思想，但是在这里他所想要强调的是所有宗教中的救赎论其内涵式完全不同的，所以不能简单地把不同宗教中的救赎论简化为某一种模式，然后为了宗教对话而特意制造对话的共同点，这是绝对不可取的，他认为对话的基础是尊重不同，然后才能真正地做到彼此了解和理解。作为福音派神学家，麦格拉思护教学特点就是站在信仰者的立场，既有信仰的忠贞与激情，又有学者的严谨和学术性。所以当他为基督宗教救赎论辩护的时候，他多次重复强调救赎的基础在耶稣基督的生、死和复活，只有在基督里和通过基督才能实现救赎。在福音派走向世界的潮流中，麦格拉思强调基督宗教的救赎论还具有普世性的特征，救赎不会被地理、文化和社会等因素所束缚，也不必加入某个具体的教会或者教派，救赎就在信仰之中。教会之外的人也会被诚心邀请加入信仰的团契，进

---

28 Alister E. McGrath, John Hick, etc., *Four Views on Salvation in a Pluralistic World*, Grand Rapids, Michigan: Zondervan Publishing House, 1995, pp.174-175.

而获得拯救，这种邀请在麦格拉思看来具有普世性，他的这个论断是基于耶稣基督的位格及其救赎事工的普世性，同时这个论断还具有圣经的依据，在新约中明确表示了上帝救赎意愿的普世性，上帝希望所有的人都获得救赎，进而获得真理（提前2：4）。

最后，麦格拉思认为人类宣扬福音时的有限性不能成为福音与救赎普世性的障碍，尤其是那些没有聆听到福音人的人，不能因为人类没有把福音传达到每一个人而就此否认上帝的救赎。所以麦格拉思认为并不是人类通过宣扬福音才使得救赎成为可能，而是上帝通过耶稣基督的事工，并宣扬福音才使得救赎成为可能。麦格拉思最后表达了他对上帝救赎的美好愿景，他深信当讨论上帝的救赎、以及开展不同宗教间的对话时，完全可以依赖通过耶稣基督而体现出来的上帝的智慧、正直与真善，保持基督宗教信仰的独特性和完整性，并在现实中明确地坚持自己的独特性。

结　论

传统福音派给人留下了愚昧、反理智、保守等诸多负面印象，认为福音派属于那些理性与人格不健全的人。麦格拉思在经历自己的信仰历程之后，坚信福音派在理智上是合理的、站得住脚的，他所有的著作，甚至是他至今为止所有工作的出发点和最终目的都是在为福音派的魅力而证明，即，他要证明福音派不仅在理智上是合理的、在学术上是可信的、在灵性上也充满了吸引力。麦格拉思认为福音派在理智上是一致的，分别从耶稣基督的独特性和圣经的权威性两个方面展开论述，论证了福音派神学立足于基督教传统神学，并且尤为突出耶稣基督的中心性和圣经的绝对权威性。为了摆脱福音派是过时的、与现代社会不相干的愚昧认知这一形象，麦格拉思论证了福音派在与后自由主义、后现代主义和宗教多元论对话的过程中所发挥的积极作用，认为福音派在于当代社会思潮的对话中依旧发挥着鲜活的作用，再次证明了福音派在现代社会中任然是值得信赖的。麦格拉思对福音派神学的辩护是在批判自由主义神学与基要主义神学的背景下做出的折中选择，是一条既不激进也不保守的中庸路径，是一种温和辩护的演进路线。

麦格拉思的护教学深深地根植于基督宗教的传统之中。他格外重视基督宗教的传统以及这些传统对于福音派神学在历史论方面的意义，这一点可以从他对基督教神学史的梳理中可见一斑，这也是他作为历史神学家对英语神学的重要贡献。麦格拉思福音派神学之所以具有深刻历史根基还在于他既潜心研究基督教神学思想史，还在于他深受巴刻等英语神学界福音派神学思想家学说的影响，更在于他把对历史的思考与当代神学的处境密切相关联。他认为神学的生命力已经自证了基督教神学处境化的必要性。但是他所认为的处境化并不是要神学削足适履去迎合社会思潮与世俗文化，而是要把过去的传承与当今的现实结合起来，正如加尔文那样把福音的解释与十六世纪的日内瓦结合在了一起，麦格拉思认为只有把福音同他们所要宣讲对象的经验世界结合起来，福音派才会是一个活生生的神学，这才是麦格拉思所说的神学处境化的要义所在。麦格拉思认为福音派神学的身份认同危机就是没有处理好如何在现代社会中宣扬福音的问题，要么是基要主义所采取的毫不改变的立场，要么就是自由主义迎合世俗文化的立场，这两种立场和路径都被麦格拉思所否定。

本文认为麦格拉思的福音派神学辩护路径并没有那么的中庸，而是一种新形态的保守主义。他在论述福音派神学与世俗文化的关系时指出福音派不应该迎合世俗文化，而应该保持福音的绝对不变的地位。这种立场使得福音派在非基督宗教世界的传播中面临着巨大的压力。面对不同处境中的具体问题，福音派提供的解决方案也各异，这也成为福音派内部不统一、不一致的重要原因，这也很好的解释了福音派不是一个具体的宗教流派，而是基督宗教内部一种趋势。但是，即使是作为一种趋势，福音派依旧需要一种身份的界定与认同，那么该如何界定福音派，或者该如何归纳福音派神学的特点呢。

麦格拉思从六个方面总结了福音派的特点，分别是圣经的绝对权威性、耶稣基督的中心性、圣灵的统治性、个人皈依的必要性、宣扬福音的优先性和基督徒团契的重要性。麦格拉思对福音派神学特点的概括曾经出现过两个版本，一个是"六要素说"，另一个是"四要素说"，前者深受巴刻的影响，后者受到了贝冰顿的影响。但是麦格拉思似乎更加偏向于福音派神学特征"六要素说"，这一点在他的《福音派与基督教的未来》一书中得到证明。无论是"六要素说"还是"四要素说"，与布罗伊奇（Donald G. Bloesch）所归纳的福音派神学要义相比还是具有高度的概括性的，本文认为虽然麦格拉思对没有像布罗伊奇那样把耶稣基督的替代性救赎以及因恩典得救等主题单独成章，但是麦格拉思已经把这些福音派神学的特点都归纳在基督论之中了，即耶稣基督的中心性这一特点之中了。本文的第二章到第七章对这六个特征进行了详尽的分析，也是本文的最为核心的部分，通过深入分析和横向对比，本文认为麦格拉思福音派神学"六要素说"具有明显的区别性特征，这种高度的概括性避免了为了给福音派下一个具体的定义所带的诸多问题，也再次说明了福音派的超宗派性特征，仅仅是一种神学运动或者神学趋势，具有一定的普遍性。

麦格拉思对福音派神学的辩护既着眼于福音派神学在理智上的合理性、学术上的严谨性，也能客观承认福音派的阴暗面，尽管这可能让他面临被指责为福音派叛徒的危险。他指出在福音派内部存在摧毁个人自信与个人价值的布道和教牧的方式，这种做法的危险性不仅在于错误地理解了宗教改革有关"罪的知识"，而且还在于这种理解这做法是基于对圣经和神学的肤浅理解。这一问题的关键在于正确处理罪与救赎的关系，基督的死救赎了罪人，是上帝赋予了人价值。麦格拉思把错误地理解罪作为福音派布道和教牧首要的不足之处，这还是得益于他对宗教改革运动的深入探究，以及对宗教改革家的独特理解密切相关。福音派面临的第二个危险在于教条化地捍卫福音，即捍卫个人对福音僵硬而又教条的理解方式，比如福音派教徒是否应该成为主流教派的信徒，或者是否可以分裂出去成立自己理想化、纯洁的教会；再如，该如何精准地表述和维护圣经的权威，典型的例子就是"绝对无误"与"一贯正确"的之间的争执；再比如，福音派该如何理解圣灵在基督徒生活里面的重要性、以及妇女能发挥何种作用。福音派面临的第三个威胁就是个人崇拜。对上帝的信仰往往同对那些宣传自己就是上帝最权威的代言人的崇拜混为一谈，如果某些颇具影响力的布道者道德败坏那么就会导致信徒对于信仰公信力的怀疑，进而远离教会与信仰。麦格拉思认为解决方案就在于十六世纪宗教改革者的论述中，他强烈建议回到宗教改革，让现代福音派再经历一次宗教改革，重新回到"一切信徒皆祭司"的教义中来。从以上概括中可以看出麦格拉思护教学最典型的特征就是具有浓厚的宗教改革色彩，并把对宗教改革所确立的回到圣经、强调耶稣基督的中心性等作为麦格拉思福音派神学的理论根基，并积极提倡重新回归宗教改革所确立的传统上来。麦格拉思的呼吁与他所处的时代特征密切相关，即，他在基要主义的过分保守所导致的愚昧、无知，与自由主义所导致的过度妥协以致失去了基督宗教最基本的信仰原则之间寻找第三条出路，为福音派的合法性与一致性寻找一个理论的根基。他的这个立场和出发点让他成为世纪之交英语神学最为重要新生力量，代表了英语神学在现代主义迈向后现代主义、自由主义走向后自由主义的过渡时期最具启发性的神学发展趋势。这也是麦格拉思本人最为得意的地方，他认为基督宗教的未来必然属于福音派。

麦格拉思曾言到欧洲对于世界基督宗教的影响力日渐衰退。自二十世纪初以来，除了莫尔特曼（Jurgen Moltmann）、潘能伯格（Wolfhart Pannenbery）和荣格（Eberhard Jungel）之外，德语世界再无世界知名神学家，德语神学很少再被翻译为英文。欧洲很多的神学院，尤其是在斯堪的纳维亚半岛，英语神学取代了德语神学成为最为主要的神学思想源泉。麦格拉思进而宣传基督宗教的未来属于英语神学。麦格拉思的这个观点受到了德语神学界不少的批评，但是在英语成为世界通用语的大背景下，英语神学的传播比德语神学具备了不可比拟的优势，语言的优势更多的体现在英语神学的数量与囊括面上，想要在神学的深刻性上有所作为，英语神学还有很长的路要走。暂且不论孰优孰劣，福音派神学主要是英语世界的一种神学趋势或者潮流，在德语、意大利语和西班牙语等语系中，这种神学思潮还不是那么显著，所以很难从语言的角度简单衡量基督宗教的未来到底属于英语神学还是德语神学，而且这样的评价也是毫无现实意义的。关注的焦点应该在福音派在未来的发展将会对基督宗教本身带来什么样的影响。麦格拉思认为基督宗教的未来依赖于福音传教，即，要坚定地、符合原则地宣扬福音，向渴望上帝好消息的世界传递福音。福音不仅仅是天国的，更是人间的，现代福音派极为强调福音传道的社会维度，在教会事务和人类事务中都要寻求正义，这就为福音派参与社会公共事务提供了神学依据。这在英语世界的福音派中早有所体现，麦格拉思认为这些发展史令人振奋，福音派已经表现出对公共伦理问题的较为一致且很深人的共同呼吁。美国福音派对美国政治的影响就是一个最为典型的例子。福音派的发展契机还在于它非常和适宜地出现在现代性危机的时刻，很好地弥补了现代性坍塌所带来的创伤，慰籍了因启蒙运动的死亡和后现代主义的崛起而受到伤害的年轻人的心灵，这也是福音派逆势而涨的一个重要原因。

麦格拉思在二十世纪九十年代曾被视为最年轻、最有潜力的福音派神学家，与老一辈福音派神学齐名，比如，沃菲尔德、马辛、弗朗西斯·谢弗、卡尔·亨利、约翰·斯托特、巴刻、米拉德·埃里克森。时隔二十多年，麦格拉思已经成为英语世界福音派神学界最为知名的神学家，至今依旧活跃在各类学术场合。本文以麦格拉思福音派神学思想作为研究对象，着重分析了麦格拉思福音派神学的典型特征，这在国内尚属首次。本文通过对麦格拉思本人的简介以及他对福音派神学特征的概括，以期能够为国内研究福音派以及麦格拉思神学做一个简单推介。本文关注的仅仅是麦格拉思神学思想中的一个最为基础性的一部分，并未涉及他最具原创性、启发性的研究，即，科学神学。这主要出于两个原因，一个是出于本文篇幅的限制，很难再对科学神学做深入细致的研究；再一个就是科学神学这个术语在汉语中可能带来的不必要的误解，所以暂做冰封处理，笔者计划在麦格拉思神学研究的其他专著中再行处理。

参考书目

一、中文

1. [德]曼弗雷德·布洛克尔:《美国基督教右派》,《国际政治研究》2007年第2期。
2. [美]奥尔森:《基督教神学思想史》,吴瑞诚,徐成德译,北京大学出版社2003年版。
3. [美]葛伦斯(Stanley J. Grenz),奥尔森(Roger E. Olson)著:《二十世纪神学评介》,刘良淑与任孝琦译,上海三联书店2014年版。
4. [美]理查德·奎比道克思:《新灵恩运动:新五旬节派的起源、发展和意义》,纽约:道布尔迪1976年版。
5. [美]罗杰·奥尔森:《基督教神学思想史》,吴瑞诚,徐成德译,上海人民出版社2014年版。
6. [美]瓦格纳:《圣灵的第三次浪潮》,密西根州:仆人,1988年版。
7. [英]阿利斯特·麦格拉思:《宗教改革运动思潮》,陈佐人译,香港基道书楼有限公司1991年版。
8. [英]阿利斯特·麦格拉思:《基督教文学经典选读》,苏欲晓等译,北京大学出版社2004年版。
9. [英]阿利斯特·麦格拉思:《福音派与基督教的未来》,董江阳译,中央编译出版社2004年版。
10. [英]阿利斯特·麦格拉思:《基督教的未来》,董江阳译,香港道风书社2005年版。

11. [英]阿利斯特·麦格拉思:《基督教神学导论》(第五版),赵城艺、石衡潭译,北京联合出版公司 2017 年版。

12. [英]巴刻:《认识神》,尹妙珍译,中国基督教两会出版部 2011 年版。

13. [英]巴刻:《软弱之道》,刘光宇译,上海三联书店 2016 年版。

14. [英]巴刻:《系统灵性导论》,《要点》1990 年第一期(总 26 期)。

15. 《江泽民会见美国葛培理牧师》,《中国宗教》1998 年第 1 期,第 5 页。此文首发于《人民日报》1997 年 11 月 4 日。

16. 《威斯敏斯特简明要义问答》第 30 个问答。参考出处 http://www.westminstershortercatechism.net/ 参考日期为 2018 年 5 月 14 日星期一。

17. 陈麟书:《关于宗教的界定》,载《宗教学研究》2013 年第 1 期。

18. 百丰绩:《20 世纪美国基要主义研究》,东北师范大学博士学位论文,2009 年。

19. 董江阳:《"好消息"里的"更新"——现代基督教福音派思想研究》,中国社会科学出版社 2004 年版。

20. 董江阳:《迁就与限制——美国政教关系研究》,三联书店 2017 年版。

21. 董江阳:《现代基督教福音派思想研究》,中国社会科学院研究生院博士学位论文,2001 年。

22. 董江阳:《基督教基要派的形成与分裂》,《世界宗教研究》2002 年第 2 期。

23. 董江阳:《试析灵性生活对个体基督徒的意义》,《宗教学研究》2003 年第 4 期。

24. 董江阳:《哪种基督教?哪类基督徒——试析现代基督教内部的阵营分组与分野》,《世界宗教研究》2006 年第 3 期。

25. 董小川:《20 世纪美国宗教与政治》,人民出版社 2002 年版。

26. 董小川,百丰绩:《"美国新基督教右翼"的概念及相关问题研究》,《东北师大学报(哲学社会科学版)》2004 年第 4 期。

27. 郭亚玲:《美国福音派社会意识的复醒》,《国际论坛》2006 年第 2 期。

28. 何宗强:《基督教福音派与美国外交》,《国际论坛》2011 年第 2 期。

29. 胡自信:《科学与宗教的冲突与互补》,《自然辩证法研究》2006 年第 11 期。

30. 黄保罗:《西方新无神论运动及其对汉语学界的意义》,《学术月刊》2011 年第 12 期。

31. 纪文宇:《福音派与小布什政府的外交政策》,《国际论坛》2007 年第 4 期。

32. 刘平:《思想微澜与社会狂澜: 论马丁·路德的救赎学范式转换》,《世界宗教文化》2013 年第 4 期。

33. 罗伯特·班克斯:《家庭教会和灵性》,《交流》第 40 期。

34. 马利怀:《神人关系合宜之探——神学史上的称义之争及其内在矛盾》,中国社会科学院研究生院博士学位论文, 2003 年。

35. 梅溪:《我全国"两会"负责人与美国基督教福音派领袖葛培里座谈》,《中国天主教》1988 年第 2 期。

36. 涂怡超:《美国基督教福音派及其对国际关系的影响——以葛培理为中心的考察》,复旦大学博士学位论文, 2007 年; 同名专著,上海人民出版社 2010 年版。

37. 涂怡超:《当代美国基督教福音派与美国人权外交》,《美国问题研究》2009 年第 1 期。

38. 涂怡超:《契合与冲突: 美国基督教福音派的全球扩展与全球公民社会》,《浙江学刊》2011 年第 3 期。

40. 王恩铭:《试论美国新宗教右翼》,《世界历史》2007 年第 6 期, 第 81-90 页。

41. 王恩铭:《当代美国新教福音派的政治大动员——兼论政教分离》;《国际观察》2011 年第 1 期。

42. 王晓朝:《西方神正论思想与现代政治哲学》,《天津社会科学》2004 年第 2 期。

43. 王晓朝:《研究宗教, 研究神学》,《理论视野》2012 年第 9 期。

44. 王忠欣的《进化论在美国 150 年——兼论宗教与科学》,《南京理工大学学报(社会科学版)》2010 年第 1 期。

45. 肖超:《不虔的希律, 你为何畏惧——1517-1520 年马丁·路德的礼仪观念》,许志伟编:《基督教思想评论第十辑》,世纪出版集团 2009 年版。

46. 徐以骅:《试析 2004 年美国总统选举中的宗教因素》,《美国问题研究》2005 年第四辑。

47. 徐以骅:《宗教与当前美国外交政策》,《和平与发展》2008 年第 1 期。

48. 徐以骅:《宗教与冷战后美国外交政策——以美国宗教团体的"苏丹运动"为例》,《中国社会科学》2011 年第 5 期。

49. 徐以骅：《宗教与 2012 年美国大选及当前中美关系》，《世界宗教研究》2013 年第 6 期。

50. 张仕颖：《宗教改革前的马丁·路德与经验哲学》，《历史研究》2013 年第 6 期。

51. 张秀华：《科学与宗教关系探究的新进路——对近年中美科学与宗教学术会议的分析》，《清华大学学报（哲学社会科学版）》2013 年第 3 期。

52. 周余祥：《浅谈新教福音派和卡特政府外交政策》，《新西部（下半月）》2007 年第 9 期。

53. 卓新平：《基督教文化百问》，今日中国出版社 1995 年版。

54. 卓新平：《当代西方新教神学》，上海三联书店 1998 年版。

55. 卓新平：《新福音派神学刍议》，《世界宗教研究》1997 年第 4 期。

二、英文

1. Aquinas, Thomas. *In symbolum Apostolorum. Augustine*. Confessions, trans. by Henry Chadwick, Oxford: Oxford University Press, 1991.

2. Bainton, Roland H.. *Here I Stand: A Life of Martin Luther*, Nashville, TN: Abingdon, 1950. Balke, Wilhelm. "The Word of God and Experientia according to Calvin", W. H. Neuser ed., *Calvinus Ecclesiae Doctor*, Kampen: Kok, 1978.

3. Barth, Karl. *Church Dogmatics*, 14 vols., Edinburgh: Clark, 1936-1975, II/2.

4. Barth, Karl. *Evangelische Theologie im 19*. Jahrhundert, Zurich: Zollikon.

5. Bauman, Michael. "Alister E. McGrath", in *Handbook of Evangelical Theologians*, ed. Walter A. Elwell, Grand Rapids: Baker, 1993.

6. Bebbington, David W.. *Evangelicalism in Modern Britain: A History from the 1730s to the 1980s*, London: Unwin Hyman Ltd, 1989.

7. Benne, Robert. *The Paradoxical Vision: A Public Theology for the Twenty-First Century*, Minneapolis, MN: Fortress, 1995.

8. Berger, Peter L.. *A Far Glory: The Quest for Faith in an Age of Credulity*, New York: Free Press, 1992.

9. Bloesch, Donald G.. *Essentials of Evangelical Theology*, Volume 1, God, Authority, and Slavation, San Francisco: Harper & Row, 1978.

10. Bloesch, Donald G.. *Essentials of Evangelical Theology*, Volume 2, Life, Ministry, and Hope, San Francisco: Harper & Row, 1979.

11. Bloesch, Donald G.. *Future of Evangelical Christianity*, Garden City, NY: Doubleday & Company, Inc., 1983.

12. Bultmann, Rudolf. *Theology of the New Testament*, Translated by Kendrick Grobel, Waco: Baylor University Press, 2007.

13. Caulley, Thomas Scott. "Holy Spirit" in Walter A. Elwell, *Evangelical Dictionary of Theology*, Grand Rapids: Baker Academic, 2000.

14. Chung, Sung Wook. ed, *Alister E. McGrath and Evangelical Theology: A Vital Engagement*, Grand Rapids: Baker, 2003.

15. Cyril of Jerusalem, *Catechetical Lecture XVIII*. Dew, James K. Jr.. *Science and Theology: An Assessment of Alister McGrath's Critical Realist Perspective*, Eugene, OR: Wipf & Stock, 2010.

16. Ditchfield, G. M.. *The Evangelical Revival*, London: UCL Press Limited, 1998.

17. Dworkin, Ronald. 'Liberalism', in S. Hampshire (ed.), *Public and Private Morality*, Cambridge: Cambridge University Press, 1978.

18. Edwards, David L.. John Stott, *Essentials: A Liberal-Evangelical Dialogue*, London: Hodder & Stoughton, 1988.

19. Elwell, Walter A.. ed., *Handbook of Evangelical Theologians*, Grand Rapids: Baker, 1993.

20. Furnish, Victor Paul. *Theology and Ethics in Paul*, Nashville, TN: Abingdon, 1968.

21. Gonzalez, Justo. *A History of Christian Thought*, vol. 1, Nashville: Abingdon, 1992.

22. Hauerwas, Stanley. William H. Willimon, *Resident Aliens: Life in the Christian Colony*, Nashville, TN: Abingdon, 1989.

23. Hengel, Martin. *The Atonement: The Origins of the Doctrine in the New Testament*, London: SCM, 1981.

24. Houlden, Leslie. in J. Hick ed., *The Myth of God Incarnate*, London: SCM, 1977.

25. Hutchinson, Mark. John Wolffe, *A Short History of Global Evangelicalism*,

Cambridge: Cambridge University Press, 2012.

26. Hylson-Smith, Kenneth. *Evangelicals in the Church of England 1734-1984*, Edinburgh: T. & T. Clark, 1989.

27. Kaufman, Gordon. *Essay on Theological Method*, Missoula, MT: Scholars Press, 1975.

28. Küng, Hans. *The Church,* trans. by Ray and Rosaleen Ockenden, London: Search Press, 1978. Lewis, C. S.. "The Language of Religion", in *Christian Reflections*, London: Collins, 1981.

29. Lewis, C. S.. *Surprised by Joy*, London: Collins, 1959.

30. Lindbeck, George. *The Nature of Doctrine*, Philadelphia: Westminster, 1984.

31. Machen, J. Gresham. *Christianity and Liberalism*, Grand Rapids, MI: Eerdmans, 1994.

32. MacIntyre, Alasdair. *After Virtue*, 2nd edn., Notre Dame, IN: University of Notre Dame Press, 1984.

33. Manwaring, Randle. *From Controversy to Co-Existence*, Cambridge: Cambridge University Press, 1985.

34. McDonald, Larry. *The Relationship between Theology and Spirituality in the Writings of Alister E. McGrath*, Dissertation of Southeastern Baptist Theological Seminary in 2003.

35. McGrath, Alister E. "Starting Where People Are," in *How Shall We Reach Them*, ed. Michael Green and Alister McGrath, Nashville: Nelson, 1995.

36. McGrath, Alister E. *A Life of John Calvin: A Study in the Shaping of Western Culture*, Malden, MA: Blackwell, 1990.

37. McGrath, Alister E. *A Passion for Truth: The Intellectual Coherence of Evangelicalism*, Downers Grove, IL: InterVarsity Press, 1996.

38. McGrath, Alister E. *A Scientific Theology, vol. 1, Nature,* Grand Rapids: Eerdmans, 2001.

39. McGrath, Alister E. *Christian Spirituality: An Introduction*, Oxford: Blackwell Publishing, 1999.

40. McGrath, Alister E. *Christian Theology: An Introduction* (Fourth Edition), Oxford: Blackwell Publishing, 2007.

41. McGrath, Alister E. *Evangelicalism and the Future of Christianity*, Downers Grove, IL: InterVarsity Press, 1995.

42. McGrath, Alister E. *Explaining Your Faith*, Grand Rapids: Baker, 1995.

43. McGrath, Alister E. *Historical Theology: An Introduction to the History of Christian Thought*, Oxford: Blackwell, 1998.

44. McGrath, Alister E. *Intellectuals Don't Need God and Other Modern Myths: Building Bridges to Faith Through Apologetics*, Grand Rapids: Zondervan, 1993.

45. McGrath, Alister E. *Iusitia Dei: A History of the Christian Doctrine of Justification*, Cambridge: Cambridge University Press, 1998.

46. McGrath, Alister E. Joanna Collicutt McGrath, *The Dawkins Delusion? Atheist Fundamentalism and the Denial of the Divine*, London: SPCK, 2007.

47. McGrath, Alister E. John Hick, etc., *Four Views on Salvation in a Pluralistic World*, Grand Rapids, Michigan: Zondervan Publishing House, 1995.

48. McGrath, Alister E. *Knowing Christ*, New York: Doubleday, 2002.

49. McGrath, Alister E. *Luther's Theology of the Cross*, Oxford: Basil Blackwell, 1985.

50. McGrath, Alister E. *Mere Theology*. London: SPCK, 2010.

51. McGrath, Alister E. *Reformation Thought: An Introduction* (3rd Edition), Oxford: Blackwell Publishers, 1999.

52. McGrath, Alister E. *Science and Religion: An Introduction*. Oxford: Blackwell Publishing, 2009.

53. McGrath, Alister E. *Spirituality in an Age of Change: Rediscovering the Spirit of the Reformers*. Grand Rapids: Zondervan, 1994.

54. McGrath, Alister E. *Studies in Doctrine: Understanding Doctrine, Understanding the Trinity, Understanding Jesus, Justification by Faith*, Grand Rapids: Zondervan, 1997.

55. McGrath, Alister E. *Suffering and God*, Grand Rapids: Zondervan, 1995, p.10.

56. McGrath, Alister E. *The Foundation of Dialogue in Science and Religion*. Malden, MA: Blackwell, 1998.

57. McGrath, Alister E. *The Genesis of Doctrine*, Oxford: Blackwell, 1990.

58. McGrath, Alister E. *The Intellectual Origins of the European Reformation*, Oxford: Blackwell, 2004.

59. McGrath, Alister E. *The Making of Modern German Christology*, Oxford: Basil Blackwell, 1986.

60. McGrath, Alister E. *The Science of God*, Grand Rapids: Eerdmans, 2004.

61. McGrath, Alister E. *The Sunnier Side of Doubt*, Grand Rapids: Zondervan, 1990.

62. McGrath, Alister E. *The Twilight of Atheism: The Rise and Fall of Disbelief in the Modern World*, New York: Doubleday, 2004.

63. McGrath, Alister E. *Theology: The Basics*, Hoboken, NJ: Wiley Blackwell, 2018.

64. McGrath, Alister E. *What Was God Doing on the Cross?* Grand Rapids: Zondervan, 1992.

65. Newbigin, Lesslie. *The Gospel in a Pluralistic Society*, Grand Rapids, Eerdmans, 1989.

66. Noll, Mark A.. *The Rise of Evangelicalism: The Age of Edwards, Whitefield and the Wesleys*, Downers Grove, IL: InterVarsity Pres, 2003.

67. Oakeshott, Michael. *On Human Conduct*, Oxford: Clarendon, 1975.

68. Oberman, Heiko A.. 'Quo vadis, Petre? Tradition from Irenaeus to Humani Generis' in *The Dawn of the Reformation: Essays in Late Medieval and Early Reformation Thought*, Edinburgh, 1986.

69. Olson, Roger E.. *How to Be Evangelical without Being Conservative*, Grand Rapids: Zondervan, 2008.

70. Packer, J. I.. 'An Introduction to Systematic Spirituality', *Crux*, 26 (1), 1990. 3.

71. Packer, J. I.. *Affirming the Apostles' Creed*, Crossway Books, 2008.

72. Packer, J. I.. foreword to *Studies in Doctrine*, Alister E. McGrath, Grand Rapids: Zondervan, 1997, p.7.

73. Packer, J. I.. *Serving the People of God*, Vancouver, British Columbia: Regent College Publishing, 2008.

74. Park, Hee Tae. *Beyond Analogy: Rethinking Alister McGrath's Scientific Theology through Deleuzean Expressionism*, Dissertation: Vancouver School of Theology

(Canada), 2009.

75. Philips, D. Z.. 'Lindbeck's Audience', *Modern Theology*, vol. 4, 1988.

76. Placher, William C.. 'Paul Ricoeur and Postliberal Theology: A Conflict of Interpretations', *Modern Theology*, Vol. 4, 1987.

77. Plato, *Republic*, Book X.

78. Postman, Neil. *Technopoly: The Surrender of Culture to Technology*, New York: Vintage, 1993.

79. Quebedeaux, Richard. *The New Charismatics*, New York: Doubleday, 1976.

80. Ryrie, Alec. *The Gospel and Henry VIII: Evangelicals in the Early English Reformation*, Cambridge: Cambridge University Press, 2003.

81. Schleiermacher, F. D. E.. *Brief Outline of the Study of Theology*, Richmond, VA: John Knox, 1966.

82. Swete, H. B.. *The Holy Catholic Church: The Communion of Saints, A Study in the Apostles' Creed*, London: Macmillan, 1915.

83. Turnbull, Richard. *Anglican and Evangelical?* London: Continuum, 2007.

84. Ward, W. R.. *Early Evangelicalism: A Global Intellectual History, 1670-1789*, Cambridge: Cambridge University Press, 2006.

85. Ward, W. R.. *The Protestant Evangelical Awakening*, Cambridge: Cambridge University Press, 1992.

后 记

　　年近不惑之年，对自己的学习历程颇有感悟。感谢我的导师卓新平先生在这四年中给我的诸多帮助和指导，尤其是本文的选题和写作视角都是在先生的谆谆教导下进行的。回顾与卓先生的交往历程，可以追溯到 2007 年，那一年我第一次接触到了卓先生的《当代西方新教神学》，被先生渊博的知识深深地吸引住了，那时就开始准备考取先生的博士研究生。怎奈各种因由，直到 2015 年才有机会第一次报考先生的博士研究生，一举命中，心中感激之情难以言表，感谢先生能在学生最迷茫的时候接受学生，让学生坚定了前行的方向。

　　宗教理解与文化战略，多么高大而又抽象的专业，步入博士阶段之后才真正体会到理解何其不易，战略何其重要。唯有着眼于现实，着手于点滴，方能为宗教理解提供尽可能多、尽可能合适的方式，方能为文化战略提供参考的依据。读卓先生的文章，知道这条路的艰辛；看卓先生的为人处世，方知做学问应有的态度。"学者良知，厚德载物"，这是先生给学生最深刻的印象，这也将激励着学生将此格言作为学生今后做人求知的人生指南，路漫漫兮其修远兮，吾将上下而求索。

　　走走停停，盘旋迂回，一路走来坎坎坷坷，起起落落。看不清的道路亦需一往无前的勇气与信心，亦需人生的智慧与坚持。坦途也好，沟壑也罢，坚定地走看好的，不走好看的路。无论是学以致知还是学以致用，都必以学为前提，学习是一切的缘起，止于生命的终点。学习让我思考，带来了快乐，也带了苦恼，也许只有放弃了学习和思考人生才会轻装前行，但是这样的人生又能走多远呢，意义又何在呢？还是做个苦恼的读书人吧，因为苦恼之后就是豁达，只有洞悉了世间百态，方能欣赏人间美好！

感慨之余还是要继续表达自己的感激之情。感谢所有帮助过我的老师们，学生就是沿着你们走过的路继续前行，没有你们的耳提面命，也就没有今日的拨云见日。感谢我的父母，我这一生所有的一切都是在你们的支持下获得的，没有你们的帮助，我不可能继续读书，也不可能娶妻生子。父母养育了我和弟弟，又无私地哺育了我的两个儿子，父母之恩无以为报，只能倍加孝顺，让二老颐养天年。感谢我的妻子，在我读博的四年里支撑起了这个家。感谢我的儿子鲁鲁和涂涂，小哥俩给我带来了无限的快乐与美好，愿你们健康、开心成长！

感谢新疆大学和中国社会科学院大学（研究生院）世界宗教研究系，给我提供了思考的平台和空间，为我的人生增添了一道色彩。感谢世界宗教研究所的郑筱筠、李建欣，段琦、董江阳、唐晓峰、周伟驰、王伟、苏冠安，白文飞，王鹰、梁恒豪等老师，在你们的帮助下，我的学业得以顺利完成。尤其是要特别感谢董江阳老师，没有您提供给学生的资料，学生很难完成这篇论文。感谢同窗四年的挚友们，小院漫步交流，激荡着思想的火花；小院的别致与观点的争锋同样让我难以忘怀，感谢所有的美好！

《基督教文化研究丛书》

主编：何光沪、高师宁

（1-9 编书目）

初 编

（2015 年 3 月出版）

ISBN：978-986-404-209-8　　　　　　定价（台币）$28,000 元

册　次	作　者	书　名	学科别 （／表示跨学科）
第 1 册	刘　平	灵殇：基督教与中国现代性危机	社会学／神学
第 2 册	刘　平	道在瓦器：裸露的公共广场上的呼告——书评自选集	综合
第 3 册	吕绍勋	查尔斯·泰勒与世俗化理论	历史／宗教学
第 4 册	陈　果	黑格尔"辩证法"的真正起点和秘密——青年时期黑格尔哲学思想的发展（1785 年至 1800 年）	哲学
第 5 册	冷　欣	启示与历史——潘能伯格系统神学的哲理根基	哲学／神学
第 6 册	徐　凯	信仰下的生活与认知——伊洛地区农村基督教信徒的文化社会心理研究（上）	社会学
第 7 册	徐　凯	信仰下的生活与认知——伊洛地区农村基督教信徒的文化社会心理研究（下）	
第 8 册	孙晨荟	谷中百合——傈僳族与大花苗基督教音乐文化研究（上）	基督教音乐
第 9 册	孙晨荟	谷中百合——傈僳族与大花苗基督教音乐文化研究（下）	

册次	作者	书名	学科别
第 10 册	王 媛	附魔、驱魔与皈信——乡村天主教与民间信仰关系研究	社会学
	蔡圣晗	神谕的再造，一个城市天主教群体中的个体信仰和实践	社会学
	孙晓舒 王修晓	基督徒的内群分化：分类主客体的互动	社会学
第 11 册	秦和平	20 世纪 50－90 年代川滇黔民族地区基督教调适与发展研究（上）	历史
第 12 册	秦和平	20 世纪 50－90 年代川滇黔民族地区基督教调适与发展研究（下）	
第 13 册	侯朝阳	论陀思妥耶夫斯基小说的罪与救赎思想	基督教文学
第 14 册	余 亮	《传道书》的时间观研究	圣经研究
第 15 册	汪正飞	圣约传统与美国宪政的宗教起源	历史／法学

二 编 （2016 年 3 月出版）

ISBN：978-986-404-521-1　　　　　　　定价（台币）$20,000 元

册 次	作 者	书 名	学科别 （／表示跨学科）
第 1 册	方 耀	灵魂与自然——汤玛斯·阿奎那自然法思想新探	神学／法学
第 2 册	劉光順	趋向至善——汤玛斯·阿奎那的伦理思想初探	神学／伦理学
第 3 册	潘明德	索洛维约夫宗教哲学思想研究	宗教哲学
第 4 册	孙 毅	转向：走在成圣的路上——加尔文《基督教要义》解读	神学
第 5 册	柏斯丁	追随论证：有神信念的知识辩护	宗教哲学
第 6 册	李向平	宗教交往与公共秩序——中国当代耶佛交往关系的社会学研究	社会学
第 7 册	张文舉	基督教文化论略	综合
第 8 册	趙文娟	侯活士品格伦理与赵紫宸人格伦理的批判性比较	神学伦理学
第 9 册	孙晨薈	雪域圣咏——滇藏川交界地区天主教仪式与音乐研究（增订版）（上）	基督教音乐
第 10 册	孙晨薈	雪域圣咏——滇藏川交界地区天主教仪式与音乐研究（增订版）（下）	
第 11 册	张 欣	天地之间一出戏——20 世纪英国天主教小说	基督教文学

三 编 （2017 年 9 月出版）

ISBN：978-986-485-132-4 　　　　　　定价（台币）$11,000 元

册　次	作　者	书　名	学科别（／表示跨学科）
第 1 册	赵　琦	回归本真的交往方式——托马斯·阿奎那论友谊	神学／哲学
第 2 册	周兰兰	论维护人性尊严——教宗若望保禄二世的神学人类学研究	神学人类学
第 3 册	熊径知	黑格尔神学思想研究	神学／哲学
第 4 册	邢　梅	《圣经》官话和合本句法研究	圣经研究
第 5 册	肖　超	早期基督教史学探析（西元 1~4 世纪初期）	史学史
第 6 册	段知壮	宗教自由的界定性研究	宗教学／法学

四 编 （2018 年 9 月出版）

ISBN：978-986-485-490-5 　　　　　　定价（台币）$18,000 元

册　次	作　者	书　名	学科别（／表示跨学科）
第 1 册	陈卫真 高　山	基督、圣灵、人——加尔文神学中的思辨与修辞	神学
第 2 册	林庆华	当代西方天主教相称主义伦理学研究	神学／伦理学
第 3 册	田燕妮	同为异国传教人：近代在华新教传教士与天主教传教士关系研究（1807~1941）	历史
第 4 册	张德明	基督教与华北社会研究（1927~1937）（上）	社会学
第 5 册	张德明	基督教与华北社会研究（1927~1937）（下）	
第 6 册	孙晨荟	天音北韵——华北地区天主教音乐研究（上）	基督教音乐
第 7 册	孙晨荟	天音北韵——华北地区天主教音乐研究（下）	
第 8 册	董丽慧	西洋图像的中式转译：十六十七世纪中国基督教图像研究	基督教艺术
第 9 册	张　欣	耶稣作为明镜——20 世纪欧美耶稣小说	基督教文学

五 编 （2019 年 9 月出版）

ISBN：978-986-485-809-5　　　　　　　　定价（台币）$20,000 元

册　次	作　者	书　名	学科别（／表示跨学科）
第 1 册	王玉鹏	纽曼的启示理解（上）	神学
第 2 册	王玉鹏	纽曼的启示理解（下）	
第 3 册	原海成	历史、理性与信仰——克尔凯郭尔的绝对悖论思想研究	哲学
第 4 册	郭世聪	儒耶价值教育比较研究——以香港为语境	宗教比较
第 5 册	刘念业	近代在华新教传教士早期的圣经汉译活动研究（1807～1862）	历史
第 6 册	鲁静如 王宜强 编著	溺女、育婴与晚清教案研究资料汇编（上）	资料汇编
第 7 册	鲁静如 王宜强 编著	溺女、育婴与晚清教案研究资料汇编（下）	
第 8 册	翟风俭	中国基督宗教音乐史（1949 年前）（上）	基督教音乐
第 9 册	翟风俭	中国基督宗教音乐史（1949 年前）（下）	

六 编 （2020 年 3 月出版）

ISBN：978-986-518-085-0　　　　　　　　定价（台币）$20,000 元

册　次	作　者	书　名	学科别（／表示跨学科）
第 1 册	陈倩	《大乘起信论》与佛耶对话	哲学
第 2 册	陈丰盛	近代温州基督教史（上）	历史
第 3 册	陈丰盛	近代温州基督教史（下）	
第 4 册	赵罗英	创造共同的善：中国城市宗教团体的社会资本研究——以 B 市 J 教会为例	人类学
第 5 册	梁振华	灵验与拯救：乡村基督徒的信仰与生活（上）	人类学
第 6 册	梁振华	灵验与拯救：乡村基督徒的信仰与生活（下）	
第 7 册	唐代虎	四川基督教社会服务研究（1877～1949）	人类学
第 8 册	薛媛元	上帝与缪斯的共舞——中国新诗中的基督性（1917～1949）	基督教文学

七　编 （2021年3月出版）

ISBN：978-986-518-381-3　　　　　　　定价（台币）$22,000元

册　次	作　者	书　名	学科别（／表示跨学科）
第1册	刘锦玲	爱德华兹的基督教德性观研究	基督教伦理学
第2册	黄冠乔	保尔．克洛岱尔天主教戏剧中的佛教影响研究	宗教比较
第3册	宾静	清代禁教时期华籍天主教徒的传教活动（1721～1846）（上）	基督教历史
第4册	宾静	清代禁教时期华籍天主教徒的传教活动（1721～1846）（下）	
第5册	赵建玲	基督教"山东复兴"运动研究（1927～1937）（上）	基督教历史
第6册	赵建玲	基督教"山东复兴"运动研究（1927～1937）（下）	
第7册	周浪	由俗入圣：教会权力实践视角下乡村基督徒的宗教虔诚及成长	基督教社会学
第8册	查常平	人文学的文化逻辑——形上、艺术、宗教、美学之比较（修订本）（上）	基督教艺术
第9册	查常平	人文学的文化逻辑——形上、艺术、宗教、美学之比较（修订本）（下）	

八　编 （2022年3月出版）

ISBN：978-986-404-209-8　　　　　　　定价（台币）$45,000元

册　次	作　者	书　名	学科别（／表示跨学科）
第1册	查常平	历史与逻辑：逻辑历史学引论（修订本）（上）	历史学
第2册	查常平	历史与逻辑：逻辑历史学引论（修订本）（下）	
第3册	王澤偉	17～18世纪初在華耶穌會士的漢字收編：以馬若瑟《六書實義》為例（上）	语言学
第4册	王澤偉	17～18世纪初在華耶穌會士的漢字收編：以馬若瑟《六書實義》為例（下）	
第5册	刘海玲	沙勿略：天主教东传与东西方文化交流	历史
第6册	郑嫒元	冠西东来——咸同之际丁韪良在华活动研究	历史

第 7 册	刘影	基督教慈善与资源动员——以一个城市教会为中心的考察	社会学
第 8 册	陈静	改变与认同：瑞华浸信会与山东地方社会	社会学
第 9 册	孙晨荟	众灵的雅歌——基督宗教音乐研究文集	基督教音乐
第 10 册	曲艺	默默存想，与神同游——基督教艺术研究论文集（上）	基督教艺术
第 11 册	曲艺	默默存想，与神同游——基督教艺术研究论文集（下）	
第 12 册	利瑪竇著、梅謙立漢注 孫旭義、奧覓德、格萊博基譯	《天主實義》漢意英三語對觀（上）	经典译注
第 13 册	利瑪竇著、梅謙立漢注 孫旭義、奧覓德、格萊博基譯	《天主實義》漢意英三語對觀（中）	
第 14 册	利瑪竇著、梅謙立漢注 孫旭義、奧覓德、格萊博基譯	《天主實義》漢意英三語對觀（下）	
第 15 册	刘平	明清民初基督教高等教育空间叙事研究——中国教会大学遗存考（第一卷）（上）	资料汇编
第 16 册	刘平	明清民初基督教高等教育空间叙事研究——中国教会大学遗存考（第一卷）（下）	

九 编 （2023 年 3 月出版）

ISBN：000-000-000-000-0　　　　　　　　定价（台币）$56,000 元

册　次	作　者	书　名	学科别（／表示跨学科）
第 1 册	郑松	麦格拉思福音派神学思想研究	神学
第 2 册	任一超	心灵改变如何可能？——从康德到齐克果	基督教哲学
第 3 册	劉沐比	論趙雅博基本倫理學和特殊倫理學之串連	基督教伦理学
第 4 册	王务梅	论马丁·布伯的上帝观	基督教与犹太教

第 5 册	肖音	明末吕宋之中西文化交流（上）	教会史
第 6 册	肖音	明末吕宋之中西文化交流（下）	
第 7 册	张德明	基督教五年运动与民国社会（上）	教会史
第 8 册	张德明	基督教五年运动与民国社会（下）	
第 9 册	陈铃	落幕：美国新教在华传教事业的终结（1945～1952）	教会史
第 10 册	黄畅	全球史视角下基督教在英国殖民统治中的作用——以 1841～1914 年的香港和约鲁巴兰为例	教会史
第 11 册	杨道圣	言像之辩：基督教的图像与图像中的基督教	基督教艺术
第 12 册	张雅斐	晚清聖經人物漢語傳記研究——以聖經在華接受史的視角	基督教艺术
第 13 册	包兆会	缪斯与上帝的相遇——基督宗教文艺研究论文集	基督教文学
第 14 册	张欣	浪漫的神学：英国基督教浪漫主义略论	基督教文学
第 15 册	刘平	明清民初基督教高等教育空间叙事研究——中国教会大学遗存考（第二卷：福建协和神学院）	资料汇编
第 16 册	刘平、赵曰北主编	传真道于中国——赫士及华北神学院百年纪念文集（第一册）	论文集
第 17 册	刘平、赵曰北主编	传真道于中国——赫士及华北神学院百年纪念文集（第二册）	
第 18 册	刘平、赵曰北主编	传真道于中国——赫士及华北神学院百年纪念文集（第三册）	
第 19 册	刘平、赵曰北主编	传真道于中国——赫士及华北神学院百年纪念文集（第四册）	
第 20 册	刘平、赵曰北主编	传真道于中国——赫士及华北神学院百年纪念文集（第五册）